KEINE GÖTTER MEHR
DAS ENDE DER ERZIEHUNG

NEIL
POSTMAN

KEINE GÖTTER MEHR

Das Ende
der Erziehung

Aus dem Englischen
von Angelika Friedrich

Berlin Verlag

Die Originalausgabe erschien 1995
bei Alfred A. Knopf Inc., New York
unter dem Titel
The End of Education

Umschlaggestaltung: Nina Rothfos, Hamburg
Gesetzt aus der Sabon
Druck & Bindung: Franz Spiegel Buch GmbH, Ulm
Printed in Germany 1995
ISBN 3-8270-0170-6

Gedruckt auf chlor- und säurefreiem Papier

Für Alyssa und Claire

Let not young souls be smothered out before
They do quaint deeds and fully flaunt their pride.
It is the world's one crime its babes grow dull
Its poor are ox-like, limp and leaden-eyed.

Not that they starve, but starve so dreamlessly
Not that they sow, but that they seldom reap
Not that they serve, but have no gods to serve,
Not that they die, but that they die like sheep.

Vachel Lindsay

INHALT

VORWORT

Das letzte Buch, das ich ganz zum Thema Erziehung geschrieben habe, wurde 1979 veröffentlicht. Ich kehre jetzt zu diesem Thema zurück, nicht weil die pädagogische Welt unter meiner Abwesenheit gelitten hat, sondern weil ich darunter gelitten habe. Ich habe meine Laufbahn als Grundschullehrer begonnen, und ich habe keinen Moment lang den Gedanken aufgegeben, daß viele unserer hartnäckigsten und schmerzlichsten gesellschaftlichen Probleme einer Lösung näher wären, wenn wir wüßten, wie wir unsere Kinder erziehen sollen. Sie haben jedes Recht, mich deshalb für einen Romantiker zu halten, nicht aber, glaube ich, für einen Narren. Das Lehren in der Schule mag eine subversive *oder* eine konservative Tätigkeit sein, aber es ist mit Sicherheit eine begrenzte. Sie beginnt spät, und sie endet früh im Leben der Schüler, sie pausiert in den Ferien, und sie entschuldigt uns großzügig, wenn wir krank sind. Unseren Jugendlichen erscheint die Schule als etwas Hartes, Schonungsloses, aber wir wissen, daß sie das nicht ist. Was wirklich hart und schonungslos ist, ist unsere Erziehung, die uns – im Guten oder im Bösen – keine Ruhe läßt. Deshalb ist die Armut solch eine große Erzieherin. Da sie keine Grenzen kennt und nicht zu ignorieren ist, lehrt sie vor allem Hoffnungslosigkeit. Aber nicht immer. Auch die Politik ist eine große Erzieherin. Vor allem lehrt sie, fürchte ich, Zynismus. Aber nicht immer. Das Fernsehen ist ebenfalls ein großer Erzieher. Vor allem lehrt es den Konsum. Aber nicht immer.

Es ist das »nicht immer«, was den romantischen Geist in jenen wachhält, die über die Schule schreiben. Der Glaube besteht darin, daß in der Schule trotz einiger eher abträglichen Lehren der Kultur selbst etwas bewirkt werden kann, das die Brille verändert, durch die man die Welt sieht; damit will ich sagen, daß eine nicht triviale Schulerziehung einen Gesichtspunkt liefern kann, von dem aus das, was *ist*, mit Klarheit gesehen werden kann, das, was *war*, als lebendige Gegenwart, und das, was *sein wird*, als voller Möglichkeiten.

Das bedeutet, daß die Schulerziehung im besten Sinne lehren kann, wie man lebt, was etwas ganz anderes ist als die Frage, wie man seinen Unterhalt verdient. Solch eine Erziehung ist nicht einfach zu bewerkstelligen, da unsere Politiker davon nur selten sprechen, unsere Technologie dem gleichgültig gegenübersteht und unser Kommerz sie verachtet. Nichtsdestoweniger ist diese Frage das gewichtigste und bedeutendste Thema, dem man sich schreibend zuwenden kann.

Dem wird natürlich nicht jeder zustimmen. Als ich nachgeforscht habe, was die Menschen zur Erziehung zu sagen haben, fiel mir auf, daß es meistens um Mittel ging, selten um den Zweck. Sollten wir unsere Schulen privatisieren? Sollten wir einheitliche landesweite Prüfstandards haben? Wie sollten wir Computer einsetzen? Sollten wir das Fernsehen in den Unterricht einbeziehen? Wie sollten wir das Lesen lehren? Und so weiter. Einige dieser Dinge sind interessant, und einige sind es nicht. Was sie aber gemein haben, ist die Tatsache, daß sie der Frage ausweichen, wozu die Schule da ist. Es ist, als wären wir eine Nation von Technikern, gefangengenommen von unserem Fachwissen darum, *wie* etwas gemacht werden sollte, zu ängstlich oder unfähig, darüber nachzudenken, *warum*.

Ich schreibe dieses Buch in der Hoffnung, die Definition des »Schulproblems« ein wenig von den Mitteln weg und zum Zweck, zum Sinn hin zu verschieben. Ohne einen transzendentalen Sinn wird die Schulerziehung, wie wir sie kennen, nicht überleben. Mit einem solchen Sinn kann die Schule zu der zentralen Institution werden, durch die unsere Kinder die Motivation finden können, ihre eigene Erziehung fortzusetzen.

TEIL EINS

KAPITEL EINS
Die Notwendigkeit von Göttern

Bei der Frage, wie man die Schulausbildung der Kinder und Jugendlichen gestalten sollte, müssen Erwachsene zwei Probleme lösen. Das eine ist ein technisches Problem, das andere ein metaphysisches. Das technische Problem dreht sich um die *Mittel*, mit denen die Jugendlichen Wissen erwerben. Es wendet sich den Fragen zu, wo und wann gelehrt werden soll und natürlich, wie dieses Lernen geschieht. Das ist kein einfaches Problem, und jedes vernünftige Buch über die Schule muß einige Lösungen dafür anbieten.

Aber es ist wichtig, im Kopf zu behalten, daß die Technik des Lernens sehr oft überbewertet wird, daß ihr eine Bedeutung zugemessen wird, die sie nicht verdient. Wie das alte Sprichwort sagt: viele Wege führen nach Rom – und alle sind richtig. So ist es auch mit dem Lernen. Es gibt niemanden, der sagen könnte, dies oder jenes sei die beste Art, Dinge zu lernen, zu fühlen, zu sehen, zu erinnern, anzuwenden, zu verbinden – und etwas anderes funktioniere nicht. Jeder, der eine solche These aufstellt, trivialisiert das Lernen, reduziert es auf eine mechanische Fertigkeit.

Natürlich gibt es viele Lehrinhalte, die wenig mehr als eine mechanische Fertigkeit sind, und in solchen Dingen mag es durchaus den einen »besten« Weg geben. Aber ein anderer Mensch zu werden aufgrund von etwas, das man gelernt hat – sich Einsicht anzueignen, ein Konzept, eine Vision, welche die Welt ändern – das ist etwas ganz anderes. Wenn das geschehen soll, braucht man einen Grund. Und das ist das metaphysische Problem, von dem ich spreche.

Ein Grund in dem Sinne, wie ich das Wort hier gebrauche, unterscheidet sich von einer Motivation. Innerhalb des Kontextes der Schulausbildung bezieht sich Motivation auf ein vorübergehendes psychisches Ereignis, das die Neugier weckt und auf das sich die Aufmerksamkeit richtet. Damit will ich es nicht abwerten. Aber es darf nicht mit dem Grund verwechselt werden, warum der Schüler oder die Schülerin sich im Klassenzimmer befindet, warum er oder sie dem Lehrer zuhört, Prüfungen ablegt, die Hausarbeiten macht, die Schule auf sich nimmt, selbst wenn er oder sie nicht motiviert ist.

Diese Art Grund ist ein wenig abstrakt, nicht immer präsent oder bewußt und ganz und gar nicht leicht zu beschreiben. Und trotzdem kann die Schule ohne diesen Grund nicht funktionieren. Wenn die Schule einen Sinn haben soll, müssen die Schüler, ihre Eltern und ihre Lehrer einen Gott haben, dem sie dienen können, oder, besser noch, mehrere Götter. Wenn sie keine haben, ist die Schule sinnlos. Wie Nietzsche es ausgedrückt hat: »Ist man über das Warum seines Lebens mit sich im Reinen, so giebt man dessen Wie leichten Kaufs.«[1] Das betrifft das Lernen genauso wie das Leben.

Um es einfach auszudrücken: Die Schule ist mit Sicherheit auf dem Weg an ihr Ende, wenn sie keinen Sinn mehr hat.

Mit einem Gott, dem zu dienen ist, meine ich nicht notwendig *den* Gott, der die Welt erschaffen haben soll und dessen moralische Gebote in heiligen Büchern zahllosen Menschen einen Grund gegeben haben, zu leben, und, was für uns hier wichtiger ist, einen Grund, zu lernen. Vom dreizehnten Jahrhundert an und die folgenden fünfhundert

Jahre hindurch war dieser Gott eine hinreichende Legitimation für die Begründung von Lehranstalten – von Grundschulen, an denen Kinder lernten, die Bibel zu lesen, bis zu großen Universitäten, wo Männer zu Dienern Gottes ausgebildet wurden. Noch heute gibt es Schulen und Universitäten im Westen und öfter noch in der islamischen Welt, deren zentrale Bestimmung es ist, Gott zu dienen und den Glauben an ihn zu verbreiten. Wo immer das der Fall ist, gibt es kein Schulproblem. Und gewiß keine Schulkrise. Es mag einige Dispute darüber geben, welche Themen die Frömmigkeit, den Gehorsam und den Glauben am besten zu fördern geeignet sind; es mag skeptische Schüler und Studenten geben, sogar Lehrer, die nicht gläubig sind. Aber im Kern einer solchen Schule wirkt eine transzendente, spirituelle Idee, die dem Lernen Sinn und Klarheit verleiht. Selbst die Skeptiker und Ungläubigen wissen, warum sie da sind, was sie lernen sollen und warum sie gegen die Inhalte resistent sind. Einige wissen auch, warum sie diese Anstalten verlassen sollten.

Vor ein paar Jahren hatte ich eine traurige Unterhaltung mit einem brillanten und populären Philosophieprofessor, der am Principia College in Elsah, Illinois, lehrte. Principia war zu der Zeit (und ist es, glaube ich, noch immer) die einzige höhere Lehranstalt der Christian Science Church. Er sagte mir, daß seine Jahre am Principia College die glücklichsten seines Lebens gewesen seien, daß er jetzt aber eine Lehrstelle an einer nicht konfessionellen Universität angenommen habe, da er an die Dogmen der Christian Science nicht länger glauben könne. Die Kurse, die er lehrte, muß man hinzufügen, hatten mit der Lehre oder auch nur der Diskussion dieser Dogmen nichts zu tun. Niemand hätte je etwas von seinem Glaubensverlust erfahren müssen, er hätte ihn für sich behalten können. Aber er glaubte nicht mehr an den Sinn der Institution, und jeder Kurs, gleichgültig welchen Inhalts, war durchdrungen von dem Geist der »Erzählung«, die er nicht mehr akzeptieren konnte. Also ging er. Ich habe immer gehofft, daß dieser verzweifelte Professor schließlich einen anderen Gott gefunden hat, dem er dienen konnte, eine andere Erzählung, die seiner Lehrtätigkeit Bedeutung gegeben hat.

Mit einigen Einschränkungen, aber mit Überzeugung, gebrauche ich das Wort *Erzählung* als Synonym für Gott, wobei ich mit Gott, wie gesagt, nicht den einen großen Gott der jüdisch-christlichen Tradition meine. Ich weiß, daß dies riskant ist, nicht nur weil das Wort »Gott« mit seiner Aura nicht leichthin im Munde geführt werden sollte, sondern auch, weil man damit eine feste Gestalt oder ein festes Bild verbindet. Aber es ist der Sinn solcher Gestalten oder Bilder, das Denken auf eine Idee, und was für uns in diesem Zusammenhang wichtiger ist, auf eine Erzählung zu lenken. Nicht irgendeine Erzählung, sondern eine, die von Ursprüngen spricht und die Vision einer Zukunft heraufbeschwört; eine Erzählung, die Ideale aufstellt, Verhaltensregeln vorschreibt, Autoritäten schafft und vor allem ein Gefühl von Kontinuität und Zielbewußtsein vermittelt.

Ein Gott in dem Sinne, wie ich das Wort gebrauche, ist der Name einer großen Erzählung, einer, die genug Glaubwürdigkeit, Komplexität und symbolische Kraft hat, um es Menschen zu ermöglichen, sie in den Mittelpunkt ihres Lebens zu stellen. Ich gebrauche das Wort in demselben Sinne wie zum Beispiel Arthur Koestler, der seinem Buch über die Trugbilder und Enttäuschungen des Kommunismus den Titel gab: *Ein Gott, der keiner war.*

Er wollte darin nachweisen, daß der Kommunismus nicht nur ein Experiment einer bestimmten Regierungsform und einer bestimmten Organisation des gesellschaftlichen

Lebens oder weniger noch eine ökonomische Theorie war, sondern eine umfassende Erzählung über den Zustand der Welt: darüber, wie die Dinge wurden, wie sie sind, und über das, was in der Zukunft liegt. Er wollte auch zeigen, daß der Kommunismus sich bei all seiner Verachtung für die »irrationalen« Erzählungen der traditionellen Religionen nichtsdestoweniger auf Glaube und Dogma stützte. Der Kommunismus hatte sicherlich seine eigenen Vorstellungen von Blasphemie und Ketzerei, und er praktizierte eine groteske und brutale Methode der Exkommunikation.

Ich will mit diesem Beispiel nicht sagen, daß Götter versagen müssen; davon bin ich weit entfernt, obwohl es viele Götter gibt, die das tun. Mein eigenes Leben ist zum Teil mit der Zeit des Auftretens von drei katastrophalen Erzählungen zusammengefallen: mit der des Kommunismus, des Nationalsozialismus und des Faschismus. Jeder dieser Götter versprach seinen Anhängern den Himmel, führte aber in die Hölle. Wie in den folgenden Kapiteln ausgeführt werden wird, gibt es noch eine Reihe weiterer Götter, welche die Herzen und Köpfe erobert haben, aber nicht in der Lage sind, so scheint mir, einen wirklich motivierenden Grund für das Lernen zu liefern. Und im letzten Teil des Buches drücke ich meine Überzeugung aus, daß es Erzählungen gibt, die das Leben und das Lernen bereichern können und die für uns da wären, wenn wir ihnen nur ausreichend Aufmerksamkeit schenkten: dies sind Götter, die dienen, und zugleich Götter, denen man dienen kann.

Aber es ist hier weder meine Absicht, irgendwelche Götter zu begraben, noch sie zu preisen, ich will vielmehr sagen, daß wir ohne sie nicht auskommen können, daß wir, wie immer sonst wir uns nennen mögen, die götterschaffende Spezies sind. Unser Genie liegt in unserer Fähigkeit, Bedeutung durch Erzählungen zu erzeugen, die unserer Arbeit

Sinn gibt, unsere Historie überhöht, unsere Gegenwart beleuchtet und unserer Zukunft Richtung verleiht. Um ihre Funktion zu erfüllen, brauchen solche Erzählungen nicht im wissenschaftlichen Sinn »wahr« zu sein. Es gibt viele noch immer weiterlebende Erzählungen, die Einzelheiten enthalten, welche nachweisbar falsch sind. Das Ziel einer Erzählung ist es aber, der Welt Bedeutung zu geben, nicht sie wissenschaftlich zu beschreiben. Das Maß der »Wahrheit« oder »Unwahrheit« einer Erzählung liegt in ihren Folgen: Gibt sie den Menschen ein Gefühl persönlicher Identität, ein Gefühl der Gemeinschaft, eine Grundlage für moralisches Verhalten und Erklärungen dessen, was nicht erforscht werden kann?

Diese Art des »Erzählens« hat viele verschiedene Namen bekommen. Joseph Campbell und Rollo May haben ihm den Namen »Mythos« gegeben. Freud, der die kreative Quelle von und das psychische Bedürfnis für solche Erzählungen besser verstand als jeder andere, nannte sie trotzdem »Illusionen«. Ohne den Begriff allzusehr zu strapazieren, könnte man sogar sagen, daß Marx an etwas ähnliches gedacht hat, als er das Wort »Ideologie« gebrauchte. Aber es geht mir nicht darum, die subtilen Variationen des Begriffs mit gelehrten Nuancen voneinander zu unterscheiden. Mir geht es darum, daß wir, wie immer wir es nennen, über das Medium der Erzählung unablässig Vergangenheiten und Zukunftsvisionen für uns entwerfen. Ohne eine Erzählung hat das Leben keine Bedeutung. Ohne Bedeutung hat das Lernen kein Ziel. Ohne Sinn sind Schulen Häuser der Leere, nicht der Lehre. Darum geht es in meinem Buch.

Die umfassendsten Erzählungen finden sich natürlich in Texten wie dem Alten Testament, dem Neuen Testament, dem Koran, der Bhagavadgita. Aber vom sechzehnten Jahrhundert an begannen zumindest im Westen Erzählungen einer anderen Art aufzutauchen, die Kraft genug besaßen, um als alternative Götter zu dienen. Zu den langlebigsten unter ihnen gehört die große Erzählung, die als induktive Wissenschaft bekannt ist. Man muß dazu sagen, daß ihre ersten Erzähler – Descartes, Bacon, Galileo, Kepler und Newton – nicht glaubten, daß ihre Geschichte ein Ersatz für die große jüdisch-christliche Erzählung war, sondern eine Ergänzung, eine Erweiterung. In der Tat ist mehr als einmal darauf hingewiesen worden, daß das große Zeitalter der Wissenschaft sich auf den Glauben an einen Gott gründete, der selbst als Wissenschaftler und Techniker wahrgenommen wurde und der deshalb, so meinte man, eine Zivilisation billigen würde, die sich auf ein solches Unternehmen einließ. »Soweit wir wissen«, schrieb Eric Hoffer, »war eine der Ursachen, warum andere Zivilisationen mit all ihren Fähigkeiten und Möglichkeiten kein Maschinenzeitalter entwickelten, die, daß sie keinen Gott hatten, den sie unschwer in einen allmächtigen Ingenieur verwandeln konnten. Denn hat nicht der machtvolle Jehova von Anbeginn der Zeit die Taten vollbracht, die heute unser Maschinenzeitalter zu vollbringen strebt?«[2]

Galileo, Kepler und Newton würden dem wahrscheinlich zustimmen, da sie Gott in der Tat als großen Uhrmacher und Mathematiker betrachteten. In jedem Fall gibt es keinen Zweifel, daß vom Beginn des wissenschaftlichen Zeitalters an seine Schöpfer an die große Erzählung von Jehova glaubten. Ihre Entdeckungen wurden im Dienst des jüdisch-christlichen Gottes gemacht. Und wenn sie Stephen Hawkings Bemerkung hätten hören können, daß die Forschungsarbeit mit dem (jetzt aufgegebenen) Supercollider Einsichten in das Denken Gottes erlauben würde, wären sie wahrscheinlich erfreut gewesen.

Der Unterschied zwischen ihnen und Hawking ist der,

daß Hawking, ein erklärter Atheist, nicht an das glaubt, was er da sagte. Für ihn ist die Geschichte von Jehovas Wundern nicht mehr als eine tote Metapher, vielleicht sogar »ein Märchen, erzählt von einem Tollen«, wie es in *Macbeth* heißt. Es ist denkbar, daß er den Namen Gottes nur als einen publicitywirksamen Gag anführte. Offensichtlich ist die große Erzählung der Wissenschaft allein ausreichend für Hawking, wie sie es für viele andere gewesen ist. Es ist eine Geschichte, welche die menschliche Vernunft feiert, das kritische Denken über den Glauben stellt und die Offenbarung als Wissensquelle verschmäht. Um es spirituell auszudrücken, postuliert diese Geschichte (wie Jacob Bronowski es ausgedrückt hat), daß unser Daseinszweck auf Erden die Entdeckung verläßlichen Wissens ist. Natürlich teilt die große Erzählung der Wissenschaft mit den großen religiösen Erzählungen den Gedanken, daß es eine Ordnung im Universum gibt – dies ist eine grundlegende Annahme aller bedeutenden Erzählungen.

Tatsächlich hat die Wissenschaft sogar eine Art Vorstellung vom »Denken Gottes«. Wie Bertrand Russell es einmal ausgedrückt hat: Wenn es einen Gott gibt, dann ist er eine Differentialgleichung. Kepler insbesondere hätte diese Art, sich Gott vorzustellen, gemocht, und vielleicht ist es letztlich das, was Hawking gemeint hat. Wie auch immer, die große Stärke des Wissenschaftsgottes ist es natürlich, daß er funktioniert – weit besser als das Gebet, weit besser, als sich sogar Francis Bacon das hätte vorstellen können. Seine Theorien sind nachweisbar und kumulativ; seine Fehler sind korrigierbar, seine Resultate praktisch. Der Wissenschaftsgott schickt Menschen auf den Mond, impft sie gegen Krankheiten, transportiert Bilder durch enorme Räume, so daß wir sie in unseren Wohnzimmern sehen können. Er ist ein mächtiger Gott und gibt den Menschen, wie die Götter der Antike, ein Maß an Kontrolle über ihr Leben, was einer der Gründe ist, warum Götter überhaupt erfunden wurden. Viele sagen, daß der Wissenschaftsgott mehr Kontrolle und mehr Macht schenkt als jeder andere Gott vor ihm.

Aber er ist wie alle Götter nicht vollkommen. Seine Geschichte von unseren Ursprüngen und unserem Ende ist, um das mindeste zu sagen, unbefriedigend. Auf die Frage: »Wie hat es alles angefangen?« antwortet die Wissenschaft: »Wahrscheinlich durch Zufall.« Auf die Frage: »Wie wird es alles enden?« antwortet die Wissenschaft: »Wahrscheinlich durch Zufall.« Und vielen Menschen erscheint das zufällige Leben nicht lebenswert. Es kommt hinzu, daß der Wissenschaftsgott auf die Frage: »Welche moralischen Gebote gibst du uns?« hartnäckig schweigt. Er stellt sich in den Dienst sowohl des Wohltätigen als auch des Grausamen, und seine grandiose moralische Unparteilichkeit, wenn nicht Gleichgültigkeit, hat ihn in der ganzen Welt willkommen gemacht. Genauer gesagt, sind es seine Nachfahren, die so willkommen sind. Denn wie ein anderer Gott, der einen Sohn und einen heiligen Geist hervorbrachte, hat der Wissenschaftsgott einen weiteren erzeugt – die große Erzählung der Technologie.

Dies ist eine wundervolle und energische Geschichte, die uns mit größerer Klarheit als ihr Vater eine Vision des Paradieses vorhält. Während der Wissenschaftsgott zu uns sowohl von Verständnis als auch von Macht spricht, geht es dem Technologiegott nur um die Macht. Er widerlegt das Versprechen des christlichen Gottes, daß der Himmel eine posthume Belohnung sei. Er bietet Bequemlichkeit, Effizienz und Wohlstand hier und jetzt; und er bietet sie allen, den Reichen wie den Armen. Aber er geht viel weiter. Denn er tröstet die Armen nicht nur, wie es der christliche Gott getan hat, er verspricht ihnen, daß auch sie, wenn sie an ihn glauben, reich werden. Seine realen Leistungen sind zweifellos formidabel gewesen – zum Teil, weil er ein fordernder Gott ist und strikt monotheistisch. Sein erstes Gebot ist vertraut: »Du sollst keine anderen Götter haben neben mir.« Das heißt, daß jene, die ihm folgen, ihre Bedürfnisse und Bestrebungen den Möglichkeiten der Technologie anpassen müssen. Die Forderungen keines anderen Gottes dürfen in die Souveränität der Technologie eingreifen, sie verlangsamen, vereiteln oder – dies am wenigsten – ihr Widerstand leisten. Warum dies notwendig ist, wird in grimmiger Klarheit im zweiten und dritten Gebot erklärt. »Wir sind die technologische Spezies«, sagt das zweite, »und darin liegt unser Genius.« – »Unsere Bestimmung«, sagt das dritte, »ist es, uns selbst durch Maschinen zu ersetzen, was bedeutet, daß technologische Kreativität und menschlicher Fortschritt ein und dasselbe sind.«

Jene, die diesen Glaubenssätzen skeptisch gegenüberstehen, die nicht geneigt sind, den Namen des Technologiegottes zu ehren, werden als reaktionäre Abtrünnige verdammt, besonders wenn sie von Göttern anderer Art sprechen. Unter denen, die eine solche Ketzerei wagten, war Max Frisch, der bemerkte, Technologie sei das Geschick, die Welt so herzurichten, daß wir sie nicht erfahren. Aber er und andere Häretiker wurden beiseite geschoben und mußten all ihre Tage das Brandmal des »Maschinenstürmers« tragen. Es gab auch solche wie Aldous Huxley, die glaubten, man könne den großen Gott der Technologie soweit zähmen, daß er sich mit bescheideneren Ansprüchen zufrieden gebe. Wenn er *Brave New World* umgeschrieben hätte, sagte er einmal, so »... hätte er eine vernünftige Alternative eingefügt, eine Gesellschaft, in der ›Wissenschaft und Technologie so gebraucht würden, als wären sie wie der Sabbath für den Menschen gemacht und nicht (wie gegenwärtig und mehr noch in *Brave New World*) so, als müsse der Mensch sich ihnen wie ein Sklave anpassen‹.«[3]

Obwohl ich wie Frisch und Huxley glaube, daß der Technologiegott ein falscher Gott ist (das tue ich natürlich), werde ich auf diesen Punkt erst später eingehen. Hier will ich betonen, daß alle Götter unvollkommen, sogar gefährlich sind. Ein zu ausschließlicher Glaube, einer, der die Möglichkeit der Toleranz anderer Götter nicht zuläßt, kann zu psychopathischem Fanatismus führen. Das ist es, was Jesus meinte (und worauf Huxley sich bezog), als er sagte, der Sabbath sei für den Menschen gemacht und nicht der Mensch für den Sabbath. Eine Bemerkung von Niels Bohr drängt sich in diesem Zusammenhang auf. Er sagte: »Das Gegenteil einer richtigen Aussage ist eine falsche Aussage, aber das Gegenteil einer tiefen Wahrheit ist eine andere tiefe Wahrheit.«[4]

Wie auch andere weise Menschen wollte er darauf hinweisen, daß es besser ist, Zugang zu mehr als nur einer tiefen Wahrheit zu haben. Die Fähigkeit, die Gültigkeit und Nützlichkeit zweier gegensätzlicher Wahrheiten gelassen auszuhalten, ist die Quelle von Toleranz, Offenheit und vor allem von Humor, dem größten Feind des Fanatismus. Nichtsdestoweniger ist es zweifellos besser, eine tiefe Wahrheit, einen Gott, eine Erzählung zu besitzen, als gar keine zu haben.

Was geschieht mit Menschen, wenn sie keine Götter mehr haben? Einige begehen Selbstmord. Einige betäuben sich mit Drogen oder Alkohol. Einige holen sich, was immer an Genuß in blinder Gewalt liegen mag. Einige legen sich den Panzer eines undurchdringlichen Egoismus an. Viele finden anscheinend ein flüchtiges und erbärmliches Entkommen von ihrer Angst in der kommerziellen Neuschöpfung einst mächtiger Erzählungen.

Vor mir liegt ein Bericht über die Verbreitung von Vergnügungsparks sowohl in Amerika als auch in Europa. Während ich schreibe, entsteht einer in Polen, in dem nach Auskunft des *Travel & Leisure*-Magazins das Personal in nachgeahmten Uniformen der Luftwaffe und Wehrmacht herumlaufen wird, um zum Tanz in »Hitlers Bunker Disco« zu animieren. Ein anderes, mittlerweile aufgegebenes Projekt in der Nähe von Berlin, sollte angeblich »Ostdeutschland unter dem Kommunismus« zu seinem Thema machen. Seine Angestellten hätten sich als Stasimitarbeiter kostümieren und Besucher, die regimekritische Bemerkungen machen, in ein nachgebautes Gefängnis sperren müssen. Auf der anderen Seite des Ozeans, in der Nähe von Atlanta, Georgia, wird ein Vergnügungspark angelegt, der »Vom Winde verweht-Land« heisßen soll. Um nicht in den Schatten gestellt zu werden, plant die Walt Disney Company, deren Profite ganz auf der zeitgemäßen und romantischen Neuschöpfung von Erzählungen beruhen, einen Park in der Nähe von Manassas, Virginia. Sein Thema ist »Die Bürgerkriegserfahrung«. Offenbar sollten die Bauten, Ausstellungen und Schauspieler die Erfahrung der Sklaverei in Szene setzen. Ob für oder gegen die Sklaverei, war unklar. (Wie auch, während ich dies niederschreibe, die Zukunft dieses Projektes[5].)

Ist all dies nur eine Generalprobe für den Massenkonsum »virtueller Realität«, wie Joy Gould Boyum fürchtet? Werden wir auf eine Zeit vorbereitet, in der wir keine teuren Vergnügungsparks mehr brauchen, um die Alp- oder Wunschträume unserer Wahl nachzubauen, sondern beides auf Knopfdruck vor uns erstehen lassen können? Ob das zutrifft oder nicht, eines ist gewiß: Worum es hier geht, ist, um Rollo Mays Ausdruck zu gebrauchen, ein »Schrei nach Mythos«. Alptraum oder Wunschtraum, diese Parks erlauben es, eine Welt zu besuchen, in der einst eine mächtige Erzählung herrschte, eine Erzählung, die Menschen eine Begründung ihres Lebens lieferte. Das Fehlen solcher Erzählungen führt zu einer Art psychischen Traumas. Es scheint nichts auszumachen, ob eine Erzählung den Menschen in den Himmel oder in die Hölle versetzt. Es ist immer noch besser, in der Hölle zu sein als nirgendwo. Nirgendwo zu sein heißt, in einer sterilen Kultur zu leben; in einer Kultur, die keine Vision der Vergangenheit oder der Zukunft zu bieten hat, keine klare Autorität, keine organisierenden Prinzipien. Wozu sind in einer solchen Kultur Schulen da? Wozu *können* sie da sein?

Es gab eine Zeit, da die amerikanische Kultur wußte, wozu die Schulen da waren, denn sie bot ihren Menschen verschiedene wirkungsvolle Erzählungen an. Da gab es zum Beispiel die große Geschichte der Demokratie, von der der amerikanische Künstler Ben Shahn einmal sagte, sie sei »die Idee mit der größten Anziehungskraft, die die Welt kennt«. Alexis de Tocqueville nannte sie »das Prinzip der bürgerlichen Partizipation«. Gunnar Myrdal faßte den Gedanken in dem Ausdruck »der amerikanische Glaube« zusammen, und er hielt ihn für das am klarsten ausgeführte System allgemeiner Ideale im Westen. Das erste Kapitel dieser Geschichte beginnt mit den Worten: »Am Anfang war eine Revolution.« In ihrem Fortgang fallen heilige Worte wie »Regierung des Volkes, für das Volk und durch das Volk«.

Da er mithalf, diese Geschichte zu schreiben, wußte Thomas Jefferson, der Moses des großen Demokratiegottes, wozu Schulen da waren – um sicherzugehen, daß die Bürger wußten, wann und wie sie ihre Freiheit verteidigen mußten. Dies war ein Mann, der einen Essay schrieb, der ihn das Leben hätte kosten können, und der die Worte enthielt:

»Folgende Wahrheiten erachten wir als selbstverständlich: daß alle Menschen gleichgeschaffen sind, daß sie von ihrem Schöpfer mit gewissen unveräußerlichen Rechten ausgestattet sind, daß dazu Leben, Freiheit und das Streben nach Glück gehören.« Es wäre einem solchen Mann nicht leichtgefallen zu glauben, daß man junge Menschen das Lesen lehren sollte, damit sie ihre wirtschaftliche Produktivität erhöhen – wie dies den Politikern von heute geläufig ist. Jefferson diente einem höheren Gott.

Das tat auch Emma Lazarus, deren Gedicht eine andere, früher mächtige amerikanische Erzählung preist. »Gib mir deine Müden, deine Armen, deine geduckten Massen, die sich danach sehnen, frei zu atmen«, schrieb sie. Wo sonst, außer in der großen Erzählung von Jesus, kann man eine Geschichte finden, die den geduckten Massen so überzeugend ihre Würde gibt? Amerika als Schmelztiegel. Solch eine Geschichte beantwortet viele Fragen, darunter auch die nach dem Sinn von Schulen. Schulen sollen aus den Ausgestoßenen von fremden, übervölkerten Küsten Amerikaner machen. Schulen sollen den Verlorenen und Einsamen ein Zugehörigkeitsgefühl geben zu Amerikas Geschichte und Zukunft, zu Amerikas heiligen Symbolen, zu seiner Verheißung der Freiheit. Schulen sind, in einem Satz zusammengefaßt, die bejahende Antwort auf die Frage: Kann aus Menschen unterschiedlicher Traditionen, Sprachen und Religionen eine kohärente, stabile, einheitliche Kultur geschaffen werden?

Es hat natürlich andere Erzählungen gegeben, die dazu gedient haben, Menschen Anleitung und Inspiration zu geben, und die insbesondere geholfen haben, der Schulausbildung einen Sinn zu verleihen. Darunter ist eine, die unter dem Namen »protestantische Ethik« bekannt wurde. Diese Erzählung behauptet, daß harte Arbeit und die disziplinierte Fähigkeit, Befriedigung aufzuschieben, der sicherste Pfad sei, sich Gottes Gunst zu verdienen. Müßige Hände tun die Arbeit des Teufels, und dasselbe gilt für lüsterne und oft auch nur vergnügliche Gedanken. Obwohl dieser Gott der Selbstkontrolle ein Erbe der kalvinistischen Puritaner ist, die Amerika gründeten, erstreckte sich seine Macht auf viele unter den geduckten Massen, die aus ganz anderen Traditionen stammten. Die brachten natürlich ihre eigenen Erzählungen mit sich, die im Kontext Amerikas sozusagen als »örtliche Gottheiten« dienten, aber Gottheiten, die noch mächtig genug waren, um der Schule einen Sinn zu geben.

Meine eigene Schulzeit kann hier als Beispiel dienen. Als ich heranwuchs, lernte ich den Amerikanischen Glauben an Freiheit und Demokratie zu lieben, während ich zur selben Zeit von einer begrenzteren »Stammes«-erzählung inspiriert wurde, an der ich sehr hing (und noch immer hänge). Als Kind jüdischer Eltern wurde von mir verlangt, daß ich zwei Schulen besuchte: die amerikanische öffentliche Schule, in der die Namen von Washington, Jefferson, Madison, Tom Paine und Lincoln Ikonen waren; und eine »jüdische« Schule, in der die Namen Abraham, Sarah, Isaak, Rebekka, Jakob, Rahel, Lea und Moses ebenso heilig waren. (Bezeichnend ist, daß die Demokratie-Erzählung fast keine herausragenden Frauennamen enthielt, während die Geschichte vom Erwählten Volk viele hatte.) So, wie sie mir dargestellt wurde, gab es keinen Konflikt zwischen der Demokratie-Geschichte und jener des Erwählten Volkes. Auch die Schmelztiegel-Geschichte, und, was erstaunlich ist, die protestantische Ethik fügten sich dem ohne Widersprüche ein (vielleicht weil sie sich nicht allzusehr von der »jüdischen Schuld« unterscheidet, die von der Annahme ausgeht, daß was auch immer passiert, deine Schuld ist).

Das Entscheidende war, daß die großen amerikanischen Erzählungen gewisse Themen (läßt man mal die Schuld beiseite) mit meiner Stammeserzählung gemein hatten: Themen, die fast universelle Prinzipien ausdrückten – zum Beispiel Familienehre, Selbstbeherrschung, gesellschaftliche Verantwortung, Demut und Mitleid mit den Ausgestoßenen. Diese Erzählungen miteinander zu versöhnen, war für mich und meine Klassenkameraden in der staatlichen Schule nicht schwer, obwohl sie aus irischen, griechischen, italienischen und deutschen Familien kamen, die ihre eigenen Stammesgeschichten mitgebracht hatten. Sie mischten diese mit den großen Erzählungen, die in der Schule gelehrt wurden, bereicherten sie mit ihren Traditionen.

Es fiel allerdings nicht vielen von uns ein, muß ich hinzufügen, daß die Schule verpflichtet sein könnte, unsere Stammesgeschichten anzuerkennen oder auch nur zu diskutieren. Erstens glaubten wir nicht, daß unsere Lehrer dazu überhaupt qualifiziert waren. Zweitens machten die Lehrer auch keine Andeutungen, daß sie dies als Teil ihrer Aufgabe betrachteten. Und schließlich waren unsere Klassen viel zu »multikulturell«, um dies als praktikables Ziel erscheinen zu lassen. Die Schulen, so schien uns, hatten mit »Ethnizität« einfach nichts zu tun. (Der Begriff selbst war uns übrigens zu der Zeit unbekannt, da er zuerst 1940 von W. Lloyd Warner gebraucht wurde und erst sehr viel später in den allgemeinen Sprachgebrauch einging.)

Die Förderung des Ethnischen, so glaubten wir, lag in der Verantwortung der Familie, wo unter anderem auch die »Stammes«-sprache (in meinem Fall Jiddisch) unbefangen gesprochen werden konnte und wo religiöse Traditionen und Feiertage geehrt und »nicht-amerikanische« Speisen verzehrt wurden. Die Aufgabe wurde ansonsten von Kirche oder Synagoge oder Bruderschaften wahrgenommen, in gewissem Ausmaß sogar von örtlichen politischen Organisationen. Einige unserer ethnischen Geschichten wurden auch in der populären Kunst erzählt – in Filmen zum Beispiel. Besonders die Iren kamen in dieser Hinsicht gut weg, sie wurden in vielen Filmen als harte Arbeiter, Menschen mit viel Familiensinn und Humor dargestellt, ihre Priester sangen in kraftvollen Rhythmen, und ihre Nonnen waren schön. Den Juden und Italienern erging es nicht so gut, die Griechen wurden nicht beachtet, die Schwarzen wurden gedemütigt und die Deutschen, natürlich, als schrecklich hingestellt. Nichtsdestoweniger erwarteten wir von den Schulen nicht, daß sie dies kompensierten, wir erwarteten nur, daß sie Amerikaner aus uns machten.

Mir ist natürlich bewußt, daß die Situation, die ich gerade geschildert habe, nicht überall gleich oder, wie ich vielleicht besser sagen sollte, befriedigend war. Schon 1915 wurde die Schmelztiegel-Metapher als unzutreffend angegriffen, ihr Bezug zur Realität angezweifelt.[6] Man gestand zwar zu, daß der Amerikanische Glaube vorwiegend aus einer angelsächsischen Tradition entstanden war, verwies aber darauf, daß seine Prinzipien vor allem von Einwanderern verwirklicht wurden, die diesen Glauben an Freiheit und Demokratie zwar mit ihren eigenen Traditionen anreicherten, aber ansonsten ihre Stammesidentität keineswegs aufgaben. Auf diese Weise drang der Gedanke des »kulturellen Pluralismus« besonders seit den 30er Jahren in die Schulen ein. Dies bedeutete, daß nun in vielen öffentlichen Schulen (nicht in meiner) Geschichte, Literatur und Traditionen verschiedener Einwanderergruppen als Teil der großen Erzählung vom Amerikanischen Glauben gelehrt wurden.

Ich weiß nicht, ob die Selbstachtung und der ethnische Stolz der Kinder der geduckten Massen durch den kulturellen Pluralismus gehoben wurde. Wahrscheinlich in manchen

Fällen; vielleicht erzeugte er in einigen auch Verlegenheit. Obwohl meine Schule erst sehr spät mit der Pädagogik des kulturellen Pluralismus begann, erinnere ich mich an eine Gelegenheit, bei der ein Lehrer in einer seltenen Geste der Reverenz vor ethnischer Vielfalt den Beitrag eines Juden, Haim Solomon, zur Finanzierung des Revolutionskrieges hervorhob. Die Finanzierung? Ich hätte es entschieden vorgezogen, wenn Solomon mit Paul Revere geritten wäre.

Was immer an Gewinn oder Verlust der kulturelle Pluralismus für die Selbstachtung der Schüler bedeutet haben mag, er leistete drei positive Beiträge zur Aufrechterhaltung der Vitalität und Nützlichkeit der Erzählungen, die der schulischen Erfahrung zugrunde lagen. Erstens lieferte er ein vollständigeres und genaueres Bild der amerikanischen Kultur und insbesondere der amerikanischen Geschichte. Mit anderen Worten, er enthüllte das dynamische Wesen der großen amerikanischen Erzählungen. Schmelztiegel oder nicht, Amerika wurde nun als eine aus vielen Bestandteilen zusammengesetzte Kultur dargestellt, aus der im Prinzip niemand ausgeschlossen wurde. Zweitens wurde die Integration der Einwanderererzählungen an keinem Punkt als Widerlegung des Amerikanischen Glaubens dargestellt. Selbst die furchtbaren Geschichten von den Massakern an den Indianern, den »eingeborenen« Amerikanern, von der Sklaverei und der Ausbeutung der Kuli-Arbeit konnten erzählt werden, ohne die Ideale der Demokratie, des Schmelztiegels oder der protestantischen Ethik zu zerstören. Solche Geschichten dienten im Gegenteil oft als Anstoß, den Amerikanischen Glauben zu läutern, Vorurteile zu überwinden und die dunklen Teile unserer Geschichte aufzuarbeiten und damit zu einer Versöhnung mit ihnen zu kommen. Drittens hatte die Integration irgendeiner Einwanderer-Erzählung nicht zum Ziel, Gräben zwischen den verschiedenen Gruppen aufzureißen. Der Leitgedanke war es, den Gehalt und den Reichtum jeder Stammesgeschichte aufzuzeigen, dahinter stand die Überzeugung, daß wir bessere Menschen würden, wenn wir die Götter anderer Leute kennenlernten.

Soweit ich sehe, sind weder dieser Gedanke noch die zwei davor ausgeführten in den verschiedenen Versionen dessen enthalten, was heute »Multikulturalismus« genannt wird – eine Tatsache, die, wie ich bald ausführen werde, die Zukunft der *öffentlichen* Schulen – im Gegensatz zu den Privatschulen – ernsthaft bedroht. Hier will ich nur sagen, daß der Gedanke einer öffentlichen Erziehung absolut von der Existenz miteinander geteilter Erzählungen *und* dem Ausschluß solcher Erzählungen abhängt, die zu Entfremdung und Spaltung führen.

Was die öffentlichen Schulen öffentlich macht, ist nicht sosehr die Tatsache, daß die Schulen gemeinsame Ziele, sondern daß die Schüler gemeinsame Götter haben. Der Grund liegt darin, daß öffentliche Erziehung einer Öffentlichkeit nicht dient. Sie *schafft* eine Öffentlichkeit. Und indem sie die richtige Art von Öffentlichkeit schaffen, tragen die Schulen zur Stärkung der geistigen Grundlage des Amerikanischen Glaubens bei. So verstand es Jefferson, so verstand es Horace Mann, so verstand es John Dewey. Und man kann es in der Tat auch nicht anders verstehen.

Die Frage lautet nicht: Schafft die öffentliche Erziehung eine Öffentlichkeit oder nicht? Die Frage lautet: Welche Art von Öffentlichkeit schafft sie? Eine Zusammenballung von zügellosen Konsumenten? Zornige, seelenlose, desorientierte Massen? Gleichgültige, verwirrte Bürger? Oder eine Öffentlichkeit, die Selbstvertrauen besitzt, Zielbewußtsein, Respekt vor Bildung und Toleranz? Die Antwort auf diese Frage hat nicht das geringste mit Computern zu tun, mit Prüfungen, mit der Rechenschaftsverpflichtung des Lehrers, mit der Klassengröße und anderen Details der Leitung einer Schule. Die richtige Antwort hängt von zwei Dingen – und nur zwei Dingen – ab: von der Existenz einer miteinander geteilten Erzählung und von der Fähigkeit solcher Erzählungen, einen guten Grund für das Lernen zu liefern.

KAPITEL ZWEI
Einige Götter, die keine sind

Dies ist kein gutes Jahrhundert für Götter gewesen. Früher schon, vor anderthalb Jahrhunderten, leitete Charles Darwin, so könnte man sagen, den großen Ansturm ein, indem er nachwies, daß wir nicht Kinder Gottes, sondern die Nachfahren von Affen sind. Seine Enthüllung forderte auch ihm persönlich einen Preis ab; er litt unaufhörlich unter Bauch- und Darmschmerzen, für die Medizinhistoriker nie eine organische Ursache gefunden haben. Trotzdem bereute Darwin nicht, was er getan hatte, er hoffte, daß viele Menschen Inspiration, Trost und Kontinuität in der großen Erzählung der Evolution finden würden.

Aber nicht viele haben das getan, und das psychische Trauma, das Darwin auslöste, besteht kaum verdeckt bis heute. Karl Marx, der Darwin bat, ein Vorwort zu seinem *Kapital* zu schreiben (Darwin lehnte ab), riß den Gott des Nationalismus in Fetzen, wies mit theoretischen Mitteln und zahllosen Beispielen nach, daß die arbeitenden Klassen sich verleiten ließen, sich mit ihren kapitalistischen Unterdrückern zu identifizieren.

Sigmund Freud, der still in seinem Sprechzimmer in der Berggasse 19 in Wien vor sich hin arbeitete, gab sich alle Mühe, der entschlossenste Zerstörer von Göttern zu werden. Er wies nach, daß der große Gott der Vernunft, dessen Autorität vom Zeitalter der Aufklärung beglaubigt worden war, ein großer Hochstapler war, daß er vor allem dazu diente, unsere primitivsten Triebe zu rationalisieren und zu verhüllen. Die Großhirnrinde war nicht viel mehr als der Diener der Genitalien. Eine originelle, aber seelenzerstörende Idee, die vielleicht sogar wahr sein mochte. Als wäre dies nicht genug, zerstörte Freud auch noch die Geschichte der kindlichen Unschuld und versuchte, um das Maß vollzumachen, nachzuweisen, daß Moses kein Jude war – dafür entschuldigte er sich, zog aber die These nicht zurück. Vor allem aber argumentierte Freud, daß unser Glaube an Gottheiten eine kindische und neurotische Illusion sei.

Selbst der sanfte Einstein, obwohl kein Einsteinianer, leistete seinen Beitrag zur großen Desillusionierung und erschütterte Newtons Wissenschaftsgott ein für alle Mal – ein Freudsches Beispiel, wenn es denn je eines gegeben hat, des Sohnes, der seinen Vater erschlägt. Einsteins revolutionäre Arbeiten führten zu dem Gedanken, daß wir die Dinge nicht so sehen, wie sie sind, sondern wie *wir* sind. Das älteste Axiom des Überlebens – Sehen heißt Glauben – wurde umgestürzt. Sein Gegenteil – Glauben heißt Sehen – erwies sich als mindestens ebenso wahr. Überdies sind die Nachfolger Einsteins zu dem Schluß gekommen, und glauben, ihn beweisen zu können, daß vollständiges Wissen unerreichbar ist. Was immer wir versuchen, gewisse Dinge können wir *nie* wissen. Nicht weil uns die Intelligenz fehlt, nicht einmal weil wir in einem Gefängnis aus Protoplasma stecken, sondern weil das Universum – nun ja – bösartig ist.

Das Merkwürdige ist, daß jeder dieser Männer, obwohl sie im Temperament sehr unterschiedlich waren, die Absicht hatte, uns eine festere, humanere Grundlage für unseren Glauben zu geben. Und das mag eines Tages auch noch geschehen. Inzwischen aber taumelt die Menschheit unter dem Schlag dessen, was sie verloren hat. Gott ist tot, sagte

Nietzsche, bevor er dem Wahn verfiel. Vielleicht meinte er, die Götter seien tot. Wenn er das meinte, täuschte er sich. In diesem Jahrhundert sind neue Götter eilig an die Stelle der alten getreten, aber die meisten von ihnen haben wenig Ausdauer gehabt – was vielleicht das war, was Nietzsche prophezeite. Ich habe bereits drei von ihnen erwähnt: die Götter des Kommunismus, Nationalsozialismus und Faschismus. Der erste behauptete, die Geschichte der Historie selbst zu repräsentieren, und sollte bis zum endgültigen Triumph des Proletariats als Inspiration dienen. Er endete ziemlich unvermittelt, schockierend und unbetrauert in einem Haufen von Steinen an der Grenze zwischen West- und Ostberlin, was bei den letzten Getreuen des Kommunismus vielleicht die Frage weckte, ob nicht auch die Geschichte, wie das Universum, bösartig war. Hitlers große Erzählung erwies sich als noch kurzlebiger. Er sagte voraus, daß das Dritte Reich tausend Jahre währen würde, vielleicht länger als die Geschichte selbst. Seine Erzählung begann mit einem riesigen Freudenfeuer, dessen Flammen ein für alle Mal die Erzählungen aller anderen Götter verzehren sollten. Sie endete zwölf Jahre später, ebenfalls in Feuer und ebenfalls in Berlin, der Körper der Gottheit bis zur Unkenntlichkeit entstellt.

Vom Faschismus dürfen wir noch nicht sagen, daß er seine letzte Stunde erlebt hat. Er hält sich hier und da, aber kaum als eine erzählenswerte Geschichte. Wo er existiert, *glauben* die Menschen nicht an ihn; sie halten ihn aus. Und so, sagt uns Francis Fukuyama in seinem Buch *Das Ende der Geschichte*, hat die große Erzählung der liberalen Demokratie schließlich triumphiert und beendet die geschichtliche Dialektik. Deshalb blicken so viele Menschen besorgt auf Amerika, um zu sehen, ob seine Götter ihnen ebenfalls dienen können.

Bisher hat Amerikas Antwort im großen und ganzen gelautet: »Glaubt an die Marktwirtschaft.« Das ist eine schwache Geschichte, eine schwache Antwort. Das Problem besteht darin, daß Amerikas Götter sehr beschädigt worden sind. Während Amerika sich auf den Status eines Imperiums zubewegte (heute wird es mit moralischer Zweideutigkeit, vielleicht sogar mit Ironie, als die einzige »Supermacht« der Welt bezeichnet), hat seine große Erzählung der liberalen Demokratie viel von ihrem Glanz verloren. Von Tocquevilles »bürgerlicher Partizipation« ist weniger übriggeblieben als in jeder anderen Industrienation der Welt. Die Hälfte der Wahlberechtigten in Amerika macht sich selbst bei Präsidentenwahlen nicht die Mühe, zur Abstimmung zu gehen, und viele, die es tun, bilden sich ihre Meinung, indem sie mit bleiernen Augen Wahlkampfspots im Fernsehen angucken.

Es wäre erschreckend, sich vorzustellen, wie wenige wissen, wer sie im Kongreß vertritt oder wer Außenminister ist, oder selbst wie viele überhaupt wissen, daß es eine solche Position im Kabinett gibt. Ein Teil dieser staatsbürgerlichen Gleichgültigkeit hat zweifellos mit dem Zynismus zu tun, der durch die kruden Manipulationen einiger der jüngeren amerikanischen Präsidenten, insbesondere von Lyndon Johnson und Richard Nixon, erzeugt wurde. Der letztere machte den Begriff »cover up« (etwas Zudecken, Verwischen) zu einer gängigen Redewendung des politischen Diskurses. Überdies verdunkelte sich die Idee, daß Amerika durch eine aufgeklärte Außenpolitik zu einem moralischen Leitstern anderer Nationen werden könnte, in den Dschungeln Vietnams. Lächerlich gemacht wurde sie dann in Granada, Panama und Kuwait. Kann Marx so etwas im Sinn gehabt haben, als er sagte, daß Geschichte sich wiederhole, zuerst als Tragödie, dann als Farce?

Ich sage nicht, daß die Idee von Amerika als moralischer Metapher tot ist. Wäre sie tot, hätten die Studenten auf dem Tiananmen nicht die Freiheitsstatue zu ihrem Symbol gemacht; die Studenten in Prag wären nicht laut Thomas Jefferson vorlesend durch die Straßen gelaufen; und Legionen von Einwanderern würden nicht jeden Tag in der Sehnsucht, frei zu atmen, auf dem John F. Kennedy Airport landen. In all dem Durcheinander ist es gut, im Auge zu behalten, daß ein verwundeter Gott etwas anderes ist als ein toter. Wir könnten diesen noch einmal brauchen.

Indessen hat auch die große Schmelztiegel-Erzählung so viele Verletzungen erlitten, wie ein unvollkommener Gott aushalten kann. Für einige, zum Beispiel die Koreaner, Chinesen und Russen, hat sie noch einigermaßen funktioniert, aber zu viele andere sind von der Verheißung Amerikas aufgrund ihrer Sprache oder Rasse abgeschnitten. Besonders der Fall der afrikanischen Amerikaner stellt eine groteske Widerlegung der romantischen Vorstellung von einer integrierten Gesellschaft dar, um so mehr, als sie keine Einwanderer sind, sondern praktisch so eingeboren, wie man es als Amerikaner sein kann. Obwohl es ein erstaunliches Anwachsen der schwarzen Mittelklasse gegeben hat – und das Entstehen dieser Mittelklasse ist theoretisch der Gradmesser für die Akzeptanz einer Gruppe –, bleibt für Millionen von Schwarzen der Amerikanische Traum ein Alptraum aus Armut, Familienzerfall, Gewalt und Arbeitslosigkeit.

Seit vierzig Jahren versucht man, diese Probleme durch ein Engagement für soziale Gerechtigkeit in den Griff zu bekommen. Dazu gehören Maßnahmen wie die Integration der Schulen, die Bürgerrechtsgesetzgebung, die Politik der Öffnung von Institutionen und die sogenannte Affirmative Aktion, die Minoritäten bei Einstellungen bevorzugt und das Los der Schwarzen in den Innenstädten verbessern sollte. Und trotz alledem bleiben die Schwarzen, wie Ralph Ellison es im Titel seines berühmten Buches (*Invisible Man*) ausgedrückt hat, unsichtbare Menschen. An dem Tag, da ich dies niederschreibe, haben die Amerikaner aus dem Bureau of Labor Statistics gute Nachrichten bekommen: Die Arbeitslosigkeit hat sich verringert, was darauf hinweist, daß die Wirtschaft sich erholt und bessere Zeiten vor uns liegen. Kaum kommentiert und fast interesselos hingenommen wird die Tatsache, daß die schwarze Arbeitslosigkeit zugenommen hat, zusammen mit (wie andere Zahlen zeigen) schwarzer Obdachlosigkeit, besonders unter Kindern und Jugendlichen. Es ist, als wollte Amerika seine Geschäfte weiterbetreiben – aber ohne die Schwarzen. Und dennoch ist es eine der wahrhaft bemerkenswerten (und weitgehend unbeachteten) Fakten amerikanischer Kultur, daß Millionen von Schwarzen weiterhin an Amerikas Verheißungen und seine großen Erzählungen glauben – vielleicht fester und überzeugter als alle anderen.

Es gibt natürlich auch andere Gruppen – die Lateinamerikaner zum Beispiel –, die nicht in der Lage zu sein scheinen, einen Platz in der amerikanischen Gesellschaft zu finden und die daher wenig Inspirierendes in der Verheißung sehen, die in der Schmelztiegel-Erzählung liegt. Was die rigorose Geschichte von der Segnung harter Arbeit betrifft, so glauben zu viele Amerikaner nicht mehr daran. Die große Schule höheren Wissens, das Fernsehen, lehrt sie, daß ein aufgeschobener Traum ein für immer verlorener Traum ist; das heißt gar kein Traum. Es lehrt sie auch, daß sie ein Recht auf die Großzügigkeit der Technologie haben und daß der Gott des Konsums seine Gnade freigiebiger verteilt als der Gott der Arbeit.

Ich werde zur Verheißung des Konsumgottes ein paar Seiten weiter unten kommen. Hier braucht nur gesagt zu werden, daß in Amerika wie auch anderswo das existiert, was Vàclav Havel »eine Krise der Narrative« nennt. Alte Götter sind gestürzt, entweder verwundet oder tot. Neue sind nicht gefunden worden. »Wir suchen«, sagte er, »nach neuen wissenschaftlichen Rezepten, neuen Ideologien, neuen Kontrollsystemen, neuen Institutionen...« Mit anderen Worten, nach neuen Göttern, die uns »ein elementares Gerechtigkeitsgefühl, die Fähigkeit, Dinge mit den Augen der anderen zu sehen, ein Gefühl der transzendenten Verantwortung, archetypische Weisheit, guten Geschmack, Mut, Mitleid und Glauben«[1] schenken können.

Havel unterschätzt die Schwierigkeiten einer solchen Suche nicht. Er weiß, daß Skepsis, Desillusionierung, Entfremdung – und all die anderen Wörter, die den Verlust von Bedeutung bezeichnen – inzwischen unser Zeitalter charakterisieren und jede gesellschaftliche Institution berühren, nicht zuletzt die Schulen. Havel war Präsident der Tschechoslowakei, und er, der die Slowaken an ihre eigenen Götter verloren hat, weiß besser als jeder andere, daß die fast weltweite Rückkehr in den »Tribalismus« eine Suche nach den Quellen einer transzendenten Identität und ihren Werten signalisiert. Wie viele andere weiß auch er, wie gefährlich solch eine Suche sein kann, weshalb niemand sich über die Verbreitung der Skinheads in den westlichen Ländern wundern sollte, junge Leute, die die Symbole und Schlagworte des Nationalsozialismus wiederbeleben. Oder über die Popularität Wladimir Schirinowskis, des »russischen Hitler«, der den Massen eine andere Zukunft verspricht als die bloße Umwandlung in eine Marktwirtschaft. Schirinowski hat seine Botschaft der Hölle entnommen, aber eines muß man ihm zugestehen: er weiß genausogut wie Havel, daß Menschen Götter genau so nötig brauchen wie Essen und Trinken.

Es sollte uns auch nicht überraschen, daß sich speziell in amerikanischen akademischen Kreisen, aber nicht nur dort, eine Art Metaphysik der Bedeutungslosigkeit erhoben hat, die als Philosophie der »Dekonstruktion« bekannt geworden ist. Erfunden, wenn man so will, von einem reformierten früheren Nazi-Sympathisanten, Paul de Man, postuliert der Dekonstruktivismus, daß die Bedeutung der Wörter immer unbestimmt bleibt, daß Wörter weniger mit der Realität zu tun haben als mit anderen Wörtern, und daß die Suche nach definitiver Bedeutung in Wörtern oder auf jedem anderen Gebiet sinnlos ist, weil es da nichts zu finden gibt. Wie de Man zu diesem Schluß kam, ist nicht ganz klar – vielleicht wollte er uns im Sinne der Selbstrechtfertigung glauben machen, daß es möglich wäre, *Mein Kampf* als Preislied auf das Judentum zu lesen.

In jedem Fall kann auch die Theorie des Dekonstruktivismus die Krise der Erzählung nicht verbergen, das Verblassen einst mächtiger Götter. Die Zerstörungen, die daraus resultieren, sind schmerzlich sichtbar zum Beispiel in dem trivialen Gebrauch, dem geheiligte Symbole heute unterworfen werden, besonders in Amerika. Es kann natürlich kein Sinn für eine große Erzählung lebendig gehalten werden ohne ein gewisses Maß an Achtung vor ihren Symbolen. Wie aber werden solche Symbole jetzt behandelt? Man kann fast jede von Amerikas einst großen Erzählungen nehmen und es an ihren Symbolen ablesen. Da ist zum Beispiel die Geschichte unserer Ursprünge, die so eloquent in Abraham Lincolns Gettysburg Address zusammengefaßt ist. Sie spricht von einer aus der Revolution »geborenen« Nation, die dazu bestimmt ist, dem Rest der Welt als Vorbild zu dienen.

Das ist derselbe Abraham Lincoln, dessen Konterfei dazu gebraucht wird, den Ausverkauf von Bettwäsche im Februar anzupreisen. Emma Lazarus' Gedicht, das eine Einwandererkultur feiert, ist in den Fuß der Freiheitsstatue eingraviert. Dieselbe Freiheitsstatue wird von einer Fluglinie dazu eingesetzt , ihre Kunden zu überreden, nach Miami zu fliegen. Da ist die Geschichte einer gottesfürchtigen Nation, die Anleitung und Kraft aus den Texten des Alten Testaments und den Geboten Mose zu ziehen sucht. Derselbe Moses taucht auf einem Plakat auf, das koschere Hühnchen anpreist. Je weniger man von Weihnachten und der Ausbeutung seiner Symbole sagt, desto besser. Aber man sollte wahrscheinlich festhalten, daß die Firma Hebrew National sowohl Uncle Sam als auch Gott einsetzt, um Frankfurter Würstchen zu verkaufen, der Geburtstag Martin Luther Kings dient vor allem als Gelegenheit, Möbel zu verkaufen, und das Jesuskind und Maria sind benutzt worden, um VH-1, eine Fernsehstation für Rockmusik, zu mehr Publikum zu verhelfen.

Es ist schwer zu sagen, ob diese Erosion der Symbole, diese Auslöschung der Differenz zwischen dem Sakralen und dem Profanen, Folge oder Ursache der narrativen Krise ist. Folge wahrscheinlich, würde ich sagen (obwohl in diesen Bereichen Folgen schnell zu Ursachen werden). Wie auch immer, man wird zu dem Schluß getrieben, daß dies keine gute Zeit für Götter und ihre Symbole ist; und daher eine schlechte Zeit für gesellschaftliche Institutionen, die ihre Kraft aus metaphysischen Begründungen ziehen. Das führt uns schließlich zu der Frage: Was bedeutet all dies für die Schule?

Die Antwort, die einem als erstes und mit einem unangenehmen Beigeschmack einfällt, ist die, daß die Mehrheit der Pädagogen die Frage völlig ignoriert haben. Viele haben ihre Aufmerksamkeit ganz auf die Technik des Lehrens gerichtet, die pädagogischen Zeitschriften sind voller Forschungsberichte über bessere Lehrmethoden im Bereich des Lesens, der

Mathematik oder der Sozialkunde. Die Evidenz der Überlegenheit einer Methode im Vergleich zu einer anderen wird gewöhnlich in der Sprache der Statistik dargeboten, die trotz ihres abstrakten Wesens als »hartes Faktum« aufgenommen wird. Das vermittelt dem Berufsstand das Gefühl, Fortschritte zu machen, und es erzeugt eine gewisse Illusion der Größe. Vor kurzem habe ich einen Artikel in *The American Educator* gelesen, in dem der Verfasser beansprucht, die Lehrmethoden, die auf Forschungen im Bereich kognitiver Wissenschaft fußen, seien »die erzieherischen Äquivalente der Polio-Impfung und des Penizillins«.[2]

Vor welchen Krankheiten die kognitive Wissenschaft unsere Schüler schützen wird, ist nicht vollständig klar. Aber es ist auch nicht wichtig. Die erzieherische Landschaft ist überflutet von ähnlichen Behauptungen über die Wunder, die sich aus der Computerwissenschaft ergeben, aus der Wahl der Schule, aus der öffentlichen Evaluierung von Lehrern, aus landesweiten Standards der Schülerbeurteilung und der ganzheitlichen Sprachenlehre. Warum nicht auch aus der kognitiven Wissenschaft?

Es gab einmal eine Zeit, da Erzieher dafür berühmt wurden, daß sie Gründe für das Lernen lieferten; jetzt werden sie berühmt, weil sie eine Methode erfinden.

Daran sind natürlich viele Dinge falsch, nicht zuletzt die Tatsache, daß die Methodendiskussion von wichtigen Dingen ablenkt – zum Beispiel von der fundamentalen Einfachheit des Lehrens und Lernens, wenn sowohl der Lehrer als auch der Schüler einen Grund für ihr Unterfangen haben, den sie beide anerkennen. Wie Theodore Roszak geschrieben hat: »Zuviel an Apparaten behindert nur, wie zuviel Bürokratie, den natürlichen Fluß (von Lehren und Lernen). Der freie menschliche Dialog, der überall dort stattfindet, wo es die Beweglichkeit des Denkens erlaubt, bildet das

Herz der Erziehung. Wenn Lehrer nicht die Zeit, den Antrieb oder den Witz haben, um ihn herzustellen; wenn die Schüler zu demoralisiert, gelangweilt oder abgelenkt sind, um die Aufmerksamkeit aufzubringen, die ihre Lehrer von ihnen fordern, dann ist *dies* das erzieherische Problem, das gelöst werden muß – und zwar aus der Erfahrung der Lehrer und Schüler heraus.«[3]

Dieses Problem ist, wie schon gesagt, seinem Wesen nach metaphysisch, nicht technisch. Und es ist traurig, daß so viele unserer besten pädagogischen Köpfe das nicht anerkennen. Aber einige tun es, und es ist weder fair noch präzise zu sagen, daß den Erziehern die Metaphysik des Lehrens vollkommen gleichgültig ist. Die Wahrheit ist, daß die Schule ohne eine Begründung ihrer Existenz nicht leben kann, und es gibt ja auch einige Erzählungen, an die zu glauben unsere Schüler gegenwärtig aufgefordert werden. Ich werde den Rest dieses Kapitels und das ganze nächste brauchen, um sie zu beschreiben und zu zeigen, warum jede von ihnen unfähig ist, die Idee der öffentlichen Schule ernsthaft und auf Dauer aufrechtzuerhalten.

Die erste unter diesen besteht aus einem so uninspirierten Bündel von Annahmen, daß sie kaum als Erzählung wahrgenommen wird. Aber wir können sie vor allem deshalb zu den Erzählungen rechnen, weil so viele Menschen sie für den herausragendsten Grund der Schulbildung halten. Man könnte sie auch den Gott der ökonomischen Nützlichkeit nennen. Wie der Name schon sagt, ist dies ein leidenschaftsloser Gott, kalt und streng. Aber er verheißt etwas, und was er verheißt, ist nichts Triviales. Er wendet sich an die Jugendlichen, und er bietet ihnen eine Art Bund: wenn ihr in der Schule aufpaßt, eure Hausaufgaben macht, bei den Klausuren gut abschneidet und euch gut benehmt, werdet ihr mit einem gutbezahlten Job belohnt, wenn ihr die

Schule hinter euch gebracht habt. Die bestimmende Idee dieser Erzählung liegt darin, daß die Schule dazu da ist, Kinder auf den kompetenten Eintritt in das Wirtschaftsleben vorzubereiten. Daraus folgt, daß jede Schulaktivität, die nicht darauf angelegt ist, diesem Zweck zu dienen, als Luxus gesehen wird, mit anderen Worten, als Verschwendung wertvoller Zeit.

Die Ursprünge dieser Weltsicht lassen sich auf verschiedene Traditionen zurückführen. Die grundlegendste unter diesen ist offensichtlich der nie endende Kampf um das materielle Auskommen in dieser Welt. Menschen müssen essen. Nichts könnte klarer sein. Wozu sind Schulen da – wozu ist *irgend etwas* da – wenn nicht, um uns die Mittel zu geben, unser Brot zu verdienen? Aber das ist noch nicht alles. Der Gott der ökonomischen Nützlichkeit ist nicht ganz ohne spirituelle Ausstrahlung, auch wenn sie sehr getrübt sein mag. Er besitzt eine Art Geschichte, die zum Teil in Adam Smiths *Der Wohlstand der Nationen* aufgefunden werden kann, zum Teil in der protestantischen Ethik und sogar zum Teil in den Schriften von Karl Marx.

Diese Geschichte erzählt uns, daß wir zuerst und vor allem ökonomische Geschöpfe sind und daß unsere Standards von Werten und Zielen sich an unserer Fähigkeit bemessen, materielle Güter heranzuschaffen. Dies ist einer der Gründe, warum noch bis vor kurzem die Schulausbildung von Frauen als unwichtig galt. Nach den Lebensregeln dieses Gottes definiert die Arbeit den Menschen, man *ist*, was man *tut* – eine etwas problematische Konzeption der menschlichen Natur, selbst wenn jedem ein reizvoller und gutbezahlter Beruf gegeben werden könnte. Nichtsdestoweniger findet sich auch in den Aussagen und Verheißungen dieses Gottes eine klare Abgrenzung von Gut und Böse. Das Gute liegt in Produktivität, Effizienz und

Fleiß; das Böse in Gleichgültigkeit und Faulheit. Wie jeder sich selbst achtende Gott enthält auch dieser jenen, die böse sind, seine Gunst vor und überschüttet jene, die gut sind, mit Zeichen seiner Gewogenheit.

Diese Erzählung predigt weiterhin, daß Amerika weniger eine Kultur als eine Ökonomie ist, und daß die Vitalität jeder Volkswirtschaft auf dem hohen Niveau und der rigorosen Disziplin ihrer Schulen aufbaut. Es gibt wenig Beweise dafür – man könnte auch sagen, keine –, daß die Produktivität einer Volkswirtschaft irgend etwas mit der Qualität der schulischen Ausbildung zu tun hat.[4] Aber jeder Gott umgibt sich mit unbewiesenen Axiomen, und die meisten Menschen akzeptieren diese Aussage, ohne sie näher zu untersuchen. Jene, die an sie glauben, neigen dazu, die Leistungen amerikanischer Schulkinder mit denen von Kindern anderer Länder zu vergleichen. Dahinter steht der Gedanke, die geringere Produktivität in Amerika ließe sich daraus erklären, daß die Schulkinder in bestimmten Fächern nicht so gut abschneiden.

Diese Logik hat mehrere Schwächen, darunter die Tatsache, daß es sehr schwer ist, Schülergruppen miteinander zu vergleichen, die sich in ihren Traditionen, Sprachen, Werten und allgemeinen Orientierungen sehr voneinander unterscheiden. Ein weiteres Problem liegt darin, daß selbst wenn man nachweisen kann, daß amerikanische Schüler und Schülerinnen in einigen Aspekten, zum Beispiel in der Mathematik und bei der Lesefähigkeit, denen anderer Länder unterlegen sind, diese Länder keineswegs alle eine höhere Produktivität besitzen als die Vereinigten Staaten.

Seit 1970 hat die Wirtschaft der USA 41 Millionen neuer Jobs geschaffen. Im Gegensatz dazu hat die gesamte Europäische Union, deren Bevölkerung die der USA um ein Drittel übersteigt, in derselben Zeit nur 8 Millionen neue

Arbeitsstellen geschaffen. Und all das ist in einem Zeitraum geschehen, da amerikanische Schülerinnen und Schüler schlechtere Leistungen (im Sinne dieser Tests) erbracht haben als die europäischen Schulkinder.[5] Mehr noch, aus historischer Perspektive kann man leicht nachweisen, daß die Qualität der Schulausbildung gerade in den Zeiten hoher wirtschaftlicher Produktivität in den Vereinigten Staaten nicht besonders gut war.

Dieser vermeintliche Zusammenhang zwischen Schulbildung und Produktivität ist in hohem Maße fragwürdig, und die meisten Industrienationen schenken ihm keinen Glauben. Deshalb bauen zum Beispiel die Deutschen und Japaner große Automobilwerke in Staaten der USA auf, die nicht gerade für die hohe Qualität ihres Erziehungssystems berühmt sind. Selbst wenn man argumentierte, daß solche Investitionen in diesen Staaten vorgenommen werden, weil die Löhne dort niedriger sind, muß man doch eingestehen, daß Firmen wie Mercedes Benz, BMW und Honda sicher nicht Milliarden von Dollars riskieren würden, wenn sie glaubten, daß die schlechtere Schulbildung der Amerikaner sie daran hindern würde, Autos von hoher Qualität herzustellen.

Man braucht kaum hinzuzufügen, daß die Geschichte des Gottes der ökonomischen Nützlichkeit nur selten von den Schülern geglaubt wird und gewiß fast keine Kraft hat, sie zu inspirieren. Im allgemeinen sind junge Menschen zu neugierig auf die Welt und haben zuviel Vitalität, um von einer Idee angezogen zu werden, die ihr Leben auf eine einzige Dimension reduziert. Mir ist einmal ein kleiner Junge begegnet – er besuchte die zweite Klasse –, der, als er gefragt wurde, was er später werden wollte, ohne Zögern antwortete: »Kieferorthopäde.«

Es ist schwer, sich eine deprimierendere Antwort vorzustellen. Für Kinder ist es unnatürlich, sich selbst unter so ausschließlich ökonomischen Vorzeichen zu sehen – selbst unter extremen Bedingungen. Offensichtlich hatten seine Eltern ihm das in den Kopf gesetzt, und sie hätten sich über seine Antwort wohl auch gefreut. Viele Eltern billigen die Vorstellung von der Schule als einer Ausbildungsstätte für den späteren Beruf, und das tun auch eine Menge Firmenmanager. Deshalb wird die Geschichte der ökonomischen Nützlichkeit in den Fernsehwerbespots und in politischen Reden unermüdlich wiederholt. Sie wird als Grund angeführt, warum die Kinder zur Schule gehen, die Schule zu Ende bringen sollten, und warum die Schulen öffentliche Unterstützung verdienen.

Aber trotz aller Popularität hat der Gott der ökonomischen Nützlichkeit nicht die Potenz, zufriedenstellende Gründe für die Schulbildung zu liefern. Abgesehen von der Annahme, Erziehung und Produktivität seien verschwistert, ist seine Verheißung, interessante Jobs zu schaffen, wie auch der Rest seiner Versprechungen überzogen. Es gibt keine Anhaltspunkte dafür, daß den meisten jetzigen Schülern und Schülerinnen reizvolle, gutbezahlte Jobs offenstehen werden, wenn sie die Schule verlassen. Seit 1980 hat sich, zumindestens in Amerika, die größte Zunahme von Arbeitsplätzen im Bereich der einfachen, schlechtbezahlten Dienstleistungen ergeben, in der Gastronomie zum Beispiel, bei Vertretern, Taxifahrern, Verkäufern und ähnlichem. Ich will damit nichts Herabsetzendes über diese Jobs sagen und schon gar nicht über jene, die sie kompetent ausüben, aber die Fertigkeiten, die sie erfordern, sind kaum so komplex, daß die Schule sich ihrer erzieherischen Vorbereitung zuwenden müßte.

In der Tat wäre fast alles, was die Schule sich einfallen ließe, geeignet, den Jugendlichen eine Grundlage für solche

Jobs zu geben. Es wird natürlich auch gutbezahlte, hochqualifizierte Stellen für jene geben, die einen hohen Grad an Kompetenz im Umgang mit der Sprache haben. Aber man kann nicht im Ernst behaupten – selbst Kieferorthopäden könnten das nicht –, daß eine hohe Sprachkompetenz nur deshalb angestrebt werden sollte, damit die Schüler und Schülerinnen später Zugang zu privilegierten Berufen haben.

Selbst wenn so argumentiert würde, wüßten wir nicht, welche Berufe unsere Schülerinnen und Schüler anstreben, und könnten daher den Lehrplan nicht auf eine spezielle Kompetenz ausrichten. Wenn wir zum Beispiel wüßten, daß alle unsere Schüler Firmenmanager werden wollten, würden wir sie dann lehren, wie man Memoranden, Berichte, Bilanzen, Börsenstatistiken liest und ihre Köpfe nicht mit Lyrik, Wissenschaft oder Geschichte behelligen? Ich denke nicht. Jeder, der denkt, denkt das nicht. Spezialisierte Fähigkeiten kann man nur durch eine allgemeinere Kompetenz erreichen, womit ich sagen will, daß die ökonomische Nützlichkeit ein Nebenprodukt einer guten Erziehung ist. Jede schulische Ausbildung, die sich hauptsächlich um ökonomische Zwecke dreht, ist viel zu begrenzt, um nützlich zu sein; und in jedem Fall würde sie die Welt so einseitig wiedergeben, daß sie einer Verspottung der Humanität nahekäme. Zumindest setzt sie die Vorstellung dessen, was das Lernen sein sollte, herab.

Leider glauben einige der wichtigsten Politiker in Amerika, daß jemand, der es lernt, wirtschaftlichen Nutzen zu erzeugen, auch ein gebildeter Mensch ist. Eine Schlagzeile von Anfang des Jahres 1994 lautete: »Clinton sagt Erziehern, daß Jugendliche keine praktischen Voraussetzungen für Jobs lernen.«[6] In dem Artikel wird der Präsident folgendermaßen zitiert: »Im neunzehnten Jahrhundert brauchten junge Leute im äußersten Fall eine Highschool-Bildung, um ihren Weg zu machen... Es reichte, wenn sie gut lesen konnten und die grundlegenden Rechenarten beherrschten. Im einundzwanzigsten Jahrhundert werden unsere Bürger ihr ganzes Leben hindurch lernen müssen.«

Natürlich war es auch im neunzehnten Jahrhundert erstrebenswert, wenn Menschen ihr Leben lang lernten. Tatsächlich gab es im neunzehnten Jahrhundert mehr technologische Veränderungen, als es wohl im einundzwanzigsten geben wird. Das neunzehnte Jahrhundert schenkte uns den Telegrafen, die Fotografie, den Rotationsdruck, das Telefon, die Schreibmaschine, den Plattenspieler, das Transatlantikkabel, das elektrische Licht, das Radio, die Lokomotive, die Rakete, das Dampfschiff, das Röntgenverfahren, den Revolver, den Computer und das Stethoskop, ganz abgesehen von der Konservendose, der Boulevardpresse, der modernen Zeitschrift, der Werbeagentur, der modernen Bürokratie und, nicht zu vergessen, auch der Sicherheitsnadel.

Aber nehmen wir einmal an, der Präsident habe davon auf seiner Schule in Arkansas nichts erfahren und brachte nur das Standardargument vor, daß der Arbeitsmarkt angesichts des schnellen technologischen Wandels Menschen brauchen wird, die sich der Veränderung anpassen, neue Konzepte leicht lernen und unbrauchbar gewordene Haltungen ohne traumatische Folgen ablegen können. Wenn das so wäre, stünde die Schule vor einer sehr schwierigen Aufgabe und vor einer, die John Dewey für äußerst wichtig hielt. Die Lösung des Präsidenten ist die, junge Leute mit mehr praktischen Berufsvoraussetzungen auszustatten, was – zu niemandes Überraschung – dieselbe Lösung zu sein scheint, die Arbeitsminister Robert Reich und Bildungsminister Richard Riley den kalifornischen Erziehern vorschlugen.[7]

Natürlich ist das genau die falsche Lösung, da die Erziehung zu anpassungsfähigen, neugierigen, offenen, kritischen Menschen nichts mit Berufsausbildung zu tun hat, sondern nur mit human- und naturwissenschaftlichen Studien. Die Rede des Präsidenten und der Rat seiner Minister demonstrieren, daß sie selbst Schwierigkeiten haben, veraltete Annahmen abzulegen, darunter den Glauben, daß man, wenn etwas nicht funktioniert – zum Beispiel Menschen auf den Beruf vorzubereiten –, nur mehr von diesem Nicht-Funktionierenden braucht.

Dennoch muß man zugeben, daß der Präsident und all seine Männer Applaus bekamen, Applaus von Erziehern, weil sie den Gott der ökonomischen Nützlichkeit über alle anderen gestellt hatten. Man kann sich in der Tat fragen, womit dieser Gott das verdient hat, warum der Vorbereitung auf das Berufsleben, *der mit jeder anständigen Erziehung gut gedient ist*, eine so exaltierte metaphysische Bedeutung zugeschrieben werden sollte. Ich glaube, der Grund dafür ist die Tatsache, daß der Gott der ökonomischen Nützlichkeit mit einem weiteren Gott zusammengebracht wird, einem mit lächelndem Gesicht, der die Frage beantwortet: Wenn ich einen guten Job habe, was dann?

Ich meine den Gott des Konsums, dessen grundlegendes moralisches Axiom sich mit dem Schlagwort zusammenfassen läßt: »Wer mit dem meisten Spielzeug stirbt, hat gewonnen.« Das heißt, die Guten sind jene, die Dinge kaufen; die Bösen sind die, die das nicht tun. Die Ähnlichkeit zwischen diesem Gott und dem Gott der ökonomischen Nützlichkeit ist offensichtlich, aber es gibt einen Unterschied: der letztere postuliert, daß man *ist*, was man beruflich *tut*; der erstere, daß man *ist*, was man ansammelt. Unter diesen Voraussetzungen ist der Verkauf von Heroin eine fromme Tat.

Die Anbetung des Konsumgottes fügt sich der metaphysischen Grundlage der Schulausbildung mühelos ein, weil sie den Kindern schon früh im Leben eingeprägt wird. Lange bevor sie die Schule besuchen, sind sie den mächtigen Lehren der Werbeindustrie ausgesetzt. In Amerika zum Beispiel ist das vorrangige Werbemedium das Fernsehen, und die Kinder beginnen damit durchschnittlich im Alter von achtzehn Monaten; ernsthafte Zuschauer werden sie mit drei Jahren. Dies ist das Alter, in dem Kinder anfangen, um Dinge zu quengeln, die sie auf dem Fernsehschirm sehen, und die Lieder und Melodiefetzen zu singen, die die Werbung begleiten.

Zwischen drei und achtzehn Jahren sieht das durchschnittliche amerikanische Kind etwa 500.000 Werbespots, was bedeutet, daß die Fernsehwerbung die quantitativ bei weitem bedeutendste Quelle von Werten ist, der die Kinder und Jugendlichen ausgesetzt sind. Oberflächlich gesehen, ist die Behauptung, daß das Leben durch den Kauf von Waren lebenswert wird, keine besonders faszinierende Botschaft, aber zwei Elemente spielen hier eine wichtige Rolle. Zum einen ist der Gott des Konsums eng verbunden mit einer weiteren großen Erzählung, dem Gott der Technologie. Zweitens sind die Fernsehbotschaften von Konsum und Technologie meist in der Form eines religiösen Gleichnisses gehalten. Dieser zweite Punkt wird in meinen Augen nicht ausreichend diskutiert, und ich möchte auf ihn eingehen, weil der Gott des Konsums eine Theologie besitzt, die nicht auf die leichte Schulter genommen werden sollte.

Natürlich hat nicht jeder Werbespot einen religiösen Inhalt. Genauso wie der Pastor in der Kirche die Aufmerksamkeit der Gemeinde manchmal auf nichtkirchliche Dinge lenken wird, gibt es auch Werbesendungen, die vollkommen weltlich sind. Jemand hat etwas zu verkaufen; man sagt dem Zuschauer, was es ist, wo man es bekommen kann und was es kostet. Diese Spots können schrill und sogar widerwärtig sein, aber es wird in ihnen keine Doktrin verkündet und keine Theologie beschworen. Doch die meisten Werbespots haben die Form von religiösen Gleichnissen, die um eine zusammenhängende Theologie herum organisiert sind.

Wie alle religiösen Gleichnisse entwerfen diese Werbespots ein Konzept der Sünde, Hinweise auf den Weg zur Erlösung und eine Vision des Himmels. Das wird allen deutlich vor Augen stehen, die sich an die Hunderte von Werbespots ihrer Jugend erinnern, welche Teil ihrer »religiösen« Erziehung waren: zum Beispiel das Gleichnis des Menschen mit schlechtem Mundgeruch, das Gleichnis des dummen Geldanlegers, das Gleichnis der verlorenen Reiseschecks, das Gleichnis des Mannes, der durch den Flughafen irrt. In diesen Gleichnissen ist technologische Unschuld die Wurzel des Bösen, das Versagen vor den gutgemeinten Angeboten des industriellen Fortschritts. Dies ist die Hauptquelle von Unglück, Demütigung und Zwietracht.

Technologische Unschuld bezieht sich nicht nur auf die Unkenntnis von Reinigungsmitteln, Kopfschmerztabletten, Toilettenpapier, Autos, Salben und Lebensmitteln, sondern auch auf die Ahnungslosigkeit in bezug auf administrative und technische Einrichtungen wie etwa Banken oder Transportsysteme. In einem typischen Gleichnis trifft man – das heißt, das Ersatz-»man« – zum Beispiel während des Urlaubs zufällig auf die Nachbarn (in Werbespots immer ein Gefahrensignal) und entdeckt, daß man sein Geld der falschen Bank anvertraut hat. Sie hat die besonderen Zinssätze nicht zu bieten, die der Nachbar bei seiner Bank genießt. Deshalb kann er drei Wochen Urlaub machen, man selbst kann sich nur eine erlauben. Dies ist natürlich eine moralische Katastrophe.

Den Pfad zur Erlösung findet nur, wer den Rat des Werbespots annimmt und nach ihm handelt. Jene, die beides tun, werden, wie der Werbespot zeigt, mehr oder weniger ekstatisch den Weg in den Himmel finden. Es ist kaum nötig zu sagen, daß alle traditionellen Religionen den Gott des Konsums ablehnen, sie erklären den Dienst an ihm für falsche Spiritualität, wenn nicht sogar für offene Blasphemie.

Man sollte denken, daß auch unsere Schulen sich laut und klar gegen einen solchen Gott aussprächen, da die Erziehung die Jugendlichen ja eigentlich aus der Knechtschaft eines kruden Materialismus befreien sollte. Tatsächlich aber haben sich viele unserer Schulen, besonders in letzter Zeit, nachdrücklich mit diesem Gott verbündet. Ich beziehe mich zum Beispiel auf die Tatsache, daß annähernd 5.000 Schulen ein Angebot des Privatsenders Channel 0, der Chris Whittle gehört, angenommen haben, täglich zwei Minuten Werbung in Lehrprogramme einzuschalten – meines Wissens das erste Mal, daß eine Fernsehgesellschaft sich der Staatsmacht bedient hat, um Menschen dazu zu zwingen, Werbespots anzugucken. Im Austausch dafür bietet Whittle eine selbstproduzierte zehnminütige tägliche Nachrichtensendung und stellt der Schule kostenfrei eine teure Fernsehanlage und eine Satellitenschüssel.

Daß Schulen ein solches Arrangement akzeptieren, enthüllt zugleich zwei Sachverhalte. Der erste ist natürlich, daß es eine weitverbreitete Anhängerschaft des Konsumgottes gibt. Damit will ich sagen, daß Schulen keinen Widerspruch sehen zwischen dem, was sie die Schülerinnen und Schüler lehren wollen, und dem, was Werbespots vermitteln. Der zweite ist, daß es eine ebenso große Anhängerschaft des Technologiegottes gibt, dem ich mich im folgenden Kapitel zuwenden werde. Die Gefahr liegt hier nicht darin, daß die Jugendlichen dazu erzogen werden, Konsumenten zu werden oder darüber nachzudenken, welcher Beruf sie interessieren könnte. Sie liegt darin, daß diese Dinge in den Status eines metaphysischen Imperativs erhoben werden. Wenn das so ist, wird uns im Grunde vermittelt, daß wir mit unserem Latein am Ende sind – oder schlimmer noch, daß wir die Grenzen unserer Weisheit erreicht haben.

KAPITEL DREI
Einige neue Götter, die keine sind

Wenn man zu seinen Studenten eine vertrauensvolle Beziehung hat, und das Diskussionsthema dem Thema dieses Buches entspricht, ist es nicht völlig taktlos, sie zu fragen, ob sie an Gott glauben. Ich habe das drei- oder viermal getan, und die meisten Studenten bejahten es. Ihre Antwort war das Vorspiel für die nächste Frage: Wenn jemand, den du liebst, schwerkrank ist, und du müßtest wählen, ob du um seine Heilung zu Gott betest oder ein Antibiotikum anwendest (das ein fähiger Arzt verschrieben hat), was würdest du wählen?

Die meisten Studenten sagen dann, die Frage sei albern, da die Alternativen einander nicht ausschlössen. Natürlich nicht. Aber nehmen wir an, es gäbe nur eine Möglichkeit, welche würdest du wählen? Gott hilft denen, die sich selbst helfen, sagen einige, die das Antibiotikum wählen – auf die Weise bekommen sie das Beste von beiden Glaubenssystemen. Aber wenn man sie wirklich in die Ecke drängt (zum Beispiel, indem man sagt, Gott hilft keineswegs immer denen, die sich selbst helfen; Gott hilft denen, die beten und glauben), entscheiden sich die meisten für das Antibiotikum, nachdem sie erklärt haben, die Frage sei dümmlich und beweise gar nichts. Aber die Frage wurde natürlich auch gar nicht gestellt, um irgend etwas zu beweisen, sondern um eine Diskussion über das Wesen des Glaubens auszulösen. Und ich informiere die Studenten übrigens auch darüber, daß es in letzter Zeit Anhaltspunkte »wissenschaftlicher« Natur gegeben hat, daß kranke Menschen, für die gebetet wird, sich tatsächlich besser fühlen, als Menschen, für die nicht gebetet wird.[1]

Im Laufe der Diskussion werden dann die verschiedenen Bedeutungen des Begriffs »Glauben« definiert, aber ab einem gewissen Zeitpunkt ist es keineswegs mehr dümmlich, vom Gott der Technologie zu sprechen – in dem Sinne, daß Menschen an die Funktion der Technologie glauben, daß sie sich auf sie verlassen, daß sie Versprechungen macht, daß sie trauern, wenn sie ihren Zugang zur Technologie verlieren, daß sie entzückt sind, wenn sie sich in ihrer Gegenwart befinden, daß sie für die meisten Menschen auf geheimnisvolle Art wirkt, daß Menschen andere verurteilen, die sich gegen die Technologie wenden, daß sie Ehrfurcht vor ihr haben, daß sie ihren Lebensstil ändern, ihren Tagesablauf, ihre Gewohnheiten und ihre Beziehungen, um sich der Technologie anzupassen. Wenn das keine Form religiösen Glaubens ist, was dann?

In allen Bereichen des kulturellen Lebens in Amerika kann man so viele Beispiele der Technologie-Anbetung finden, daß es möglich ist, ein Buch darüber zu schreiben. Und das hätte ich auch getan, wenn es nicht schon so gute Arbeiten darüber gäbe. Aber nirgends findet man soviel Begeisterung für den Gott der Technologie wie unter Erziehern. Es gibt tatsächlich einige unter den Pädagogen – wie zum Beispiel Lewis Perelman in seinem Buch *School's Out* –, die argumentieren, daß moderne Informationstechnologien die Schulen ganz und gar überflüssig machten, da es nun außerhalb des Klassenzimmers sehr viel mehr Information gäbe als in ihm. Dies wird keineswegs als abwegige Idee betrachtet. Dr. Diane Ravitch, früher Assistant

U.S. Commissioner of Education, (etwa Staatssekretärin im Erziehungsministerium), prophezeit zum Beispiel mit großem Vergnügen, »daß Kinder (und Erwachsene) nicht mehr an einem bestimmten Ort eine bestimmte Zahl von Stunden und eine bestimmte Zahl von Tagen in der Woche und im Jahr unterrichtet werden müssen.« Mit anderen Worten, Kinder werden die Schule für ihre Erziehung nicht mehr brauchen.

Unter dem Eindruck des Informations-Highways, der in naher Zukunft für seine Benutzer vielleicht tausend Sender und Programme bereithalten wird, verkündet uns Dr. Ravitch das Folgende: »In dieser neuen Welt der pädagogischen Fülle werden Kinder und Erwachsene in der Lage sein, ein Programm auf ihrem häuslichen Fernseher zu empfangen, das es ihnen ermöglicht, jederzeit alles zu lernen, was sie wollen. Wenn die kleine Eva nicht schlafen kann, so kann sie statt dessen Algebra lernen. Auf ihrer häuslichen Lernstation kann sie sich in eine Reihe von interessanten Aufgaben einschalten, die im interaktiven Medium angeboten werden, Videospielen ähnlich...

Der junge John wird vielleicht beschließen, daß er etwas über die Geschichte des modernen Japan wissen möchte. Er kann die größten Autoritäten und Lehrer dieses Gebiets anwählen. Sie werden nicht nur mit faszinierenden Statistiken und Bildern aufwarten, sondern sie werden ihm auch ein historisches Video ›erzählen‹, das seine Neugier und Phantasie anregt.«[2]

Diese Vision verrät, so scheint mir, eine sehr bezeichnende Selbstzufriedenheit und Realitätsferne. Die kleine Eva kann nicht schlafen, also beschließt sie, ein bißchen Algebra zu lernen? Wo kommt die kleine Eva her? Vom Mars? Wenn nicht, wird sie wahrscheinlich eher einen guten Film ansehen. Der junge John möchte etwas über die Geschichte des modernen Japan wissen? Wie ist der junge John denn an diesen Punkt gekommen? Wie kommt es, daß er bisher noch nie in einer Bücherei war? Oder konnte er auch nicht schlafen und dachte sich, ein bißchen japanische Geschichte sei genau das, was er jetzt brauche?

Worüber Ravitch hier redet, ist keine neue Technologie, sondern eine neue Art Kind, eine, die bisher noch niemand zu Gesicht bekommen hat. Natürlich verwandeln neue Technologien auch die Menschen – und das führt uns zu einem zweiten Einspruch gegen Ravitchs Konzeption zukünftiger Erziehung.

In der darin geschilderten Welt liegt eine Art offenen Determinismus. Die Technologie ist da oder wird da sein; wir müssen sie gebrauchen, weil sie da ist; wir werden zu der Art von Mensch, die diese Technologie erfordert, und ob wir es mögen oder nicht, wir werden unsere Institutionen dieser Technologie anpassen. All das muß geschehen, weil es gut für uns ist, aber wie auch immer, wir haben sowieso keine Wahl.

Diese Sicht der Dinge findet sich in fast jeder Aussage über das zukünftige Verhältnis von Lernen und Technologie. Und wie in Ravitchs Szenario haben diese Prophezeiungen fast alle einen fröhlichen, von den neuen Möglichkeiten zugleich erstaunten und begeisterten Unterton. Hier ist eine Aussage der Nationalakademie der Wissenschaften, geschrieben von Hugh McIntosh:

»Schule für Kinder des Informationszeitalters wird etwas völlig anderes sein, als sie es für Mom und Dad war.

Interessierst du dich für Biologie? Entwirf über Computersimulation deine eigenen Lebensformen.

Hast du Schwierigkeiten mit einem Wissenschaftsprojekt? Mach eine Telekonferenz mit einem Forscher dieses Gebietes.

Langweilt dich die reale Welt? Geh in ein Laboratorium für virtuelle Physik und schreib die Schwerkraftgesetze um.

Dies sind die Formen praktischer Lernerfahrung, die Schulen schon heute bereitstellen könnten. Die Technologien, die sie ermöglichen, sind bereits da, und die Jugendlichen von heute können, egal von welchem ökonomischen Hintergrund sie kommen, mit ihnen umgehen. Sie verbringen jede Woche Stunden mit ihnen – nicht in der Klasse, sondern zu Hause und in Videospiel-Zentren überall in der Stadt.«[3]

Es ist immer interessant, sich die Beispiele des Lernens und die Motivationen, die sie entzünden, in den Liebesliedern der Technophilen anzusehen. Zum Beispiel ist es nicht einfach, sich vorzustellen, daß Forscher in der ganzen Welt bereit wären, sich an Telekonferenzen mit Tausenden von Schülern zu beteiligen, die Schwierigkeiten mit ihren Hausaufgaben haben. Ich nehme doch an, daß die meisten Wissenschaftler dem ein schnelles Ende bereiten würden.

Aber was ich besonders enthüllend finde, ist die vorgeschlagene technologische Lösung eines psychologischen Problems, das an sich sehr ernster Natur wäre. Uns wird da ein Schüler vorgestellt, der »von der realen Welt gelangweilt« ist. Was heißt es, daß jemand die reale Welt langweilig findet, vor allem jemand, der so jung ist? Kann die Reise in die virtuelle Realität ein solches Problem lösen? Und wenn sie es kann, wird unser unter solchen Schwierigkeiten leidender Jugendlicher in die reale Welt zurückkehren wollen? Wenn wir einem Schüler gegenüberstehen, der die reale Welt langweilig findet, kommen wir, glaube ich, nicht so einfach davon, indem wir ihm ein Labor für virtuelle Realität zur Verfügung stellen.

Die Rolle, welche die neue Technologie in Schulen oder auch anderswo spielen sollte, ist etwas, das man ohne die hyperaktive Phantasie von Cheerleadern diskutieren muß.

Insbesondere der Computer und die mit ihm verbundenen Technologien fügen unserer Kultur gewaltige neue Dimensionen hinzu, und sie sind durchaus in der Lage, die psychische Verfassung – und übrigens auch die Schlafgewohnheiten – unserer jungen Leute zu verändern. Aber wie alle wichtigen Technologien der Vergangenheit sind sie ein faustischer Pakt, sie geben und sie nehmen, manchmal in gleichen Anteilen, manchmal das eine mehr als das andere. Es ist seltsam – ja, schockierend –, daß wir an der Schwelle zum 21. Jahrhundert noch immer von neuen Technologien so reden, als wären sie ein ungetrübter Segen, wahre Geschenke der Götter. Wissen wir nicht alle, was der Verbrennungsmotor für uns und gegen uns getan hat? Was das Fernsehen für uns und gegen uns tut?

Das Allermindeste, was wir im Zusammenhang mit der kleinen Eva, dem jungen John und McIntoshs Schülern doch diskutieren müssen, ist, was sie verlieren werden und was wir verlieren werden, wenn sie in eine Welt eintreten, in der die Computertechnologie ihre Hauptmotivation, ihre Autorität und offenbar auch ihr psychologischer Problemlöser sein soll. Werden sie, wie Joseph Weizenbaum warnt, dann eher auf rechnerische Operationen setzen als auf menschliches Urteil? Wird die Schnelligkeit der Reaktion mehr denn je zum bestimmenden Zug der Intelligenz? Wenn sich der Grundgedanke der Schule tatsächlich dramatisch wandelt, welche Lehrstoffe werden vernachlässigt, welche vielleicht ganz unmöglich werden? Ist die virtuelle Realität eine neue Form von Therapie? Wenn ja, wo liegen ihren Gefahren?

Dies sind ernsthafte Fragen, und sie müssen von Leuten diskutiert werden, die die Kinder des Planeten Erde kennen und deren Visionen von dem, was Kinder brauchen und was die Gesellschaft braucht, über die Schule als einem geeigneten Ort für die Verbreitung von Information hinausgehen. Schulen haben heute und hatten auch in der Vergangenheit nie viel damit zu tun, Kindern Informationen zu verschaffen. Das war unter anderem die Aufgabe der Schule, aber sie stand auf der Liste der Prioritäten ziemlich weit unten. Ich werde gleich einige Funktionen der Schule nennen, die dringlicher sind, aber hier muß zunächst gesagt werden, daß der Computer den Zugang zu Informationen an die Spitze dieser Liste geschoben hat. Diese Neuverteilung der Prioritäten kommt, könnte man sagen, zu ungelegener Zeit. Den Menschen schneller, bequemer und in unterschiedlicheren Formen Zugang zu mehr Informationen zu erlauben, war eine der großen technologischen Leistungen des 19. Jahrhunderts. Einige Leute mögen nichts davon bemerkt haben, aber dieses Problem wurde im großen und ganzen gelöst, so daß es seit fast einhundert Jahren schon mehr Information außerhalb der Schule als in ihr gibt.

Diese Tatsache hat die Schulen indessen nicht überflüssig gemacht und wird sie auch nie überflüssig machen. Ja, es ist wahr, daß Eva, die kleine Schlaflose vom Mars, sich in den frühen Morgenstunden dank des Computers ihren Algebralektionen zuwenden könnte. Sie könnte auch, wenn sie wollte, ein Buch lesen, das Radio anschalten oder Musik hören. All dies hätte sie auch vor dem Computer tun können. Der Computer löst keines ihrer Probleme, aber er verschärft eines. Denn das Problem der kleinen Eva liegt nicht darin, Zugang zu gut aufgebauten Algebralektionen zu bekommen, sondern mit all der Information fertigzuwerden, die ihr im Lauf des Tages als auch in schlaflosen Nächten zur Verfügung steht. Vielleicht konnte sie überhaupt deshalb nicht schlafen.

Die kleine Eva wird, wie wir alle, von Information überschwemmt. Sie lebt in einer Kultur, die 260.000 Plakatwände besitzt, 17.000 Zeitungen, 12.000 Zeitschriften, 27.000 Videotheken, 400 Millionen Fernsehgeräte und mehr als 500 Millionen Radios, die in den Autos nicht mitgezählt. Jedes Jahr werden 40.000 neue Bücher veröffentlicht, und an jedem Tag werden 41 Millionen Fotografien gemacht. Und dank dem Computer erreichen 60 Milliarden Blatt Anzeigen in jedem Jahr unsere Briefkästen. Alles vom Telegrafen und der Fotografie im 19. Jahrhundert bis zum Siliconchip im 20. hat die lärmende Information verstärkt, die Evas Bewußtsein zu betäuben droht. Aus Millionen von Quellen auf der ganzen Welt, durch jedes mögliche Medium, Kabel oder Netz – über Lichtwellen, Luftschwingungen, Telexbänder, Computerbanken, Telefondrähte, Fernsehkabel, Satelliten und Druckereien – stürzt die Information herein. Hinter jeder vorstellbaren Form der Speicherung – auf Papier, auf Video, Tonband, auf Disketten, Film und CD-Rom – steht ein noch größeres Volumen an Information, das darauf wartet, angezapft zu werden. Angesichts dessen muß man sich doch fragen, was die Schule für die kleine Eva tun kann, außer ihr immer noch mehr Information zur Verfügung zu stellen? Wenn es nichts gibt, was sie darüber hinaus tun kann, dann werden die neuen Technologien die Schule in der Tat überflüssig machen. Aber es gibt viel, was sie tun könnten.

Etwas, das einem sofort einfällt und auf das ich später im Buch zurückkommen werde, wäre, Eva eine ernsthafte Form von Technologie-Erziehung zukommen zu lassen. Das ist etwas ganz anderes als zu lernen, wie man den Computer gebraucht, um Information zu verarbeiten. Das erscheint mir aus zwei Gründen trivial.

Erstens haben etwa 35 Millionen Menschen bereits gelernt, wie man mit dem Computer umgeht, ohne Unterricht in der Schule gehabt zu haben. Auch wenn die Schulen nichts tun, wird die Mehrheit der Bevölkerung in den nächsten zehn Jahren lernen, mit dem Computer zu arbeiten, genauso wie die Bevölkerung ohne Hilfe der Schule das Autofahren gelernt hat.

Zweitens ist das, was wir über Autos wissen müssen – und auch über Computer, das Fernsehen und andere wichtige Technologien –, nicht, wie *wir sie* gebrauchen, sondern wie *sie uns* gebrauchen. Im Falle der Automobile hätten wir am Anfang des 20. Jahrhunderts nicht darüber nachdenken sollen, wie man sie fährt, sondern was sie mit unserer Luft, unserer Landschaft, unseren gesellschaftlichen Beziehungen, unserem Familienleben und unseren Städten anrichteten. Nehmen wir mal an, wir hätten im Jahre 1946 ähnliche Fragen zur Wirkung des Fernsehens aufgeworfen: Was wird es für unsere politischen Institutionen, unsere Gewohnheiten, unsere Kinder, unsere religiösen Vorstellungen, unsere Wirtschaft bedeuten? Wären wir nicht heute ungleich besser in der Lage, den massiven Angriff des Fernsehens auf unsere Kultur zu kontrollieren?

Ich rede hier davon, die Technologie selbst zu einem Forschungsgegenstand zu machen, damit die kleine Eva und der junge John beim Gebrauch von Technologien nicht von ihnen gebraucht oder mißbraucht werden. Ich meine einen Unterricht, der die beiden mehr dafür interessiert, Fragen zum Computer zu stellen, als Antworten von ihm zu bekommen.

Ich argumentiere nicht gegen Computer in Schulen. Ich argumentiere gegen unsere Schlafwandler-Haltung ihnen gegenüber. Ich bin dagegen, ihn uns von wichtigen Dingen ablenken zu lassen, ich wende mich dagegen, ihn zu einem Gott zu machen. Davor warnte Theodore Roszak in seinem *The Cult of Information*: »Wie jeder Kult«, schrieb er, »hat auch dieser die Intention, gedankenlose Parteinahme und kritiklose Zustimmung zu erzeugen. Leute, die keine klare Vorstellung davon haben, was sie mit Information meinen oder warum sie soviel davon haben sollten, sind nichtsdestoweniger bereit, daran zu glauben, daß wir in einem Informationszeitalter leben, das aus jedem Computer in unserer Umgebung das macht, was die Reliquien des Wahren Kreuzes im Zeitalter des Glaubens waren: Embleme der Erlösung.«[4]

Dem würde ich die weise Feststellung von Alan Kay hinzufügen, der bei Apple Computer arbeitet und mit der Erfindung des Personal Computer eng verbunden war. Kay hat sicherlich ein Interesse daran, daß Computer in der Schule eingesetzt werden. Nichtsdestoweniger hat er wiederholt gesagt, daß die Schule Probleme, die sie ohne Computer nicht lösen kann, auch mit Computern nicht wird lösen können. Welche Probleme sind damit gemeint? Da gibt es zum Beispiel die traditionelle Aufgabe, Kindern beizubringen, wie sie sich in Gruppen benehmen sollen. Es kann kein demokratisches oder auch nur zivilisiertes Gemeinschaftsleben geben, wenn die Menschen nicht gelernt haben, wie sie in disziplinierter Form Teil einer Gruppe bilden können. Man könnte sogar sagen, daß es in Schulen im wesentlichen nie um individuelles Lernen gegangen ist. Es bleibt natürlich richtig, daß Gruppen nicht lernen, sondern Individuen.

Aber der Sinn der Schule liegt darin, daß Individuen in einer Umgebung lernen, in der individuelle Bedürfnisse dem Gruppeninteresse untergeordnet werden. Im Gegensatz zu den Medien der Massenkommunikation, die eine individuelle Reaktion hervorrufen und privat erfahren werden, hat der Klassenraum das Ziel, das Ego zu zügeln, das Individuum mit anderen zu verbinden und die Notwendigkeit und den Wert des Gruppenzusammenhalts nachzuweisen. Gegenwärtig zeigen die meisten Szenarien, die den Gebrauch des Computers umschreiben, Kinder, die ihre Probleme allein lösen. Die kleine Eva, der junge John und die anderen tun genau das und brauchen im Grunde die Gegenwart anderer Kinder nicht. Die Gegenwart anderer Kinder kann sogar eine Störung bedeuten. Nicht alle Computer-Visionäre, muß ich sagen, nehmen die Bedeutung der Gruppe, das Erlernen sozialen Verhaltens, auf die leichte Schulter.

Seymour Paperts *The Children's Machine* ist ein phantasievoller Versuch, Computer dafür einzusetzen, den sozialen Zusammenhalt in einer Gruppe zu stärken, obwohl man, wie ich ihm einmal selbst gesagt habe, die gleiche Wirkung auch ohne Computer hätte erreichen können. Er ist natürlich anderer Meinung.

Trotzdem hat der Computer – wie die Druckerpresse – die machtvolle Tendenz, die persönliche Autonomie zu verstärken und individuelle Problemlösungen zu begünstigen. Daher zeigen die meisten Beispiele und Illustrationen – Papert zum Trotz – Kinder, die allein arbeiten. Deshalb müssen die Erzieher auch aufpassen, daß der Computer nicht viele der wichtigen Gründe untergräbt, die junge Menschen an einem bestimmten Ort, in der Schule, versammelt, wo Zusammengehörigkeits- und Verantwortungsgefühl von größter Bedeutung sind.

Auch wenn die oben zitierte Ravitch nicht unbedingt gegen, wie sie es nennt, »staatlich geführte Schulen« ist, sind sie für sie doch so etwas wie ein Relikt des prätechnologischen Zeitalters. Sie glaubt, daß die neuen Technologien allen Kindern gleichberechtigten Zugang zur Information bieten werden. Sie beschwört eine hypothetische kleine Mary, die aus einem weniger bemittelten Elternhaus kommt als die kleine Eva, und prophezeit, daß Mary ebenso wie Eva die Chance habe, »jeden Stoff zu lernen und ihn bei denselben großen Lehrern zu lernen wie die Kinder aus dem reichsten Viertel«.[5] Trotz des Geistes der Liberalität und Gleichheit, der aus diesem Szenario spricht, enthält es einige Auslassungen, die man im Auge behalten muß. Eine besteht in der schon erwähnten Unterschlagung der sozialen Komponente des Lernens. Obwohl die neuen Technologien das Problem des Zugangs zum »Lehrstoff« lösen mögen, arbeiten sie gegen das, was »soziale Werte« genannt wird. Das schließt auch das Verständnis demokratischer Prozesse ein.

Wenn man das erste Kapitel von Robert Fulghums *All I Ever Really Needed to Know I Learned in Kindergarten* (Alles, was ich je wirklich wissen mußte, habe ich im Kindergarten gelernt) liest, findet man eine elegante Zusammenfassung einiger Dinge, die Ravitchs Szenario ausläßt. Darunter sind die folgenden Lektionen: Teile mit anderen, sei fair, schlag andere Menschen nicht, leg die Dinge dahin zurück, wo du sie her hast, mach sauber, was du schmutzig gemacht hast, wasch die Hände vor dem Essen, und, natürlich, zieh die Toilette ab.[6]

Das einzige, was an Fulghums Buch nicht stimmt, ist die Behauptung, daß jemand all diese Dinge mit Beendigung der Kindergartenzeit gelernt haben könne. Wir haben reichlich Beweise dafür, daß viele Jahre der Belehrung in der Schule nötig sind, bevor diese Werte akzeptiert und verinnerlicht sind. Deshalb reicht es nicht, daß Kinder »am Ort ihrer Wahl« lernen. Es geht darum, sie in eine Umgebung zu bringen, welche die Zusammenarbeit fördert, die Sensibilität und Verantwortung für andere. Auch deshalb fordert die Schule von Kindern, daß sie zu einer bestimmten Zeit an einem bestimmten Ort sind und gewissen Regeln folgen, wie zum Beispiel die Hand zu heben, wenn sie sprechen wollen, nicht zu reden, wenn andere reden, kein Kaugummi zu kauen, nicht vor dem Klingeln aufzustehen und wegzugehen, Geduld mit langsamer Lernenden zu haben. Dieser Prozeß wird die Schaffung von zivilisierten Menschen genannt. Der Gott der Technologie scheint an dieser Funktion der Schule nicht interessiert zu sein. Zumindest taucht sie nicht häufig auf, wenn die Tugenden der Technologie aufgezählt werden.

Der Gott der Technologie könnte auch in anderer Hinsicht noch die eine oder andere Karte im Ärmel haben. Oft wird argumentiert, daß neue Technologien die Lernmöglichkeiten für die Reichen und die Armen egalisieren werden. Das wäre sehr wünschenswert, aber ich bezweifle es. Zunächst einmal wissen alle, die sich mit der Geschichte der Technologie beschäftigt haben, daß der technologische Wandel immer Gewinner und Verlierer hervorbringt.

Mit anderen Worten, die positiven Auswirkungen neuer Technologien verteilen sich nicht gleichmäßig auf die Bevölkerung. Dafür gibt es viele Gründe. Die offensichtlichsten liegen in den ökonomischen Unterschieden. Selbst im Fall des Automobils, das ein Gut ist, welches die meisten Menschen sich leisten können, gibt es enorme Unterschiede zwischen Reich und Arm. Es wäre höchst erstaunlich, wenn ausgerechnet die Computertechnologie die Unterschiede in den Lernmöglichkeiten einebnen sollte.

Es ist ja schön, daß die Eltern der kleinen Eva es sich leisten können, ihr die Technologie und Software zur Verfügung zu stellen, die sie braucht, wenn sie um Mitternacht die Lust überfällt, Algebra zu lernen. Aber die Eltern der kleinen Mary mögen die Mittel dazu nicht haben, mögen unter Umständen nicht einmal wissen, daß es so etwas gibt. Und wenn wir sagen, daß die Schule Mary diese Technologie zur Verfügung stellen könnte (zumindest tagsüber), mag es etwas anderes geben, das Mary fehlt. Ein Vater zum Beispiel.

Vor mir liegt der Carnegie Corporation Report von 1994, der vom National Center for Children in Poverty zusammengestellt wurde. Aus ihm geht hervor, daß 1960 nur 5 Prozent der Kinder unverheiratete Mütter hatten. 1990 betrug die Zahl 28 Prozent. 1960 lebten 7 Prozent unserer Kinder mit nur einem Elternteil zusammen. 1990 waren es 27 Prozent. 1960 erlebten weniger als 1 Prozent der Kinder unter achtzehn die Scheidung ihrer Eltern. 1990 sind es fast 50 Prozent.[7]

Es kann durchaus sein, daß die kleine Mary ebensowenig schlafen kann wie die kleine Eva, aber nicht weil sie ein paar Algebralektionen nachholen will. Vielleicht weil sie nicht weiß, wer ihr Vater ist, oder, wenn sie es weiß, wo er ist. Vielleicht können wir jetzt verstehen, warum MacIntoshs Schüler die reale Welt langweilig findet. Oder vielleicht verwirrend? Oder erschreckend? Gibt es Erzieher, die ernsthaft glauben, daß man solchen Problemen mit neuen Technologien zu Leibe rücken kann?

Ich will natürlich nicht behaupten, daß die Schule die Probleme der Armut, Entfremdung und des Familienzerfalls lösen kann. Aber sie kann darauf *reagieren*. Und sie tut das, weil es in ihr Menschen gibt, weil diese Menschen sich um mehr kümmern als um Algebralektionen und moderne japanische Geschichte, und weil sie nicht nur die Kompetenz in Algebra feststellen, sondern auch Wut und Verwirrung und Trauer bemerken. Ich spreche hier von Kindern, wie sie wirklich zu uns kommen, nicht von erfundenen Kindern, die uns zeigen sollen, wie Computer ihr Leben bereichern. Vielleicht ist es nicht ganz unmöglich, daß es Kinder gibt, die nachts aufwachen und Algebra lernen wollen oder die an ihrer Welt so interessiert sind, daß sie etwas über Japan wissen wollen.

Sollte es solche Kinder geben – und hoffen darf man

immer –, dann brauchen sie keine teuren Computer, um ihren Wissensdurst zu befriedigen. Sie sind auf dem Weg, ob mit oder ohne Computer. Es sei denn, sie mögen andere nicht oder haben keine Freunde oder wenig Respekt vor der Demokratie oder sind voller Mißtrauen gegen andere, die nicht wie sie sind. Sollte es einmal Maschinen geben, die solche Probleme lösen können, dann wäre es an der Zeit, uns von der teuren Last der Schulen zu befreien oder die Funktion von Lehrern auf die von »Trainern« im Gebrauch der Maschinen zu reduzieren (wie Ravitch es sich vorstellt). Bis dahin aber müssen wir, was den Gott der Technologie angeht, bescheidener sein, und dürfen unsere Hoffnungen gewiß nicht auf ihn setzen.

Wir müssen aber auch, nehme ich an, ein wenig Verständnis für die haben, die mit guten Absichten nach technologischen Allheilmitteln suchen. Ich bin selbst Lehrer, und ich weiß, wie schwer es ist, etwas zur Entwicklung einer zivilisierten Person beizutragen. Kann man jene tadeln, die hoffen, diesen Prozeß über den Einsatz von Technologie zu beschleunigen? Vielleicht nicht. Es ist schließlich eine sehr alte Suche. Schon 1918 hat H. L. Mencken (obwohl er keinerlei Verständnis fand) geschrieben: »... jedes noch so idiotische Heilmittel wird von irgendeinem Schulleiter geschluckt werden. Das Ziel scheint zu sein, den ganzen Lehrprozeß auf eine Art automatischer Reaktion zu reduzieren, eine perfekte Formel zu finden, die nicht nur an die Stelle von Kompetenz und Findigkeit des Lehrers tritt, sondern auch eine künstliche Aufnahmebereitschaft im Kind erzeugen wird.«[8]

Mencken sprach nicht unbedingt von technologischen Allheilmitteln, aber sein Urteil trifft auch sie. In den frühen 20er Jahren schrieb ein Lehrer das folgende Gedicht:

Mr. Edison sagt,
Das Radio wird den Lehrer ersetzen.
Victrola-Schallplatten können Sprachen lehren.
Der Film wird abbilden
Was das Radio nicht zeigen kann.
Lehrer werden zusammen mit dem Einhorn
Und langhaarigen Frauen
In den Wäldern verschwinden;
Oder in Museen gezeigt werden.
Erziehung wird zu einem Knopfdruck.
Vielleicht kann ich bei der Vermittlung arbeiten.[9]

Ich bin nicht alt genug, um mich an die Einführung des Radios und des Schallplattenspielers zu erinnern, aber ich erinnere mich an Zeiten, als der 16-mm-Film das Allheilmittel sein sollte; dann das geschlossene Kabelfernsehsystem für die Schulen; dann der 8-mm-Film; dann die vom Lehrer unabhängigen Lehrbücher. Jetzt Computer. Ich erkenne einen falschen Gott, wenn ich ihn sehe.

Vor kurzem ist ein weiterer falscher Gott aufgetaucht, und wir dürfen ihn nicht vernachlässigen. Wie die Götter der ökonomischen Nützlichkeit, des Konsums und der Technologie führt er uns in eine Sackgasse. Aber anders als sie verzerrt oder trivialisiert er die Idee einer öffentlichen Schulerziehung nicht nur. Er führt uns an ihr Ende.

Dieser Gott hat verschiedene Namen: Er wird Tribalismus oder Separatismus genannt; am häufigsten aber und in seiner heftigsten, artikuliertesten Form ist er der Gott des Multikulturalismus. Bevor ich irgend etwas über ihn sage, sollte ich festhalten, daß er nicht mit dem verwechselt werden sollte, was früher »kultureller Pluralismus« genannt worden ist. Der kulturelle Pluralismus ist eine siebzig Jahre alte Idee, dessen Absicht es war, den Amerikanischen

Glauben zu erweitern und zu bereichern. Insbesondere sollte er dazu dienen, den jungen Leuten zu zeigen, wie ihre Stammesidentitäten und Erzählungen in eine umfassendere amerikanische Geschichte integriert werden konnten.

Der Begriff Multikulturalismus wird manchmal als Synonym für den kulturellen Pluralismus gebraucht, und in solchen Fällen haben wir ein semantisches Problem, das sich relativ leicht klären läßt. Aber häufiger wird der Begriff gebraucht, um eine ganz andere Geschichte zu umreißen. In ihrer extremen Form halte ich sie für eine psychopathische Version des kulturellen Pluralismus und für sehr gefährlich. Im folgenden werde ich den Begriff »Multikulturalismus« in Anführungszeichen setzen, um darauf hinzuweisen, daß ich mich nicht gegen die Anerkennung kultureller Unterschiede zwischen den Schülern oder Studenten wende. Ich gebrauche den Begriff, um eine Geschichte zu bezeichnen, die aus kulturellen Unterschieden eine ausschließliche Beschäftigung macht.

Obwohl dieser Gott bei weitem nicht so akzeptiert ist wie die anderen, die ich diskutiert habe, gibt es verschiedene Staaten, New York und Oregon zum Beispiel, die von ihm beeinflußt sind und ernsthaft versucht haben, die Schulbildung im Sinne seiner Lehren zu organisieren. Das Interesse am »Multikulturalismus« ist zweifellos ebenso gewachsen wie die Leidenschaft seiner Anhänger. Die Gefahr, die von ihm ausgeht, hat der bekannte Historiker Arthur Schlesinger Jr. als groß genug eingeschätzt, um eine Widerlegung zu schreiben: *The Disuniting of America: Reflections on a Multicultural Society* (Die Entzweiung von Amerika: Reflexionen über eine multikulturelle Gesellschaft). Obwohl Schlesingers Buch, wie ich glaube, als definitive Kritik des »Multikulturalismus« Bestand haben wird, gibt es mindestens einen Punkt, den er nicht ausreichend betont und der am Beginn jeder Diskussion dieses Rückfalls in einen uneingeschränkten Tribalismus stehen sollte.

Ich meine die Tatsache, daß jene, die einen »multikulturellen« Lehrplan fordern, insbesondere jene, die aus afrozentrischer Sicht sprechen, genauer als die meisten Menschen wissen – sicher genauer als, sagen wir, der Erziehungsminister der USA –, daß man einen Gott braucht, dem man dienen kann. Sie verstehen, daß die Schüler nicht deshalb demoralisiert, gelangweilt und abgelenkt sind, weil dem Lehrer interessante Methoden und Geräte fehlen, sondern weil sowohl Schülern als auch Lehrern eine Erzählung fehlt, die ihren Lehrstunden eine tiefere Bedeutung geben könnte. Man geht nicht zu weit, wenn man sagt, daß die »Multikulturalisten« die aktivsten und ihrer Idee am stärksten verpflichteten Denker auf dem Gebiet der Pädagogik sind, die wir im Moment haben. Sie sind nicht sonderlich an Methoden oder technischen Lehrmitteln interessiert – und sie sind im allgemeinen auf diesem Gebiet auch nicht kompetent genug, um mitreden zu können. Aber sie haben eine Geschichte, und sie glauben, daß ihre Geschichte als Grundlage der Schulbildung dienen kann. Das Problem ist nur, daß dies eine schreckliche Geschichte ist – zumindestens für die öffentlichen Schulen.

Wie viele bedeutende Erzählungen enthält auch diese Konzeptionen von Gut und Böse. In ihrer erschreckendsten Version ist das Böse ganz auf die weiße Rasse konzentriert, besonders auf die gebildeten Weißen aus Europa. Das Gute liegt in den Nicht-Weißen, speziell in jenen, die Opfer der »weißen Hegemonie« geworden sind. Zumindest ein »Multikulturalist«, Professor Leonard Jeffries vom City College in New York, liefert sogar eine biologische Erklärung für diese Charakteristiken. Er glaubt, daß die Eigenschaften von Gut und Böse von der Melaninmenge im Blut verschiedener

Rassen determiniert werden. Je mehr Melanin, desto besser der Mensch. Je weniger Melanin, desto böser. Man könnte sagen, daß dies eine Entsprechung zur Konzeption der Erbsünde im Alten Testament ist – allerdings mit einem Unterschied: die christliche Geschichte bietet den Menschen einen Weg an, auf dem die Erbsünde überwunden werden kann. Jeffries Darstellung der Quelle alles Bösen läßt den Betroffenen keine Chance der Errettung.

Natürlich gibt es viele Anhänger des »Multikulturalismus«, die Jeffries nicht zustimmen. Aber ebenso viele unter ihnen brauchen auch keine biologische Argumentation, um an das weiße, eurozentrische Böse zu glauben. Die Geschichte, so meinen sie, liefere mehr als genug Gründe, insbesondere die Geschichte der Unterdrückung nicht-weißer Völker durch die Weißen. Für die »Multikulturalisten« ist diese Unterdrückung der Schlüssel zum Verständnis der weißen Geschichte, Literatur, Kunst und von fast allem anderen europäischer Herkunft.

Daraus folgt, daß alle Erzählungen der weißen, europäischen Rassen als propagandistische Verschleierungen dieses Bösen zu betrachten sind, oder gar als Versuch, das Böse als Tugend erscheinen zu lassen. Es gibt keine Möglichkeit, meinen die »Multikulturalisten«, Kultur oder Geschichte gerecht darzustellen, solange die Erzählungen der weißen Vorherrschaft nicht entmachtet sind. Vier Autoren aus dem Schuldistrikt von Rochester, New York, haben dieser Sicht besonders energisch Ausdruck verliehen: »(Die) Legitimation der Herrschaft, die Etablierung der Ungleichheit, als wäre sie etwas Natürliches, und die Filterung des Wissens werden in der gegenwärtigen Debatte um das, was das ›Standard‹-Wissen der Schule sein soll, angegriffen. Worum es in dieser Debatte geht, ist der Kampf für historische Genauigkeit gegen verfälschte Darstellungen, für emanzipatorische gegen hegemoniale Bildung, gegen die konstruierte Überlegenheit der westlichen Kultur, die in den Schulen vermittelt wird, zugunsten des natürlichen Primats der vielfältigen und kollektiven Ursprünge des Wissens.«[10]

Auch wenn man die Vagheit, wenn nicht Unverständlichkeit von Ausdrücken wie »emanzipatorische Bildung« und »natürlicher Primat« einmal beiseite läßt, wird ziemlich klar, daß die Autoren die Schulen für die Bühne halten, auf denen der Kampf um die neue Erzählung ausgefochten werden muß. Sie schließen diesen Absatz mit der Aussage ab, das eurozentrische Wissen müsse ersetzt werden, da »...ein solch singulärer, einstimmiger Lehrplan eines der letzten institutionellen Territorien weißer, patriarchalischer Oberklassenhegemonie« sei.

Dies ist eindeutig etwas ganz anderes als die Sprache des »kulturellen Pluralismus«, die es zu ihren Zielen zählen würde, die Kämpfe und Leistungen nicht-weißer Völker als Teil einer Erzählung der Menschheit darzustellen. Diese Autoren verwahren sich sogar ausdrücklich gegen eine »Heroisierung« (wie sie es nennen) solcher Gestalten des schwarzen Widerstands in Amerika wie Frederick Douglass, Harriet Tubman, Crispus Attucks und Martin Luther King. Sie glauben, daß eine solche »Heroisierung« die »Greueltaten des Völkermords, die wirtschaftliche Ausbeutung und die Entmenschlichung (der Sklaven) durch die Täter« verhüllen könnte. Worauf der »Multikulturalismus« zielt, ist offensichtlich keine Versöhnung mit den historischen, literarischen und wissenschaftlichen Elementen der eurozentrischen Kultur, die einen großen Teil des amerikanischen Kanons bilden, sondern eine vollständige Ablehnung. Ein neuer Anfang soll gemacht, eine neue Erzählung geschaffen werden.

Die erste Aufgabe ist relativ leicht zu lösen, da alle Erzählungen unangenehme oder sogar unentschuldbare Kapitel verhüllen oder sozusagen hygienisieren. Erzählungen sind ja auch keineswegs historische Genres, sondern eine Art der Vermittlung des Vergangenen, welche die Historie nutzt, um Idealen Form zu geben. »Die Absicht des Mythos«, erinnert uns Claude Lévi-Strauss, »ist es, ein Modell zu entwerfen, das in der Lage ist, einen Widerspruch zu überwinden.«[11] Deshalb kann der großen Geschichte des Christentums kein ernsthafter Schaden daraus erwachsen, daß ein bestimmter Papst ein ehrgeiziger, skrupelloser Intrigant war. Auch ist es nicht tödlich für die christliche Idee, wenn man die Inquisition ins Feld führt. In Wirklichkeit hat es nie einen Christen gegeben – nicht einmal der Heilige Franziskus oder Mutter Theresa –, der ein in jeder Hinsicht christliches Leben geführt hätte. Die Geschichte des Christentums ist nur teilweise eine Historie von Christen. Zum größten Teil ist es die Geschichte des ergreifenden Kampfes von Menschen, einer Reihe von transzendenten Ideen Leben zu verleihen. Daß sie auf diesem Weg gestrauchelt sind, ist peinlich und manchmal schändlich, aber es diskreditiert das Ziel der Geschichte nicht, deren Wesen geradezu in der Diskrepanz zwischen Ideal und Realität liegt.

Dasselbe trifft auf die amerikanische Geschichte der Demokratie zu. Nachzuweisen, daß die Verfassung zum Zeitpunkt ihrer Niederschrift Frauen und Männer ohne Grundbesitz von der Wahl ausschloß, daß sie Sklaven nicht als vollständig menschlich betrachtete, entwertet die Geschichte nicht. Die Entstehung der Verfassung einschließlich der Begrenztheit der Männer, die sie schrieben, ist nur ein frühes Kapitel einer zweihundert Jahre alten Erzählung, deren Thema die allmähliche und oft schwierige Ausweitung der Konzepte von Freiheit und Humanität ist.

Wie hart dieser Kampf war, drückte Abraham Lincoln

1856 in seiner Antwort auf die Präsidentschaftskampagne der Know-Nothing-Partei* aus: »Unser Fortschritt in Degeneration«, sagte er sarkastisch, »scheint mir ziemlich rapide zu sein. Als Nation begannen wir mit der Erklärung: ›Alle Menschen sind gleich geboren.‹ Wir deuten das jetzt praktisch als: ›Alle Menschen sind gleich geboren *außer den Negern.*‹ Wenn die Know-Nothings an die Macht kommen, wird es heißen: ›Alle Menschen sind gleich geboren außer den Negern und den Ausländern und den Katholiken.‹«[12]

Die Know-Nothings kamen nicht an die Macht, aber wir wissen, wie und zu welchem Preis dieser Rückfall in die Degeneration aufgehalten wurde, so daß die Amerikaner auf der Route weiterziehen konnten, die Jefferson auf die politische Landkarte gezeichnet hatte. Daß wir vom Ziel noch weit entfernt sind, ergibt sich in großer Eindringlichkeit aus den energischen Protesten derjenigen, die sich noch immer nicht adäquat repräsentiert fühlen, wie zum Beispiel die »Multikulturalisten«.

Der entscheidende Punkt ist indessen ein anderer: Wenn man ihre transzendenten Ideale ignoriert, kann man Amerikas Geschichte als eine Historie von Rassismus, Ungerechtigkeit und Gewalt erzählen. Ist das die Geschichte, die wir zur Grundlage der öffentlichen Schulerziehung machen wollen? Wenn die Antwort lautet: »Ja, denn sie enthält Wahrheit«, dann müssen wir uns der zweiten Aufgabe der »Multikulturalisten« zuwenden, um zu überprüfen, ob sie selbst es mit der Wahrheit so genau nehmen.

Diese Aufgabe besteht darin zu zeigen, daß die humanen Teile der eurozentrischen Erzählung ihre Ursprünge in nichtweißen Kulturen haben. Schlesingers Buch dokumentiert,

* »Know-Nothings« wurde die extrem populistische American Party (bes. 1853-56) genannt, die die politischen Rechte auf geborene Amerikaner beschränken wollte. A.d.Ü.

daß die »Multikulturalisten« der Wahrheit in dieser Hinsicht nicht einmal nahekommen. Er beweist, daß nach Ansicht geachteter Historiker – darunter schwarzer Wissenschaftler – die meisten Behauptungen der »Multikulturalisten« propagandistische Phantasien sind. Darunter fallen die ernsthaft vorgebrachten Vorstellungen: Schwarzafrika sei der Ursprungsort von Wissenschaft, Philosophie, Religion, Medizin, Technik und anderen großen menschlichen Leistungen; die alten Ägypter seien schwarz gewesen; Pythagoras und Aristoteles hätten ihre mathematischen und philosophischen Erkenntnisse von schwarzen Gelehrten aus Ägypten gestohlen; die meisten Schwarzen Amerikas kämen ursprünglich aus Ägypten, und die aufgeklärten Teile der amerikanischen Verfassung basierten in gewissem Maße auf politischen Prinzipien der Irokesen. Schlesinger ist durch den Mißbrauch historischer Argumente, der sich in diesen Behauptungen niederschlägt, so entmutigt, daß er den Schluß zieht: »Wenn irgendein Magier des Ku Klux Klan einen Lehrplan in der spezifischen Absicht entwürfe, schwarze Jugendliche zu behindern und zu entmündigen, könnte er kaum mit etwas diabolisch Wirkungsvollerem aufwarten als dem Afrozentrismus.«[13]

Man könnte Schlesinger antworten, daß es hier weder um historische Ausgewogenheit noch um Wahrheit geht. Was da unternommen wird, ist die Schaffung einer neuen Erzählung, in der Methode beispielsweise dem Prozeß vergleichbar, mit der die amerikanischen Siedler eine Mythologie der Pilgerväter als demokratische Erbauer einer Nation entwarfen. Auch in dem Fall wurden historische Elemente gebraucht, erfunden oder vergessen – je nach den Erfordernissen der Erzählung. Diese Erzählung war – wie wir wissen – enorm erfolgreich. Die Amerikaner feiern das Erntedankfest mit Inbrunst, wissen aber nicht (oder wenn sie es wissen, ist es ihnen egal), daß einige Indianer Erntedank den Nationalen Tag der Trauer nennen.

Es ist natürlich nicht irrelevant zu fragen, wieviel Wahres oder Falsches eine Erzählung enthält. Besteht sie vor allem aus Falschem, wird eine Erzählung gewöhnlich versagen – ihre Anhänger hinterläßt sie verbittert und, wie Schlesinger sagt, unwissend. Aber selbst wenn wir die Fakten, welche den Kern der »multikulturellen« Erzählung ausmachen, äußerst großzügig auslegen, bleibt die Frage bestehen, ob sie auf Dauer Wirkung entfalten kann.

Ich glaube nicht, daß sie es kann, und zwar aus verschiedenen Gründen. Der erste ist praktischer Natur. Warum sollte die Öffentlichkeit, die zum größten Teil europäischen Ursprungs ist, ein Schulprogramm unterstützen, das die eigene Bosheit zum Leitthema macht? Würden Nicht-Weiße etwa einen Lehrplan gutheißen, der von der Annahme ausgeht, daß alle Nicht-Weißen minderwertig seien? Und falls die »Multikulturalisten« antworten: »Genau das ist es, was in den meisten Schulen geschieht«, dann liegt Abhilfe doch vor allem in einer Revision der Erzählung. Sie sollte so beschaffen sein, daß Kinder aller Rassen darin einen angemessenen Platz finden. Es ist wahr, daß Weiße Schwarze unterdrückt haben, aber Schwarze haben andere Schwarze und manchmal auch Weiße unterdrückt; und Weiße haben andere Weiße unterdrückt; und Indianer haben Weiße niedergemetzelt, und Weiße Indianer; und Europäer haben Asiaten unterdrückt und Asiaten Europäer. Wohin soll das führen?

Ich habe oben Niels Bohrs Bemerkung, das Gegenteil einer tiefen Wahrheit sei eine andere tiefe Wahrheit, zitiert, aber ich möchte sie jetzt gern ein wenig abwandeln. Die Geschichte jeder Gruppe sollte in inspirierender Weise erzählt werden, ohne dabei ihre Schattenseiten zu verschweigen, aber sie sollte all die verschiedenartigen Kämpfe um das Ideal der Humanität ehren. Wenn es Unterschiede zwischen den tiefen Wahrheiten verschiedener Gruppen gibt, liegt die humane Aufgabe darin, diese Differenzen auszuhalten. Um noch einmal zu Lincoln zurückzukehren: diese Kämpfe bringen die besseren Engel unserer Natur zum Vorschein. Das ist es, was einst kultureller Pluralismus genannt wurde.

Manchmal hört man das Argument, ein »multikultureller« Lehrplan sei dort gerechtfertigt, wo die gesamte Schülerschaft oder Studentenschaft aus Afro-Amerikanern (oder Mexikanern oder Puertoricanern) besteht, wie das in den großen Städten oft der Fall ist. Dies wäre sinnvoll, wenn es die Aufgabe öffentlicher Schulen wäre, ein Volk von Bindestrich-Amerikanern zu schaffen. Aber unsere Schüler kommen als Bindestrich-Amerikaner in die Schulen. Die Aufgabe der öffentlichen Schule ist es, richtig verstanden, die Bindestriche auszuradieren oder sie weniger deutlich zu machen.

Es kann nicht die Aufgabe der öffentlichen Schule sein, Schwarze zu Schwarzen zu machen, Koreaner zu Koreanern oder Italiener zu Italienern – sie soll die Schüler zu Amerikanern machen. Die Alternative führt unübersehbar zur »Balkanisierung« der öffentlichen Schule, mit anderen Worten, zu ihrem Ende. Ein afrozentrischer Lehrplan für Afro-Amerikaner? Warum nicht ein sinozentrischer Lehrplan für die Chinesen? Ein italozentrischer Lehrplan für Italiener? Ein hebrozentrischer Lehrplan für Juden? Ein germanozentrischer Lehrplan für Deutsche? Ein graecozentrischer Lehrplan für Griechen?

Dieser Weg führt letztlich nicht nur zur Privatisierung der Schule, sondern auch zur Privatisierung des Denkens, er macht die Schaffung eines öffentlichen Bewußtseins, eines

Gemeinsinns ganz unmöglich. Das Thema der Schulbildung wäre dann Entzweiung und Trennung, nicht Einheit, und es würde unweigerlich Haß wecken. Im Dezember 1993 hielt Reverend Louis Farakhan* eine Ansprache im Madison Square Garden, in der er einen jungen Schwarzen erwähnte, der ein paar Tage zuvor festgenommen worden war, weil er mit einer Maschinenpistole in einem Zug der Long Island Railroad auf Fahrgäste geschossen hatte. Die meisten der Opfer waren Weiße, einige auch Asiaten. Obwohl es keine Beweise dafür gibt, daß Farakhan das Publikum dazu ermutigte, wurde entweder der junge Mann oder seine Tat von Teilen der Zuhörerschaft bejubelt. Man mag diese Reaktion mit einem Gefühl diffusen Zorns erklären, den bestimmte Gruppen unter den Afro-Amerikanern gegen eine eurozentrische Kultur empfinden. Sollte das der Fall sein, dann ist es sicher nicht die Aufgabe der öffentlichen Schule, diese Gefühle zu intensivieren, sondern dazu beizutragen, eine vernünftige Alternative dazu zu schaffen.

* Louis Farakhan ist Führer der American Islam Nation, einer extremistischen afro-amerikanischen Sekte. A.d.Ü.

KAPITEL VIER
Götter, die dienen könnten

Wer schreibt die Lieder, die junge Mädchen singen? Oder die Geschichten, die alte Männer erzählen? Wer schafft die Mythen, die eine Nation verbinden und der Idee einer allgemeinen Schulbildung Richtung und Bedeutung verleihen? In Amerika sind es die Werbeagenturen und natürlich die populären Schlagersänger und Filmproduzenten. Vielleicht sogar die hohlen Männer, die sich um Swimming Pools in Beverly Hills versammeln und Geschichten erfinden, die wir »sitcoms« nennen, Familienserien, Seifenopern.

Diese Liste ist nicht erschöpfend, aber Lehrer finden sich nicht auf ihr. Man muß deutlich sagen, daß Schulen nicht darauf angelegt sind und nie darauf angelegt waren, kraftvolle, inspirierende Erzählungen zu schaffen. Sie sammeln, erweitern, verbreiten, veredeln sie. Manchmal widerlegen sie sie, spotten über sie oder vernachlässigen sie. Aber sie können nichts erschaffen, und ich glaube, das sollten sie auch nicht. Wie jene, die das gesamte Schulsystem am liebsten privatisieren möchten, zu Recht ausführen, sind unsere öffentlichen Schulen staatliche Institutionen, und sie haben keinen Auftrag, aus eigener Machtvollkommenheit die Gesellschaft umzubauen. Es ist ihnen nicht erlaubt, eine Weltsicht zu vertreten und zu fördern, die sich mit der bestehenden Gesellschaft nicht verträgt. Die Schule, könnte man sagen, ist der Spiegel gesellschaftlicher Überzeugungen, sie gibt das wieder, was die Bürger vor sie hinstellen. Aber sie sind nicht auf eine Position festgelegt. Sie können verstellt werden, seitlich oder auch in der Höhe, so daß sie zu verschiedenen Zeiten und auf unterschiedlichen Schauplätzen einen Gegenstand widerspiegeln, einen anderen aber ausblenden. Immer aber zeigen sie, daß etwas *da* ist – nicht etwas, was die Schule erfunden hat, sondern etwas, was der Staat geschaffen hat, der für die Schulen bezahlt und sie zu verschiedenen Zwecken nutzt. Das ist auch der Grund, warum die Götter der ökonomischen Nützlichkeit, des Konsums, der Technologie und des Separatismus sich jetzt auch in den Schulen finden lassen, wo sie ihre Wirkung ausüben und Gefolgschaft fordern. Dies sind Götter, die von außerhalb der Klassenzimmerwände kommen.

Das ist natürlich keine sensationelle Neuentdeckung, und der Leser mag zu Recht fragen, wann der Koautor eines Buches, das sich *Lehren als subversive Aktivität* nannte, diesen Punkt erkannt hat? Wie Joseph Heller es wahrscheinlich ausdrücken würde: Ich habe den Punkt niemals nicht erkannt. Ich habe 1969 (als das Buch geschrieben wurde) genau wie heute verstanden, daß es zu jedem Zeitpunkt im symbolischen Universum einer Gesellschaft viele Erzählungen gibt; manche, die strahlend im Vordergrund stehen, lebendig und unverwechselbar, einige im Hintergrund, blaß und fast vergessen; einige, die schlafen, einige, die vor kurzem erwacht sind, und viele miteinander in Widerspruch stehende. Wenn ein Autor das Lehren als eine subversive Aktivität definiert, erfindet er keinen Gott, sondern ruft lediglich dazu auf, einem Gott den Vorrang vor anderen zu geben. Denn es gibt aus der Sicht der Bürger eines Staates zwei konfligierende Zielsetzungen der Schule: Die eine strebt an, aus den Kindern und Jugendlichen Menschen zu machen, welche die Welt so akzeptieren, wie sie ist, mit all den Regeln,

Zwängen, Beschränkungen und sogar Vorurteilen einer bestehenden Kultur. Die andere möchte aus den Schülerinnen und Schülern kritische Köpfe machen, sie zu unabhängig und selbständig urteilenden Menschen erziehen, fern den konventionellen Klischees ihrer Zeit, mit ausreichend Kraft zur gesellschaftlichen Veränderung.

Jede dieser Annahmen ist Teil einer einzigartigen Erzählung, die etwas darüber aussagt, was es heißt, Mensch zu sein, was es heißt, Bürger zu sein, was es heißt, intelligent zu sein. Und jede dieser Erzählungen findet sich im Rahmen der amerikanischen Tradition wieder. Ein Autor kann zu dem Schluß kommen, daß man die eine Erzählung der anderen unterordnen müsse – je nachdem, was zu einer bestimmten Zeit erforderlich erscheint. Deshalb könnte ein Autor, der einmal *Lehren als subversive Tätigkeit* geschrieben hat, später durchaus ein Buch mit dem Titel *Lehren als konservative Tätigkeit* schreiben.

Die entscheidende Frage ist natürlich immer: Was wird jetzt gebraucht? Mein Argument in diesem Buch, angefangen beim Titel, lautet, daß die Erzählungen, die unserer gegenwärtigen Auffassung von Erziehung zugrunde liegen, uns nicht gut dienen und sehr wohl zum Ende der Erziehung führen können. Mit »Ende« meine ich die Umwandlung des Systems in private Schulen (wie Henry Perkinson es in seiner überarbeiteten Fassung von *The Imperfect Panacea* – Das unvollkommene Allheilmittel – voraussagt) oder seine Auflösung zugunsten einer individuell kontrollierten Technologie (wie Lewis Perelman in *School's Out* prophezeit). Es ist auch möglich, daß die Schulerziehung von Firmen übernommen (Chris Whittle ist ein Vorläufer dieser Entwicklung) und ganz nach den Prinzipien der Marktwirtschaft ausgerichtet wird.

All diese Möglichkeiten existieren. Aber dieses Buch interessiert sich nicht besonders für diese Planungen, auch nicht für die Option, daß Eltern die öffentliche Schule, die ihre Kinder besuchen sollen, selbst aussuchen können, wie es Seymour Fliegel vorschlägt (in seinem Buch *Miracle in East Harlem*). Dies alles sind letztlich technische Fragen. Sie drehen sich um die praktischen Probleme einer effizienten Schulerziehung. Sie sind wichtig, aber sie berühren die zentrale Frage, wofür Schulen da sind, nur am Rande. Ja, es ist von Bedeutung, daß Eltern eine Wahl haben, daß Schulen überschaubarer und die Klassen kleiner werden, daß genug Geld da ist, Lehrer anzustellen, daß einige Schüler öffentliche Gelder erhalten, um private Schulen besuchen zu können. Aber noch immer bleibt die hartnäckige Frage: Warum? Wozu all der Schall und Wahn und die Kosten? Wenn eine Metapher gestattet ist: Wir können die Züge pünktlich fahren lassen, aber wenn sie nicht dahin fahren, wohin wir wollen, wozu die Mühe?

Meine Absicht ist, eine Antwort in Form von fünf Erzählungen anzubieten, die einzeln genommen und im Ensemble genug Resonanz und Kraft enthalten, um als Gründe für die Erziehung ernstgenommen zu werden. Sie bieten, so glaube ich, moralische Anleitung, ein Gefühl der Kontinuität, Erklärungen der Vergangenheit, Klarheit für die Gegenwart und Hoffnung für die Zukunft. Sie kommen einer Transzendenz so nahe, wie es mir im Kontext öffentlicher Erziehung möglich erscheint.

Mir ist natürlich bewußt, daß das, was ich da vorschlage, anmaßend ist, um es milde auszudrücken. Denn es geht hier nicht nur um Ideen, die mich inspirieren, sondern um Ideen, die darauf angelegt sein müssen, die Kinder und Jugendlichen zu inspirieren, ihre Lehrer und Eltern. Mein eigenes Herz und meinen Verstand kenne ich einigermaßen. Aber kann ich dieselbe Kenntnis des Empfindens und Denkens meiner Landsleute voraussetzen? Wohl kaum. Dennoch gehe ich nicht einfach von wilden Mutmaßungen aus. Ich habe diese Ideen zum Beispiel an vielen verschiedenen Orten an Eltern und Lehrern von Oregon bis Connecticut, an Schülern und Studenten von der sechsten Klasse bis zur Universität erprobt. Ich habe mir angehört, was sie dazu zu sagen hatten, und ich habe genauso sorgfältig auf das geachtet, was sie nicht sagten. Ich habe schon früher über diese Ideen geschrieben, und ich habe den Briefen, die Leser mir geschrieben haben, Argumente für und gegen sie entnommen. Ich habe inzwischen dreißig Jahre als unverbitterter Kritiker amerikanischer Vorurteile, Neigungen und Neurosen zugebracht, und ich habe zu meinem Erstaunen und Amüsement entdeckt, daß ich die meisten von ihnen teile. Damit will ich nicht sagen, daß ich für die Amerikaner sprechen kann, aber ich glaube, über sie sprechen zu können. Auch habe ich ein gewisses Maß an Vertrauen zu diesen Urteilen aus vielen Vorträgen in Europa gezogen, wo ich ohne Überraschung festgestellt habe, daß Alexis de Tocqueville recht hatte: Amerikaner sind anders – in einiger Hinsicht besser, in anderer schlechter – aber anders. Und wenn man sich im Ausland aufhält, enthüllen sich die Unterschiede mit ungewöhnlicher Klarheit.

Ich erwähne all dies nicht, um die Stichhaltigkeit meiner Vorschläge zu untermauern, sondern um dem Leser zu versichern, daß sie in sehr konzentrierter Form bereits im Denken jener existieren, für die sie intendiert sind. Ich glaube zu wissen, welche Erzählungen für Schüler und Studenten in Amerika akzeptabel sind und welche nicht. Glaubte ich das nicht, wäre es wenig sinnvoll fortzufahren.

Das Raumschiff Erde

Vor einiger Zeit habe ich mich ausführlich mit Marvin Minsky unterhalten, einem angesehenen Wissenschaftler, der für sein leidenschaftliches Eintreten für die Idee »künstlicher Intelligenz« berühmt (einige Stimmen sagen auch berüchtigt) ist.[1] Er schilderte mir den Kontext, aus dem er seine fruchtbaren Ideen zog und betonte den Einfluß verschiedener Science-Fiction-Autoren auf sein Denken. Sie seien unsere wahren Philosophen, sagte er. Mir schien es signifikant, daß in seiner recht langen Liste von Science-Fiction-Autoren Mary Shelley (*Frankenstein*), Aldous Huxley (*Schöne neue Welt*), George Orwell (*1984*) und Ray Bradbury (*Fahrenheit 451*) fehlten. Zu diesen düsteren Propheten komme ich später, aber Minsky hat sicherlich in einem Punkt recht, und den möchte ich am Beispiel des populärsten unserer Science-Fiction-Philosophen, an Stephen Spielberg, ein wenig ausführen. Spielberg ist manchmal in seiner Fähigkeit, populäre Mythen zu schaffen, fast homerisch zu nennen. Seine Gefolgschaft ist natürlich unter den Jugendlichen besonders groß. Ich lasse im Moment Filme wie *Jurassic Park* (der ihn mit der Tradition von *Frankenstein* verbindet) und *Schindlers Liste* (in dem er auf die utopische Tradition ganz verzichtet) beiseite und beziehe mich auf *Seltsame Begegnungen der dritten Art* und *E.T.* Jeder dieser Filme postuliert, daß wir im Universum nicht allein sind. Vielleicht sind wir allein, vielleicht nicht, wir werden es wahrscheinlich nie wissen. Was seine Geschichten aber sehr klar machen, ist die Tatsache, daß die Erde sowohl aus metaphorischer Sicht als auch im buchstäblichen Sinn ein Raumschiff ist und wir seine Mannschaft.

Dies ist in keiner Weise eine originelle Idee, aber im Gegensatz zu H.G. Wells oder Jules Verne zum Beispiel, die auch über das Thema geschrieben haben, gießt Spielberg die Idee in eine Form, die im Kern religiös oder zumindest spirituell ist. Das heißt, er regt, was das Raumschiff Erde angeht, nicht einfach nur unsere Phantasie an. Er besteht darauf, daß wir der Erde gegenüber eine moralische Verpflichtung haben. Jeder, der mit jungen Leuten über diese beiden Filme gesprochen hat, weiß, wie klar sie dieses Verantwortungsgefühl erfaßt haben, das ihnen da nahegebracht worden ist. Und jeder, der solche Gespräche geführt hat, weiß auch, wie tief emotional junge Leute auf den Gedanken reagieren, daß wir die Sicherheit des Planeten nicht länger als selbstverständlich voraussetzen können.

Hier liegt also eine Erzählung von außerordentlichem Potential: die Geschichte vom Menschen als Hüter der Erde, Beschützer einer verletzlichen Raumkapsel. Es ist eine relativ neue Erzählung, nicht voll entwickelt und beladen mit Ungewißheiten und Widersprüchen. Nichtsdestoweniger ist die Geschichte vom Raumschiff Erde kraftvoll genug, um Menschen zu fesseln. Sie macht die Idee des Rassismus sowohl irrelevant als auch lächerlich, und sie demonstriert in sehr klarer Form die gegenseitige Abhängigkeit der menschlichen Wesen, die Notwendigkeit von globaler Solidarität. Wenn ein Teil des Raumschiffs vergiftet wird, leiden alle. Mit anderen Worten, es ist evident, daß die Zerstörung des Regenwaldes kein brasilianisches Problem, die Verschmutzung des Meeres kein Problem Miamis, der Völkermord kein bosnisches Problem, der Hunger kein somalisches Problem und politische Unterdrückung kein chinesisches Problem ist. »Frag nicht, wem die Stunde schlägt«, schrieb John Donne, »sie schlägt für dich.« Wenn es eine Erzählung gibt, die diesem

Gedanken Substanz verleiht, dann die von der Erde als unserem einen und einzigen Raumschiff.

Man braucht überdies kaum darauf hinzuweisen, daß diese Form globalen Bewußtseins mit keiner traditionellen religiösen Anschauung in Konflikt gerät. Ich bin mir keiner Gottheit bewußt, die der Zerstörung der Erde mit Befriedigung zuschauen würde oder dem Zerfall der Städte oder der Feindschaft zwischen verschiedenen Bevölkerungsgruppen. Man kann Christ, Moslem, Taoist, Jude oder Buddhist sein und sich dennoch der Erhaltung des Planeten verpflichtet fühlen. In gleicher Weise gibt es keinen Konflikt zwischen der Geschichte der Erde als Raumschiff und den nationalen oder tribalen Erzählungen; sie erfordert nicht, daß man nationale, regionale oder tribale Loyalitäten aufgibt oder auch nur zurückstellt. Man kann Amerikaner, Norweger, Franzose oder auch Lappe sein, und – ohne seine Identität aufzugeben – zugleich dadurch bereichert werden, daß man die Rolle als Hüter der Erde übernimmt.

Man *kann* das, wenn man nicht von einer damit konkurrierenden Erzählung umgetrieben wird, die darauf besteht, daß die eigene Nation das einzige ist, was im Himmel und auf der Erde zählt. Zumindest ein Schulsystem im Staate Florida hat eine Geschichte übernommen, die Lehrer und Schüler darauf festlegen möchte, zu glauben, daß die Vereinigten Staaten allen anderen Ländern überlegen sind; in jeder Hinsicht, soll das wahrscheinlich heißen. Eine ähnliche Geschichte ist auch der Erziehungsbehörde von New York vorgeschlagen (aber, im Moment noch, abgelehnt) worden. Dies ist ein Gedanke, der an die verzweifelten Anstrengungen der Königin in *Schneewittchen* erinnert, sich ihrer alles überragenden und makellosen Schönheit zu versichern. »Spieglein, Spieglein an der Wand«, verlangt sie täglich zu wissen, »wer ist die Schönste im ganzen Land?« Aber im

Märchen sagt der Spiegel die Wahrheit und bringt das arme Schneewittchen in große Schwierigkeiten.

Man erlegt Kindern eine schreckliche Last auf, wenn man sie dazu verpflichten will, diese Frage auf Nationen anzuwenden und sie einem Spiegel zu stellen, der darauf programmiert ist, immer nur »Amerika, Amerika« zu plärren. Das ist nicht nur eine Perversion des Amerikanischen Glaubens, solch eine Geschichte ist das Krankheitssymptom einer verzweifelten Suche nach einer Erzählung, die Bedeutung trägt, und man muß für die, die dies ersonnen haben, fast ein bißchen Mitleid empfinden. Es ist nichtsdestoweniger zweifelhaft, ob die fehlgeleiteten Autoren dieser Erzählung die Idee der Erde als Raumschiff akzeptieren könnten. Aber ich glaube, daß sie vielen anderen einleuchten wird, denn dies ist eine Idee, deren Zeit gekommen ist. Es ist eine Geschichte von wechselseitiger Abhängigkeit und globaler Zusammenarbeit. Sie trifft den Kern dessen, was es heißt, ein menschliches Wesen zu sein. Es ist eine Geschichte, die Verschwendung und Gleichgültigkeit als böse stigmatisiert, die eine Vision der Zukunft und eine Verpflichtung gegenüber der Gegenwart erfordert. Wenn ein Schüler im Kontext dieser Geschichte fragt: »Spieglein, Spieglein an der Wand, wer ist die Schönste im ganzen Land?« antwortet der Spiegel: »Das ist eine ziemlich blöde Frage. Hast du noch nicht gemerkt, daß ihr alle in einem Boot sitzt? Daß ihr euch aufeinander verlassen müßt, um zu überleben, und daß ihr eure Heimat nicht gut genug geschützt habt?«

Der gefallene Engel

Ich gebrauche hier eine religiöse Metapher, um zu betonen, daß das, was ich beschreiben werde, nicht bloß eine Methode oder eine Epistemologie ist, sondern eine Erzählung, und zwar eine von fast universaler Akzeptanz. Diese Geschichte wird an verschiedenen Orten und in unterschiedlichen Formen erzählt, und sie ist im wesentlichen eine religiöse Idee. Ich vertraue darauf, daß diese Tatsache an sich niemanden abschrecken wird. Die meisten ernsthaften Erzählungen wurzeln in einer spirituellen oder metaphysischen Idee, selbst jene Erzählungen – wie die induktive Wissenschaft etwa –, die der Metaphysik mißtrauisch gegenüberstehen. In der Tat kann man sagen, daß die Wissenschaft der Geschichte des gefallenen Engels mehr schuldet als jeder anderen Lehre.

Dies ist die Geschichte: Wenn es irgendwo im Universum Vollkommenheit gibt, dann, so nimmt man an, liegt sie in Gott oder den Göttern. Es mag eine Zeit gegeben haben, in der auch Menschen vollkommen waren, aber an einem bestimmten Punkt und aus verschiedenen Gründen verminderten sich ihre Kräfte, so daß sie nun auf immer in einem Zustand unvollkommenen Verstehens leben müssen. Zu glauben, daß wir gottgleich oder vollkommen seien, zählt sogar zu den schwersten Sünden, derer wir fähig sind. Die Griechen nannten diese Sünde Hybris. Die Christen nennen sie Hoffart oder Stolz. Die Wissenschaftler nennen sie Dogmatismus.

Das Leitmotiv dieser Geschichte ist die Tatsache, daß Menschen Fehler machen. Ständig. Es liegt in unserer Natur, Fehler zu machen. Kaum eine Stunde vergeht, ohne daß wir einen machen. »Beim Leibe Christi, ich flehe Euch an«, bat Oliver Cromwell, »haltet es für möglich, daß Ihr Euch irret.« Daß wir uns irren könnten, daß wir uns wahrscheinlich irren, ist die Bedeutung des »gefallen« im Bild des Gefallenen Engels. Die Bedeutung des »Engels« liegt darin, daß wir in der Lage sind, unsere Fehler zu korrigieren, vorausgesetzt, wir gehen ohne Hybris, Stolz oder Dogmatismus vor; vorausgesetzt, wir akzeptieren unseren kosmischen Status als die dem Irrtum unterworfene Spezies. Darin liegt die Möglichkeit unserer Rettung: In der Erkenntnis, daß wir die ganze Wahrheit nicht kennen und nicht kennen können, können wir uns ihr Zentimeter um Zentimeter nähern, indem wir ablegen, was wir als falsch durchschauen. Zumindest glauben wir das, bis wir sehen, daß sich die Wahrheit weiter und weiter von uns entfernt. Das ist eine traurige Geschichte – ihre melancholische Kraft ist im Mythos von Sisyphos eingefangen, in der Geschichte Hiobs und in vielen anderen auf der ganzen Welt. Aber es ist auch eine noble Geschichte und eine witzige. Ihr Humor drückt sich vielleicht am besten in dem jiddischen Sprichwort aus, das lautet: »Man tracht un Gut lacht« (Der Mensch denkt, und Gott lenkt). Das Sprichwort sagt uns genau, wie es um uns steht, ebenso wie die berühmten Zeilen des Omar im *Rhubbiyat*. »Der Finger bewegt sich und schreibt/hat er geschrieben, bewegt er sich weiter/Und all deine Frömmigkeit und all dein Witz können ihn nicht zurücklocken, auch nur eine halbe Zeile zu löschen/noch all deine Tränen, ein Wort fortzuwaschen.«

Die expliziteste und höchstentwickelte Form, in der diese Erzählung den Zustand der menschlichen Spezies verbessert, ist natürlich die der Wissenschaft. Dies bräuchte man kaum zu erwähnen, wenn nicht im Denken der breiten Bevölkerung und gewiß auch in den Schulen die Vorstellung herrschte, daß die Wissenschaft etwas anderes sei als eine Methode, um unsere Irrtümer zu korrigieren, nämlich eine Quelle absoluter Wahrheit. Ein solcher Glaube ist in sich selbst ein Beispiel für die Sünde des Stolzes, und kein Wissenschaftler von Selbstachtung wird sich ihm anschließen. »Die wissenschaftliche Methode«, schrieb Thomas Henry Huxley einmal, »ist nichts als der normale Arbeitsgang des menschlichen Denkens.« Das heißt, dieses Denken ist ständig damit beschäftigt, die eigenen Fehler zu korrigieren.

Wenn wir uns dieser Sicht der Dinge anschließen, kommen wir zu dem Schluß, daß Wissenschaft nicht mit Physik gleichzusetzen ist, noch mit Biologie oder Chemie – sie ist nicht einmal ein »Fach«, sondern ein moralischer Imperativ, der aus einer längeren Erzählung entnommen ist, deren Absicht darin besteht, der Erkenntnis Perspektive, Ausgewogenheit und Demut zu verleihen.

Es ist daher seltsam, daß es Wissenschaftler gibt, die jene Ungewißheit, die sie ihrem »Fach« gegenüber akzeptieren, ablegen, wenn es um soziale oder politische Doktrinen geht, und auf diesem Gebiet zu »wahren« und unerschütterlichen Gläubigen werden. Seltsamer noch, es gibt fromme Menschen, die trotz des Wissens um ihren »Fall« glauben, daß ihr Verständnis den Willen Gottes durchdrungen und erfaßt hat. Hier liegt ein Geheimnis, das an die Wurzel der Erziehung geht. Wie ist die Suche nach Gewißheit zu erklären, die sich so leicht in einen schäbigen, ungerechtfertigten und oft tödlichen Dogmatismus verkehrt? Das ist die Frage, mit der John Dewey ebenso rang wie Bertrand Russel und Dutzende anderer moderner Pädagogen und Philosophen, darunter auch jene, die antworten: »Lehrt kritisches Denken«, ohne die mindeste Idee, wie das zu machen sei, und ohne jede Reflexion über die psychologischen Ursachen des Widerstandes gegen einen auf kritisches Denken aufgebauten Lehrplan.

Es ist auch die Frage, der sich Jacob Bronowski in einem monumentalen Projekt unter dem Titel »The Ascent of Man« (Der Aufstieg des Menschen) zuwandte. Es war eine Fernsehserie mit dem dazugehörigen Buch. Obwohl Bronowski ein tief gläubiger Mann ist, verzichtete er darauf, von einer religiösen Metapher auszugehen. Er gebrauchte statt dessen als grundlegende Erzählung Werner Heisenbergs Unschärferelation, um zu sagen, daß alle menschliche Erkenntnis begrenzt ist. Heisenbergs Prinzip stellt fest, daß die Messung der Geschwindigkeit eines Atomteilchens seine Position verändert – und umgekehrt. Wir können also nie zugleich die Position und die Geschwindigkeit des Teilchens bestimmen. Obwohl dieses Prinzip sich nur auf subatomare Abläufe bezieht, ist es oft als Metapher für die grundlegende Ungewißheit menschlicher Erkenntnis gebraucht worden.

Bronowski nimmt nun eine gewisse Begriffsveränderung vor. Statt der Heisenbergschen Terminologie wie Unschärfe- oder Unbestimmtheitsrelation zieht er den Begriff des »Toleranzprinzips« vor. Seiner Meinung nach gibt es durchaus Wissen, dessen wir uns sicher sein können, aber ein solches Wissen bewegt sich immer in den Grenzen einer gewissen Toleranz, es bleibt beschränkt. Ja, wir wissen um viele Dinge, aber viele unserer Erkenntnisse sind auch falsch, und was sie ersetzt, könnte ebenso falsch sein. Und selbst das, was zutrifft und keine Verbesserung mehr zu erfordern scheint, ist in seiner Tragweite und Anwendbarkeit begrenzt.

Im letzten Teil seiner Fernsehserie steht Bronowski an einem Teich auf dem Gelände des Konzentrationslagers Auschwitz. Überreizt, fast wahnsinnig vor Schmerz über das, was Auschwitz symbolisiert, greift er, wie viele es vor ihm getan haben, auf eine religiöse Metapher zurück. »In diesen Teich«, sagt er, »wurde die Asche von vier Millionen Menschen gespült. Und das hat nicht das Gas getan. Das hat die Überheblichkeit getan. Das hat das Dogma getan... Wenn Menschen glauben, daß sie das absolute Wissen besitzen..., dann verhalten sie sich so. Dies ist es, was Menschen tun, wenn sie das Wissen von Göttern anstreben.«[2]

Am Ende, nachdem er das ganze historische Ringen der Menschheit um Erkenntnis hat Revue passieren lassen, bietet Bronowski eine einfache Lehre an: Wir müssen uns von dem Drang nach absoluter Erkenntnis heilen. Wie, das ist hier die Frage. Ein Kurs in »kritischem Denken« ist sicher nicht die Antwort. Auch ein Mehr an naturwissenschaftlichen Kursen wird nichts nützen. Die Deutschen hatten den anspruchsvollsten Wissenschaftslehrplan auf der Welt und brachten gläubige Nazis hervor. Die Russen taten es ihnen nach und brachten überzeugte Kommunisten hervor. Die Suche nach Gewißheit, nach absoluter Autorität, kann nicht durch Kurse oder neue Lehrpläne aufgehalten werden. Aber nehmen wir einmal an, das Ziel der Schulausbildung wäre die Heilung vom Drang nach absoluter Erkenntnis? Gehen wir einmal davon aus, wir nähmen die Idee ernst, daß wir uns selbst und anderen gefährlich werden können, wenn wir das Wissen von Göttern anstreben. Was dann?

Das amerikanische Experiment

Alle Kinder treten als Fragezeichen in die Schule ein und verlassen sie als Punkte. Das ist eine alte Redewendung, aber sie ist immer noch nützlich, wenn man darüber nachdenkt, wie die Schulbildung normalerweise abläuft. Sie ist auch in verschiedener Form auf andere Situationen und Institutionen anwendbar. Zum Beispiel könnten wir sagen, daß alle Nationen als Fragezeichen beginnen und als Ausrufezeichen enden. Das müssen einige Patrioten in Florida gedacht haben, als sie es zum Pflichtlehrstoff der Schulen machten, daß Amerika allen anderen Ländern überlegen sei. Sie scheinen zu denken, daß der Amerikanische Glaube ein Ausrufezeichen ist, ein fertiges Produkt, eine erledigte Frage. Aber diese Version der Bedeutung Amerikas – wenn denn wirklich irgend jemand an sie glaubt – führt direkt in die Blindheit, vor der Bronowski warnte.

Jede Schule außer jenen, die von separatistischen Ideologien zerrissen sind, versucht eine Geschichte über Amerika zu erzählen, damit die Schüler ein Gefühl des Nationalstolzes vermittelt bekommen. Die Schüler haben das verdient, und ihre Eltern erwarten es. Die Frage ist, wie bewerkstelligt man das, ohne daß es auf der einen Seite zu einem psychopathischen Nationalismus und auf der anderen Seite zu einer völligen Gleichgültigkeit kommt.

Es gibt eine Geschichte, die beide Extreme vermeidet. Sie hat den Vorzug, im großen und ganzen wahr zu sein, unsere Vergangenheit unter Einschluß unserer Fehler zu erklären, zur Teilnahme an der Gegenwart aufzufordern, Hoffnung für die Zukunft zu bieten. Es ist eine Geschichte, die den Glauben, Amerika sei allen anderen Ländern überlegen, nicht voraussetzt. In dieser Geschichte ist Amerika lediglich einzigartig, jung, bewundernswürdig und bietet unvergleichlich viel Raum für die menschliche Selbstverwirklichung. Kein Schüler und keine Schülerin kann von seinem oder ihrem Land mehr verlangen. Keine Schule kann mehr bieten.

Ich schlage deshalb vor, die Geschichte von Amerika als Experiment, als fortgesetztes und faszinierendes Fragezeichen zu lehren. Diese Geschichte schließt die Erfahrung jener ein, die hier vor der europäischen Invasion lebten, und die jener Europäer, die den Invasoren sowohl Schwierigkeiten machten als auch ihnen ihre Ideen schenkten. Denn schließlich hat jede Geschichte einen Prolog. Aber die Geschichte beginnt in Wirklichkeit, wie Abraham Lincoln es ausgedrückt hat, mit einer Reihe von verblüffenden und gefährlichen Fragen. Ist es möglich, eine Regierung des Volkes, für das Volk und durch das Volk zu haben? Und wer ist das Volk überhaupt? Und wie soll es sich selbst regieren? Und wie sollen wir Individuen vor der Macht des Volkes schützen? Und warum sollen wir das überhaupt tun?

Jeder Leser dieses Buches wird diese Fragen kennen, und viele mehr. Es ist nicht meine Absicht, eine Geschichtsstunde zu geben. Meine Absicht ist es, darauf aufmerksam zu machen, daß diese Fragen immer noch unbeantwortet sind und wohl immer unbeantwortet bleiben werden. Die amerikanische Verfassung ist kein Katechismus, sondern eine Hypothese. Sie ist weniger das Gesetz des Landes als ein Ausdruck der Lage im Lande, wie sie von verschiedenen Leuten zu verschiedenen Zeiten gedeutet worden ist. Stephen Carter, ein Juraprofessor an der Yale University, argumentiert in seinem Buch, *The Culture of Disbelief* (Die Kultur des Unglaubens), gegen jene, die glauben, sie wüßten, was der folgende Satz der Verfassung bedeutet: »Der Kongreß soll kein Gesetz verabschieden, in dem es um die Etablierung einer Religion oder das Verbot ihrer freien Ausübung geht.« Carter behauptet, Absicht dieser Klausel sei es, die Religion vor dem Staat zu schützen, nicht den Staat vor der Religion, wie viele andere Verfassungsrechtler meinen. Am 29. Juni 1994 berichtete die *New York Times* auf der Titelseite über eine Entscheidung des Obersten Gerichts in dieser Frage; sechs Richter waren anderer Meinung als Carter, drei stimmten seiner Auslegung zu. Vielleicht wird das Ergebnis das nächste Mal ganz anders aussehen. Ergebnisse sind wichtig, aber nicht so wichtig wie der Prozeß, der sie hervorbringt. Das ist eine Sichtweise, die gerade in Amerika niemanden überraschen sollte, da die Vereinigten Staaten das erste Land waren, das sozusagen ins Leben »argumentiert« wurde.

Die Unabhängigkeitserklärung ist ein Argument, und sie wurde auch als solches entworfen. Tom Paines *Die Menschenrechte* ist ein Argument – und sogar eines mit ernsten Makeln (bei weitem kein so zwingendes Argument, habe ich immer gedacht, wie das von Edmund Burke, das es widerlegen wollte). Alle Entscheidungen des Obersten Gerichts sind Argumente, einschließlich einiger hochpeinlicher – wie zum Beispiel der Dred Scott-Entscheidung, bei der einem die Lincoln-Douglas-Debatten einfallen, unsere bekanntesten und möglicherweise am besten aufgebauten Argumentationen.

Ich will damit natürlich nicht behaupten, daß alle Argumente, welche die Verfassung betreffen, von Leuten von der Qualität eines Jefferson, Paine oder Lincoln vorgebracht worden sind. Der Gedanke der Verfassung war von Anfang an, alle Menschen an den Diskussionen teilhaben zu lassen, solange sie nicht Sklaven, Frauen oder sehr arm waren (wenn es auch schwerfiele, sich jemanden vorzustellen, der ärmer war als Tom Paine). Durch Argumente (oder genauer, durch das Umschlagen der Argumentation in Krieg) kamen die Sklaven hinzu, und ihre Nachkommen sind heute unsere energischsten Streiter mit Worten. Dann die Frauen. Dann die Armen. Und schließlich begannen sich auch Schüler, Studenten, Homosexuelle und sogar, Gott bewahre uns, Radiomoderatoren in die große Diskussion einzumischen.

Unsere Geschichte erlaubt es uns zu behaupten, daß die grundlegende Frage des amerikanischen Experiments lautet: Kann eine Nation auf dem Prinzip fortgesetzter Diskussion aufgebaut, aufrechterhalten und bewahrt werden? Die Betonung liegt auf »fortgesetzt« ebensosehr wie auf »Diskussion«. Wir wissen, was geschieht, wenn die Argumente schweigen – dann fließt Blut, wie im Bürgerkrieg, als wir es aufgaben, miteinander zu streiten. Oder wie in anderen Kriegen, als wir aufhörten, mit anderen Völkern zu streiten, in ein oder zwei Fällen mit gutem Grund.

Natürlich haben alle Streitgespräche ein Thema, das sich in einer Reihe von Fragen ausdrückt: Was ist Freiheit? Wo liegen ihre Grenzen? Was ist der Mensch? Was sind die Pflichten eines Bürgers? Was bedeutet Bürokratie? Und so weiter. Zum Glück sind die Amerikaner weder die einzigen noch die ersten Menschen, die sich über diese Fragen streiten, was bedeutet, daß Antworten vorliegen – in den Analekten des Konfuzius, den Geboten Mose, den Dialogen Platos, den Aphorismen Jesu, den Weisungen des Koran, den Reden Miltons, den Dramen Shakespeares, den Manifesten von Marx, den Predigten Martin Luther Kings und in jeder anderen Quelle, die sich mit diesen Fragen ernsthaft auseinandergesetzt hat. Aber welche sind die richtigen Antworten? Wir wissen es nicht. Das ist der Haken an der Geschichte und zugleich ihre Schönheit und ihr Wert. Also streiten wir und experimentieren und erklären, trauern und jubeln und streiten noch ein wenig, ohne Ende. Was bedeutet, daß wir in dieser Geschichte nichts vor uns selbst zu verbergen brauchen, keine Scham dauert ewig an, keine Leistungen verdienen exzessiven Stolz. Alles fließt und verändert sich, je nach den besseren Argumenten und den Ergebnissen zukünftiger Experimente.

Dies, so scheint mir, ist eine sehr gute, edle Geschichte, die durchaus als Begründung der Schulerziehung dienen könnte: unsere Jugend mit dem Wissen und dem Willen auszurüsten, an dem großen Experiment teilzunehmen; ihnen beizubringen, zu argumentieren und zu streiten, ihnen bei der Entscheidung zu helfen, welche Fragen diskussionswürdig sind; und natürlich, ihnen sehr klar zu machen, was passiert, wenn die Argumente schweigen. Aus dieser Geschichte wird niemand ausgeschlossen. Jede Gruppe kann gute und schlechte Argumente vorbringen. Alle Gesichtspunkte sind zulässig. Das einzige, was wir zu befürchten haben, ist, daß jemand darauf besteht, ein Ausrufezeichen zu setzen, wenn wir noch nicht fertig sind. Wie in Florida.

Das Gesetz der Vielfalt

Amerika ist immer eine Nation aus Nationen gewesen, unsere Schulen waren schon immer »multikulturell«. Aber die Erzieher haben diese Tatsache früher nie betont, teilweise weil sie glaubten, daß die Schulbildung eine gemeinsame Kultur hervorbringen sollte, teilweise weil sie die Kulturen der Einwanderer gegenüber der weißen angelsächsischen Kultur für unterlegen hielten. Der zweite Gedanke ist zu Recht in Ungnade gefallen. Der erste funktioniert durchaus noch. Er spiegelt sich zum Beispiel in der Popularität der Idee einer »kulturellen Bildung«, wie sie von E. D. Hirsch entwickelt wurde. Er argumentiert, daß es die Aufgabe der Schule sei, eine gemeinsame Kultur zu schaffen. Diese sei aber nur dann möglich, wenn unsere Bürger einen »Wissenskern« als verbindlich erachteten, das heißt eine Kenntnis von Fakten der Geschichte, Literatur, Naturwissenschaft, Philosophie und Kunst, welche die Schule allen Schülerinnen und Schülern vermittelt. Nachdem er Experten der verschiedenen Gebiete konsultiert hatte, machte er sich die Mühe, Tausende von Namen, Orten und Ereignissen aufzulisten, welche den Faktenvorrat einer »kulturell gebildeten Person« konstituieren sollten. Seiner Meinung nach sollten die meisten dieser Kenntnisse den Kindern im Verlauf der Schulzeit beigebracht werden. Ich habe an anderer Stelle Hirschs Vorstellungen aus verschiedenen Gründen kritisiert.

Zu diesen zählten seine Gleichgültigkeit gegen die Notwendigkeit, der Schulbildung eine verbindliche Grundlage zu geben, und die offensichtliche Unmöglichkeit, solch eine Liste im »Informationszeitalter« aufzustellen, ohne sich totaler Willkür in die Arme zu werfen. Jeder Eintragung auf

Hirschs Liste stehen mindestens zehn andere gegenüber, deren Wichtigkeit mit der gleichen Überzeugung vertreten werden kann. Mit anderen Worten, Hirschs Liste ist keine Lösung des Problems, wie man eine gemeinsame Kultur schaffen kann, sondern ein unbeabsichtigter Ausdruck des Problems selbst. Deshalb habe ich in diesem Buch, in dem es auch um die Formung einer gemeinsamen Kultur geht, wenig Betonung auf die inhaltliche Seite, auf die Fakten gelegt, sondern vielmehr Gewicht darauf, welche Erzählungen glaubhaft sind. Wenn wir unseren Kindern einen Sinn für Bedeutung vermitteln wollen, wären wir mit Schindlers Liste sehr viel besser dran als mit Hirschs Liste.

Eines aber muß zu Hirschs Verteidigung gesagt werden. Seine Liste ist kein Argument gegen die Vielfalt. Sie ist in der Tat ein Feiern der Vielfalt. Selbst wenn man seine Liste nur flüchtig überfliegt, stellt man fest, daß sie Namen, Orte, Ereignisse und Ideen aus aller Welt enthält. Auch bedeutende künstlerische, intellektuelle und gesellschaftliche Beiträge kommen aus den unterschiedlichsten ethnischen Gruppen. Da Hirschs Liste für amerikanische Schüler und Studenten gedacht ist, war ihre Vielfalt unvermeidlich.

Der Gedanke der Vielfalt ist eine reichhaltige Erzählung, um die man die Erziehung der Jungen organisieren kann. Aber es gibt richtige Gründe, warum man dies tun sollte, und falsche. Der schlechteste Grund ist der, wie ich bereits erwähnt habe, die Tatsache der ethnischen Vielfalt zu gebrauchen, um einen Lehrplan der Vergeltung aufzustellen; das heißt einer Gruppe, die unterdrückt gewesen ist, die Möglichkeit zu geben, es dem Rest von Amerika heimzuzahlen, indem sie sich selbst exzessive Hervorhebung und Aufmerksamkeit zollt. Auch wenn der Impuls der Vergeltung verständlich ist, wird eine solche Perspektive zu den seltsamsten Verfälschungen, zu Zerrissenheit und Isolation führen. Das ist an sich nicht zum Lachen, aber es gibt einen Witz darüber, den Juden unter sich und über sich selbst erzählen: Der Schauplatz ist eine kleine Stadt in Rußland, etwa um 1900. Ein Jude bemerkt, daß in der Stadt Panik herrscht, Menschen laufen hin und her, rufen um Hilfe. Er hält einen weiteren Juden an und fragt ihn, was denn da vor sich gehe. Der sagt ihm, daß ein Zirkus in der Stadt gastiere und die Löwen aus ihren Käfigen entwichen seien. »Ist das gut oder schlecht für die Juden?« fragt er.

Der Witz macht sich über eine total selbstbezogene Haltung lustig, die keine Identifikation über die eigene Gruppe hinaus zuläßt. Genausogut könnte man fragen: Ist Shakespeare gut für die Juden? Es gibt unzweifelhaft gewisse jüdische Sekten, die in der Tat antworten würden, daß er »schlecht für die Juden« sei, weil zum Beispiel jede weltliche Bildung als Ablenkung von den Studien des Talmud betrachtet wird und angeblich zur Verwässerung der Frömmigkeit führt. Aber das ist genau der Punkt. Solche Sekten haben ihre eigenen Schulen und ihre eigenen Erzählungen, und sie wollen gar nicht, daß ihre Kinder die öffentlichen Schulen besuchen. Eine Erziehung, die eine fast ausschließliche Konzentration auf die eigene Gruppe fördert, mag ihren Wert haben, aber sie steht der Idee einer öffentlichen Erziehung und dem Wachstum einer gemeinschaftlichen Kultur feindlich gegenüber. Sicher wird es Anlässe geben, bei denen die Frage, ob dies gut oder schlecht für Schwarze oder Latinos oder Koreaner sei, natürlich und angemessen ist. Aber die Pointe des Witzes liegt darin, daß in eine Gesellschaft, in der alles durch die Brille des Ethnizismus gesehen wird, Isolation, Beschränktheit und Feindseligkeit – zuweilen sogar in absurder Zuspitzung – einziehen werden.

Es gibt noch einen weiteren Grund für die Betonung der Vielfalt, dem man skeptisch gegenüberstehen kann. Ich meine das psychologische Argument, die Selbstachtung von Schülern einer ethnischen Gruppe könne dadurch gehoben werden, daß man die Leistungen ihrer Gruppe betont. Dies besonders, wenn auch die Lehrer dieser ethnischen Gruppe angehören. Ich weiß nicht, ob das zutrifft oder nicht, aber man muß, glaube ich, daran erinnern, daß es der grundlegenden Idee der öffentlichen Erziehung, die auf eine gemeinschaftliche Kultur zielt, zuwiderläuft. Ein zu geringes Selbstgefühl ist ein wirkliches Problem, aber die pädagogische Antwort darauf kann sicherlich nicht die Überhöhung der eigenen Gruppe sein, vielmehr müssen die Schülerinnen und Schüler lernen, etwas zu achten, das anders ist als sie selbst. Dies ist ein Punkt, den Cornel West betont hat – und zwar sowohl in Hinsicht auf Weiße wie auf Schwarze. Nach einer Untersuchung der zerstörerischen Wirkungen eines Rassenbewußtseins, das zu Armut und Paranoia führt, schließt er sein Buch *Race Matters* (»Rasse bedeutet viel« oder »Rassenfragen«) mit den Worten: »Wir können nicht in diesem Kriegszustand jedes gegen jeden ins nächste Jahrhundert gehen... Wir stehen an einer entscheidenden Wegscheide in der Geschichte unserer Nation – und entweder wir schließen uns im Kampf gegen diese spaltenden und degradierenden Kräfte zusammen, oder wir gehen in unserer Isolation unter.«[3] Ich interpretiere dies als einen tiefempfundenen Appell, uns und unsere Kinder mit einer umfassenden Erzählung auszustatten, die einen konstruktiven und einigenden Gebrauch von Vielfalt macht.

Glücklicherweise gibt es eine solche Erzählung. Sie hat sowohl eine theoretische als auch eine praktische Komponente. Die theoretische Komponente ist wissenschaftlicher Natur, sie wird abstrakt im zweiten Hauptsatz der Thermodynamik ausgedrückt. Die Wärmelehre sagt uns, daß Energie weder geschaffen noch zerstört werden kann (der erste Hauptsatz), daß sie aber durch Ausgleich weniger nutzbar wird. Diese Tendenz wird Entropie genannt und bedeutet grundsätzlich, daß alles im Universum auf Ausgleich zustrebt, und wenn Materie einen Gleichgewichtszustand erreicht, ist ihr keine Energie mehr zu entziehen. Dieser Gedanke wäre ziemlich deprimierend, wenn es im Universum nicht sogenannte »negentropische« Kräfte gebe, Energien, welche verzögernd auf den Ausgleichsprozeß wirken und die Dinge in Bewegung halten, so daß sie – aus menschlicher Sicht – nutzbar bleiben. Jedesmal, wenn wir unsere Wohnungen oder Straßen reinigen, wenn wir Informationen einsetzen, um ein Problem zu lösen, wenn wir eine Tagesordnung aufstellen, bekämpfen wir die Entropie, nutzen Intelligenz und Energie, um den unvermeidlichen Verfall der Organisation zu überwinden, genauer gesagt, zu verzögern.

Die Physiker beschreiben all das in mathematischen Kodierungen und sind nicht immer davon angetan, wie der Rest von uns ihre Vorstellungen von Entropie und Negentropie benutzen. Aber das Universum ist ebenso unsere Sache wie die ihre, und wenn man dem Universum Lehren entnehmen kann, müssen wir ihnen Aufmerksamkeit schenken. Die offensichtliche Lehre besteht in diesem Fall darin, daß Gleichheit die Feindin von Vitalität und Kreativität ist. In praktischer Sicht kann man das in jedem Bereich menschlichen Handelns feststellen. Stagnation tritt ein, wenn nichts Neues und Unterschiedliches von außen in das System eintritt.

Die englische Sprache ist ein großartiges Beispiel dieser Lehre; ebenso die lateinische. Englisch ist eine relativ junge Sprache, nicht mehr als fünfhundert Jahre alt – wenn wir einmal voraussetzen, daß Chaucer der erste wirklich englische Autor war. Das Englische begann seine Reise als eine germanische Sprache, die sich dann durch die Aufnahme französischer Elemente zu wandeln begann. Dann kam ein wenig Italienisch hinzu. Und dann hieß es neue Wörter und Formen willkommen, die englischsprechende Menschen in allen Winkeln des Erdballs entwickelt hatten.

T. S. Eliot hat einmal gesagt, daß Englisch für einen Poeten die beste Sprache sei, da es die Rhythmen vieler Sprachen enthalte. Darüber kann man vielleicht streiten. Nicht bestreitbar ist dagegen die Tatsache, daß Englisch sehr schnell zur globalen Sprache wird, ein größeres Vokabular besitzt als jede andere Sprache und seinen Einfluß überall geltend macht (sehr zum Schmerz der Franzosen, die die Bedeutung der Vielfalt nicht begriffen haben und ihre Energien darauf richten, Veränderungen ihrer Sprache zu verhindern). Englisch ist, kurz gesagt, die vielfältigste Sprache der Erde, und aus dieser Vielfalt zieht sie ihre Vitalität und Kreativität.

Das Lateinische dagegen ist eine tote Sprache. Sie ist tot, weil sie sich lange Zeit jeder Veränderung verschloß, insbesondere Veränderung von außen. Jene, die lateinisch sprechen und schreiben, sprechen und schreiben es, wie es seit Jahrhunderten gesprochen und geschrieben worden ist. Andere Sprachen bezogen Kraft aus dem Lateinischen, nahmen sich, was sie zur eigenen Bereicherung brauchten. Aber Latein erhielt von außen keine Impulse, wodurch seine Nützlichkeit stark eingeschränkt wurde.

Wann immer eine Sprache oder Kunstform sich verfestigt oder erstarrt, sich ganz auf die eigene Substanz stützt, wird sie mit Entropie bestraft. Wann immer Differenz zugelassen wird, entsteht daraus Wachstum und Stärke. Es gibt heute wie in der Vergangenheit keine blühende Kunstform, die sich nicht auf den Schwingen der Vielfalt entwickelt hätte – amerikanische Musiker, die afrikanische Rhythmen übernahmen, südamerikanische Architekten, die skandinavische

Ideen fruchtbar machten, deutsche Maler, die Inspiration in exotischen Vorbildern fanden, französische Filmemacher, die von japanischen Techniken beeinflußt wurden.

Man kann das Gesetz der Vielfalt sogar in der genetischen Information feststellen, die wir weitergeben, wenn wir uns fortpflanzen. In den Fällen, da die Heirat auf Mitglieder derselben Familie begrenzt ist – wo Leute, um es radikal auszudrücken, sich selbst klonen –, entstehen entropische Defekte eher als in Fällen, wo Differenz erlaubt ist. Wir können sogar soweit gehen, zu sagen, daß die Gleichheit nicht nur die Feindin der Vitalität ist, sondern auch kulturelle und körperliche Spitzenleistungen verhindert. Denn wo es wenige oder gar keine Differenzen gibt – in der Genstruktur, in der Sprache, in der Kunst –, ist es kaum möglich, ein hohes Niveau im Sinne von Leistungsstandards zu entwickeln. Ich bin mir der Tatsache bewußt, daß es hierzu auch ganz entgegengesetzte Stimmen gibt. Sie meinen, daß die gesellschaftliche Vielfalt jeden Standard ausschließt; zu viele Gesichtspunkte, zu viele verschiedene Traditionen, zu viele unterschiedliche Zielsetzungen; deshalb, so schließen sie, macht die Vielfalt aus uns allen Relativisten.

Auf theoretischer Ebene könnte das eine interessante Debatte ergeben. Aber aus praktischer Sicht lehrt uns die Erfahrung, daß die Vielfalt in der Tat zu einer Bereicherung auch im Sinne einer höheren Leistung führt. Während der Wochen der letzten Fußballweltmeisterschaft spielten Mannschaften aus allen Teilen der Welt in Amerika – Nigeria, Saudi-Arabien, Marokko, Kamerun, Argentinien, Brasilien, Deutschland, Italien und viele andere. Jede Mannschaft brachte eine spezielle Tradition und einen eigenen Stil mit in ihre Spiele. Die Deutschen waren methodisch und effizient, die Brasilianer flamboyant, die Italiener emotional. Sie waren alle gut, aber unterschiedlich, und sie wußten alle, was »gut« in ihrem Fall bedeutet. Die Amerikaner hatten keinen Stil und noch weniger eine Tradition, und obwohl sie sich tapfer hielten, schieden sie recht früh aus. Ich wüßte nicht, daß sie sich darüber beklagt hätten, ausgeschieden zu sein, weil sie einen anderen Begriff von »gut« hatten.

Solch eine Behauptung wäre auch herabsetzend für sie, ebenso herabsetzend wie die Aussage über japanische oder peruanische Künstler, daß ihre Arbeiten sich so stark von anderen Traditionen unterschieden, daß sie nicht beurteilt werden könnten. Ihre Werke sind natürlich anders als die anderer Nationen, aber das heißt nicht, daß der Begriff von Exzellenz bedeutungslos wird, sondern daß der Rest der Welt seine Vorstellung von »gut« ausweitet und bereichert. Zugleich sind unsere erweiterten Standards von Qualität, da wir alle Menschen sind, durchaus erkennbar und verständlich. In der Malerei suchen wir nach Feinheit, Einfachheit, Gefühl, handwerklichem Können, Originalität und Ausgewogenheit – Qualitäten, die Maler in aller Welt anstreben, so wie Dramatiker Charakter, Einsichtigkeit, Glaubwürdigkeit und Emotionalität auszudrücken suchen. Niemand wird Arthur Miller vorwerfen, daß er im *Tod des Handlungsreisenden* keine iambischen Pentameter benutzt hat. Aber das, was dieses Drama »gut« macht, unterscheidet sich nicht so sehr von dem, was *Macbeth* »gut« macht. Vielfalt bedeutet keine Auflösung von Standards, ist auch kein Argument gegen Standards schlechthin, führt nicht in einen chaotischen, verantwortungslosen Relativismus. Sie ist ein Argument für die Ausweitung und die Anpassungsfähigkeit von Standards, eine Ausweitung, die sich auf Zeit und Ort erstreckt und die durch die Differenzen von Geschlecht, Religion, Nationalität und anderer Kategorien menschlichen Seins und Handelns geformt wird.

Die Geschichte dessen, wie Sprache, Kunst, Politik, Wissenschaft und die meisten Ausdrucksformen menschlichen Handelns durch die Vermischung verschiedener Ideen gewachsen sind, vitaler gemacht und bereichert wurden, ist daher ein Weg, die Schulerziehung zu organisieren und den jungen Menschen ein Gefühl des Stolzes auf menschliche Leistungen zu vermitteln. Im Rahmen dieser Geschichte lesen wir Gabriel Garcia Márquez nicht, um Schülerinnen und Schüler lateinamerikanischer Abstammung glücklich zu machen, sondern weil seine Romane herausragende Beispiele der Weltliteratur sind. Daß Emily Dickinson und Edna St. Vincent Millay Frauen waren, ist nicht irrelevant, aber wir verlangen die Lektüre, weil ihre Gedichte gut sind, nicht weil wir etwas für den Feminismus tun wollen.

Aus demselben Grund lesen wir Whitman und Langston Hughes, nicht weil der eine ein Homosexueller war und der andere ein Afro-Amerikaner. Lehren wir Einstein, weil er Jude war? Marie Curie, weil sie Polin war? Aristoteles, weil er Grieche war? Konfuzius, weil er Chinese war? Cervantes, weil er behindert war? Hören wir uns die Musik von Grieg an, weil er ein kleinwüchsiger Norweger, oder die Beethovens, weil er ein tauber Deutscher war?

In der Geschichte der Vielfalt lernen wir aus zwei Gründen etwas über diese Menschen: weil sie nachweisen, daß die Vitalität und Kreativität der Menschheit von Vielfalt abhängt, und weil sie Standards gesetzt haben, nach denen zivilisierte Menschen sich richten. Das Gesetz der Vielfalt macht uns auf die Weise alle zu intelligenten Menschen.

Die Wort-Weber • Die Welt-Macher

Ich hatte das Glück, eine Vorlesung von Elizabeth Eisenstein zu hören, der Autorin einer monumentalen, zweibändigen Studie über die Druckerpresse als Instrument kulturellen Wandels. Nach der Vorlesung wurde sie unter anderem gefragt, wie sie gerade auf dieses Thema gestoßen sei. Sie erzählte dem Auditorium, daß ihre Lehrerin in der sechsten Klasse die Bemerkung gemacht habe, die Erfindung der Druckerpresse mit beweglichen Lettern sei einer der großen Fortschritte menschlicher Zivilisation und fast mit der Entwicklung der Sprache selbst zu vergleichen. Diese Bemerkung nahm sich die junge Elizabeth sehr zu Herzen. Aber dann geschah etwas Seltsames. Das Thema wurde nie wieder erwähnt. Es wurde weder in der Junior High School, noch in der Senior High School, noch im College wieder aufgenommen. Glücklicherweise aber war es in ihrem Gedächtnis festgeschrieben, und sie entschloß sich dann, eine detaillierte Erklärung dessen zu unternehmen, was ihre Lehrerin in der sechsten Klasse gemeint haben mußte.

Daß so etwas geschehen kann, ist zugleich erschreckend und wenig überraschend. Die Schule ist berüchtigt dafür, einige der wichtigsten Ereignisse menschlicher Geschichte einfach zu »vergessen«. Mir selbst ist etwas ganz ähnliches passiert, als ich Schüler in der fünften Klasse einer Mrs. Soybel war. Sie legte großen Wert auf Sprache und freies Sprechen, insbesondere auf die Aussprache, da sich die Schule in Brooklyn, New York, befand, und man davon ausging – was auch heute noch zutrifft –, daß Leute aus Brooklyn eine sehr eigene, unkorrekte Aussprache haben. Einer meiner Klassenkameraden, Gerald Melnikoff, wurde aufgerufen, etwas mündlich vorzutragen, und sein Genuschel erregte den pädagogischen Zorn Mrs. Soybels. Sie sagte Arthur, er spreche, als hätte er Murmeln im Mund; dann wandte sie sich der ganzen Klasse zu und verkündete, daß die Sprache das größte Geschenk Gottes an die Menschheit sei. Unsere Fähigkeit zu sprechen, sagte sie, sei es, was uns menschlich mache, und das dürften wir nie vergessen. Ich nahm das ernst. Ich erinnere mich sogar, daß es mir aus irgendeinem Grund Angst machte.

Aber wie bei Elizabeth Eisenstein und der Druckerpresse tauchte das Thema nie wieder auf; gewiß nicht in Mrs. Soybels Unterricht. Sie war eine sehr gute Lehrerin in Rechtschreibung, Grammatik und Schreiben, und sie brachte uns bei, die Murmeln aus dem Mund zu entfernen, wenn wir sprachen. Aber die Rolle der Sprache im Prozeß unserer Menschwerdung verschwand. Ich nahm ihr das nicht übel – immerhin hatte sie zumindest den Gedanken erwähnt –, aber ich wartete darauf, daß das Thema in der Junior High School, in der Senior High School, im College wieder auftauchte. Ich wartete vergebens. Wann immer über Sprache diskutiert wurde, geschah dies im Kontext sprachlicher Kompetenz als eines nützlichen Werkzeugs; ganz bestimmt nicht als eines Gottesgeschenks und nicht einmal eines Werkzeugs, das uns menschlich macht.

Natürlich muß man Gott weder buchstäblich noch metaphorisch anrufen, um die Geschichte der Sprache und der Menschwerdung zu erzählen, die Geschichte der Wort-Weber des Planeten. Damit will ich nicht sagen, daß diese Geschichte ohne Geheimnis ist. Niemand weiß zum Beispiel, wann wir anfingen zu sprechen. War es vor 50.000 Jahren oder 100.000 Jahren, oder ist es noch länger her? Niemand weiß auch nur, *warum* wir anfingen zu sprechen. Die übliche Antwort lautet, daß die Sprache ausschließlich als funktionaler Mechanismus entstand – ohne Sprache konnte die Spezies nicht überleben. Irgend jemand mußte einfach ausdrücken können: »Der Tiger versteckt sich hinter dem Baum.« Aber es gibt dazu weit auseinandergehende Meinungen. Susanne Langer zum Beispiel glaubt, daß etwas in unserem Gehirn geschah, das in uns das Bedürfnis schuf, die Welt durch Symbole zu verändern.[4] Vielleicht um uns in unserer Freizeit etwas Interessantes zu tun zu geben, vielleicht auch einfach aufgrund einer rein ästhetischen Freude daran. Wir wurden zu Symbol-Machern, nicht um uns vor den Zähnen des Tigers zu retten, sondern aus irgendeinem anderen Grund, der ein Geheimnis bleibt.

Natürlich entdeckten wir irgendwann, daß die Sprache auch beim Geschäft des Überlebens nützlich sein konnte, aber das war nicht der Grund, warum wir anfingen, mit uns selbst und anderen zu sprechen. Ich stelle das Mit-uns-selbst-Sprechen voran, weil wir sicherlich mehr Zeit damit verbringen, mehr Wörter aufwenden, mehr davon bewegt werden, wenn wir mit uns selbst reden als mit anderen. Jeder von uns ist, um einen Ausdruck von Wendell Johnson zu borgen, sein eigener verzaubertster Zuhörer. Vielleicht hat Langer recht. Warum reden wir mit uns selbst? Verbessert das unsere Überlebenschancen? Was ist so wichtig daran, ständig mit uns selbst reden zu müssen – selbst dann noch, wenn wir schlafen?

Eine Antwort könnte die Schule mit einem grundlegenden Organisationsprinzip ausstatten. Sie besagt, daß wir Sprache gebrauchen, um die Welt zu erschaffen, was heißen soll, daß die Sprache nicht nur ein Vehikel des Gedankens ist, sondern auch, wie Wittgenstein gesagt hat, der Fahrer. Wir fahren, wohin sie führt. Es gibt ohne Zweifel auch eine Welt ohne Wörter. Aber im Gegensatz zu allen anderen Geschöpfen auf dem Planeten haben wir Zugang zu ihr nur durch die Welt der Wörter, die wir selbst geschaffen haben und zu schaffen fortfahren. Die Sprache erlaubt uns, die Dinge zu benennen, aber mehr als das, sie verweist auch auf die Gefühle, die wir mit den Dingen, die wir benennen, üblicherweise assoziieren sollten. Noch weitergehend kontrolliert die Sprache auch, welche Dinge benannt werden, welchen Dingen unsere Aufmerksamkeit zukommen sollte.

Die Sprache sagt uns sogar, welche Dinge Dinge sind. In unserem Sprachgebrauch ist der »Blitz« ein Ding, auch die »Welle« oder die »Explosion«. Selbst Ideen erscheinen als Dinge. Die Sprache bringt uns zum Beispiel dazu zu glauben, daß »Zeit« auf einer geraden Linie von »gestern« über »heute« zu »morgen« verläuft. Wenn wir uns fragen: Wohin ist gestern gegangen? Wo wartet morgen?, bekommen wir vielleicht ein Gefühl dafür, in welchem Maße diese Wörter eher Ideen als Dinge sind, und wie sehr die Welt, wie wir sie uns vorstellen, ein Produkt dessen ist, wie wir sie benennen. Man kann der Tatsache nicht entrinnen, daß wir eine Welt erschaffen, wenn wir einen Satz bilden. Wir organisieren sie, machen sie formbar, verstehbar, nützlich. Am Anfang war das Wort. Am Ende – wohl auch. Nimmt irgend jemand das ernst?

Vielleicht hat Mrs. Soybel es ernstgenommen, glaubte aber, wir wären zu jung, um den Gedanken erfassen zu können. Wenn das so war, hat sie einen Fehler gemacht. Es gibt viele Wege, auf denen man jungen Menschen die Verbindung zwischen Sprache und dem »Machen« der Welt nahebringen kann. Und sie machte noch einen weiteren Fehler, einen recht verbreiteten, als sie ihren Schülerinnen und Schülern den Eindruck vermittelte, das Entscheidende an der Sprachbeherrrschung seien Rechtschreibung und Aussprache – zum Beispiel, daß der Name unserer Stadt »Nju Jork« ausgesprochen werde und nicht, wie in

Brooklyn üblich »Nuu Jaak«. Natürlich könnte man dem entgegenhalten, daß Mrs. Soybel schon viel getan habe, wenn sie uns korrekte Rechtschreibung und Aussprache beibrachte.

Aber trifft das auch auf die Lehrerinnen und Lehrer in den höheren Klassen oder gar im College zu? Sie lassen sich gleich mehrere gute Gelegenheiten entgehen, wenn sie die Geschichte der Menschen als »Welt-Macher« vernachlässigen. Sie werden zum Beispiel kaum den Gedanken vermitteln können, daß unser Sprachgebrauch eine moralische Dimension besitzt. In der Bibel wird uns gelehrt, den Namen des Herrn nicht leichtfertig im Munde zu führen. Welche anderen Namen sollten wir nicht leichtfertig gebrauchen? Und warum nicht? Eine Antwort wäre, daß die Sprache zwischen dem Heiligen und dem Profanen unterscheidet und auf diese Weise unser Moralgefühl determiniert. Der verantwortungslose Umgang mit der Sprache ist nicht nur ein gesellschaftlicher Verstoß, er bedroht auch unsere Vorstellungen dessen, was gut und böse, was erlaubt und was nicht erlaubt ist. Gebraucht man die Sprache, um das Unentschuldbare zu entschuldigen (was, wie George Orwell behauptete, viele von uns gewohnheitsmäßig tun) oder um gewisse Menschengruppen als nicht-menschlich auszugrenzen oder um Unterschiede zu verwischen und zu lügen, um mehr zu sagen, als man wissen *kann* – so sind dies alles moralische Verstöße, die man auch mit makelloser Grammatik und Rechtschreibung begehen kann. Unser Umgang mit der Sprache hat fast immer eine moralische Dimension, ein Punkt, der von vielen großen Philosophen von Konfuzius und Plato bis zu Bertrand Russell und John Dewey betont worden ist. Wie ist es möglich, daß ein Lehrer, egal auf welcher Ebene, das ignorieren kann?

Die Sprache hat natürlich auch eine soziale Dimension.

Mrs. Soybel hat das durchaus verstanden, wenn auch nur zum Teil. Ihre pädagogische Absicht war es, der Bande von Brooklyner Kindern vor ihr eine Aussprache beizubringen, die sie linguistisch wenn nicht an Oxford-Professoren, so doch an amerikanische Firmenmanager annäherte. Was sie dabei wahrscheinlich nicht bedacht hat, ist die Tatsache, daß wir mit dem Wandel unserer Sprache auch unseren Geschmack, unser Schönheitsempfinden, unsere Leidenschaften, sogar unsere Loyalitäten veränderten. Vielleicht wußte sie das nicht – auf jeden Fall wurde diese Frage niemals diskutiert, und man hatte als Schüler auch keine Wahl. Würden diese Veränderungen uns unseren Eltern, Verwandten, Freunden entfremden? War etwas Verwerfliches daran, aus der »Arbeiterklasse« zu kommen? Welche neuen Vorurteile wurden da gebildet? Welche alten standen plötzlich als »unmöglich« da?

Wenn wir die Welt durch das Prisma unserer neuen Sprache sahen, wie wirkte sich das auf unser Leben aus: würde es uns besser oder schlechter machen? Dies sind Fragen von großer Bedeutung, und sie müssen heute – im Zeitalter der »political correctness« – neu und ernsthaft durchdacht werden. In welcher Hinsicht verändern *wir* uns, wenn wir die Namen der Dinge ändern? Welche neuen gesellschaftlichen Haltungen erzeugt das? Wie mächtig sind unsere alten Bezeichnungsformen?

Dies sind Dinge, die im Zentrum der Pädagogik stehen sollten. Es geht hier nicht bloß darum, wie wir anderen erscheinen, sondern auch darum, wie wir die Erscheinungen der Welt erforschen. Ebenso wichtig ist die Frage, inwieweit die Sprache den Gebrauch unseres Intellekts kontrolliert, das heißt, inwieweit die Ideen von der Sprache unsere Vorstellungen beherrschen. Aristoteles glaubte, er hätte universelle Gesetze des Denkens entdeckt, während er in Wirklichkeit nur die logischen Regeln der griechischen Syntax erklärte. Wären die Griechen an Fremdsprachen interessiert gewesen, wäre er vielleicht zu einem ganz anderen Schluß gekommen.

Die mittelalterlichen Kleriker glaubten, daß jedem Wort der Sprache etwas in der Welt entsprechen müsse – was sie in so fruchtlose Debatten abgleiten ließ wie über die Frage, wie viele Engel auf der Spitze einer Nadel tanzen könnten. Der bekannte deutsche Philosoph Martin Heidegger glaubte, daß nur die deutsche Sprache die subtilsten und tiefsten philosophischen Erkenntnisse ausdrücken könne. Vielleicht meinte er damit unbegreifliche Erkenntnisse. Wie auch immer, seine Behauptungen werden schon durch die Tatsache geschwächt, daß er ein Anhänger Adolf Hitlers und Mitglied der Nazipartei war. Ihm war offensichtlich nicht restlos klar, was Subtilität und Tiefe bedeuteten.

In dem Maße, wie irgend jemandem unter uns irgend etwas klar wird, geschieht dies durch die bewußte Wahrnehmung, wie wir die Sprache gebrauchen, wie die Sprache uns gebraucht und welche sprachlichen Mittel uns zur Verfügung stehen, um die Welt, die wir selbst erschaffen, zu begreifen.

All dies ist Teil der großen Geschichte, die davon handelt, wie Menschen Sprache gebrauchen, um die Welt zu verändern – ein Prozeß, in dessen Verlauf sie selbst wiederum von ihrer eigenen Erfindung verändert werden.

Die Geschichte endete natürlich nicht mit der Erfindung der Sprache. Dort begann sie vielmehr, was Mrs. Soybel gemeint haben mag, als sie sagte, daß die Sprache uns zu Menschen gemacht habe. Die Geschichte entfaltete sich mit vielen fantastischen neuen Wendungen, als der Mensch Ersatzsprachen ersann, um seine Wirkungskraft zu erweitern: die Buchdruckerkunst, die Telegrafie, die Fotografie, das

Radio, den Film, das Fernsehen und den Computer. Sie alle legten Schnitte durch die Welt, setzten sie in Rahmen und Grenzen, vergrößerten sie, verkleinerten sie. Wenn man all das unter dem Begriff des Menschen als Werkzeugmacher zusammenfaßt, verfehlt man den zentralen Punkt dieser Geschichte. Wir sind die »Welt-Macher« und die »Wort-Weber«. Das ist es, was uns klug und dumm macht, moralisch und unmoralisch, tolerant und engstirnig. Das ist es, was uns menschlich macht. Ist es möglich, den Schülerinnen und Schülern in der Schule diese Geschichte zu erzählen? Sie nachforschen zu lassen, wie die Menschheit über die Kontrolle der sprachlichen Codes, mit der sie die Welt erfaßt, fortschreitet? Sie lernen zu lassen, was geschieht, wenn wir die Kontrolle über unsere eigenen Erfindungen verlieren? Dies mag die größte unerzählte Geschichte sein. In der Schule.

TEIL ZWEI

EINFÜHRUNG

Was Sie gerade im Ersten Teil gelesen haben, ist, um einen berühmten Weisen zu paraphrasieren, die Doktrin; was im Zweiten Teil folgt, ist der Kommentar. Aber ich beeile mich hinzuzufügen, daß ich nicht den Anspruch erhebe, die fünf Erzählungen, die ich vorgestellt habe, erschöpften alle Möglichkeiten. Sie erschöpfen lediglich meine Phantasie. Ich bezweifle nicht, daß es weitere Ideen gibt, die achtbare, humane und substantielle Gründe für die Schulerziehung liefern können. Die Absicht dieses Buches ist nicht nur, Gründe anzuführen, die als Grundlage der Erziehung Sinn machen, sondern auch, eine ernste Diskussion *über* Gründe schlechthin anzustoßen. Nicht über Schulpolitik, Schulmanagement, Schulbewertung und andere technische Dinge. Die sind wichtig, aber man sollte sich ihnen erst zuwenden, *nachdem* Entscheidungen darüber gefallen sind, wozu Schulen da sind. Ohne meinen Kollegen allzu nahe treten zu wollen, scheint mir, daß unter jenen, die mit Schulen zu tun haben, also Verwaltern, Lehrern, Schülern, Eltern, Politikern, Verlegern und Pädagogikprofessoren, den letzten am wenigsten daran gelegen ist, über Gründe zu sprechen, wobei die ersten ihnen nicht viel nachstehen. Vielleicht täusche ich mich, aber in jedem Fall können wir das Leben unserer jungen Leute nur verbessern, wenn alle Seiten sich mit Begeisterung und Entschiedenheit an dieser Diskussion beteiligen.

Teil Zwei möchte zu diesem Gespräch beitragen, indem er den Erzählungen, die in Teil Eins umrissen worden sind, Substanz verleiht. Ohne diese Substanz könnten die Erzählungen abstrakt, unverbindlich und möglicherweise unpraktikabel erscheinen. Im folgenden möchte ich zeigen, daß sie nichts dergleichen sind.

KAPITEL FÜNF
Das Raumschiff Erde

Da ich gerade gesagt habe, daß die im letzten Kapitel beschriebenen Erzählungen abstrakt erscheinen könnten und daß ich beabsichtige, sie hier mit Substanz zu erfüllen, werde ich das Risiko auf mich nehmen, mit einer Fabel zu beginnen. Was könnte abstrakter sein als eine Fabel? Der Leser könnte sehr dazu beitragen, meine Besorgtheit zu lindern, wenn er sich erstens daran erinnern würde, daß dies eine Fabel und kein Lehrplan ist, und daß er sich zweitens nicht mit Zweifeln über ihre Praktikabilität belasten sollte. Darum können wir uns kümmern, wenn es um die Moral der Geschichte geht.

Eine Fabel

Einmal, vor langer Zeit, kam das zivilisierte Leben in New York beinahe zum Stillstand. Die Straßen waren von Unrat und Schmutz übersät, und weit und breit war niemand zu sehen, der sie reinigte. Die Luft und die Flüsse waren verpestet, und niemand fand sich, der sie hätte säubern können. Die Schulen waren heruntergekommen, und niemand glaubte mehr an sie. Jeder Tag brachte einen neuen Streik, und jeder Streik bedeutete neue Lasten für die Menschen der

Stadt. Verbrechen und Zwietracht und Unordnung und Unhöflichkeit herrschten überall, wohin man blickte. Die Jungen wandten sich gegen die Alten. Die Arbeiter gegen die Studenten. Die Stadt war bankrott.

Als ihre Verzweiflung einen Höhepunkt erreicht hatte, trafen sich die Stadtväter, um zu überlegen, was sie tun konnten. Aber ihnen fiel kein Rezept ein, sie selbst waren mutlos, und ihre Phantasie war von Haß und Verwirrung gelähmt. Dem Bürgermeister blieb nichts anderes übrig, als den Notstand auszurufen. Er hatte dies zuvor bei Schneestürmen und Elektrizitätsausfällen getan, aber jetzt, meinte er, sei dies ebenso berechtigt. »Unsere Stadt«, sagte er, »wird belagert – wie die antiken Städte Jericho und Troja. Aber unsere Feinde sind Trägheit und Armut, Gleichgültigkeit und Haß.«

Wie Ihr seht, war er ein sehr weiser Bürgermeister, aber nicht weise genug, um einen Weg zu finden, diese Feinde zu besiegen. Also lebte die Stadt offiziell im Notstand, und weder der Bürgermeister noch sonst jemand wußte einen Rat, wie man die Lage verbessern konnte. Aber dann geschah etwas Außergewöhnliches.

Einer der Mitarbeiter des Bürgermeisters, der wußte, was die Stadt erwartete, hatte sich entschlossen, mit seiner Familie aufs Land zu flüchten. Um sich auf seinen Umzug in diese fremde Umgebung vorzubereiten, las er Henry David Thoreaus *Walden*. Man hatte ihm gesagt, dies sei ein Handbuch für das Überleben in der Natur. Bei der Lektüre stieß er auf die folgende Passage: »Schüler sollten das Leben nicht nachspielen oder es nur studieren, während die Gemeinde sie bei diesem teuren Spiel versorgt, sie sollten es ernsthaft vom Anfang bis zum Ende leben. Wie könnten Jugendliche besser lernen, als indem sie ab sofort das Experiment des Lebens erprobten?«

Der Mitarbeiter des Bürgermeisters spürte sofort, daß er da auf eine außerordentliche Idee gestoßen war. Er zeigte den Absatz dem Bürgermeister, der sehr traurig war und nicht in der Stimmung, Bücher zu lesen, da er bereits viele weise Bücher auf der Suche nach Rat und Hilfe durchforscht und nichts gefunden hatte.

»Was soll das heißen?« fragte der Bürgermeister erzürnt.

»Das ist der Weg zu unserer Rettung«, antwortete sein Mitarbeiter.

Dann erklärte er dem Bürgermeister, daß die Schülerinnen und Schüler der öffentlichen Schulen bisher ein Teil des Problems gewesen waren, während sie doch mit einiger Phantasie sehr leicht Teil der Lösung werden konnten. Er wies darauf hin, daß sich in Junior High School und Senior High School zusammen annähernd 400.000 kräftige, energische junge Männer und Frauen befanden, die man als Einsatzkräfte gebrauchen könne, um die Stadt wieder bewohnbar zu machen.

»Aber wie können wir sie einsetzen?« fragte der Bürgermeister. »Und was geschähe mit ihrer Erziehung, wenn wir es täten?«

Darauf antwortete der Mitarbeiter: »Sie werden ihre Erziehung darin finden, daß sie ihre Stadt retten. Und was ihre Lektionen in der Schule betrifft, so haben wir viele Hinweise darauf, daß sie sie nicht sonderlich schätzen und sich ständig gegen ihre Lehrer und die Schule auflehnen.« Der Mitarbeiter, der mit Statistiken bewaffnet zum Bürgermeister gekommen war (wie es Mitarbeiter so tun), verwies darauf, daß die Stadt jedes Jahr eine Million Dollar ausgab, nur um zerbrochene Fensterscheiben in den Schulen zu reparieren, und daß fast ein Drittel der Schüler und Schülerinnen zum Unterricht überhaupt nicht mehr erschien.

»Ja, ich weiß«, sagte der Bürgermeister. »Schrecklich.«

»Falsch«, sagte der Mitarbeiter barsch. »Die Langeweile und Destruktivität und unterdrückte Energie, die ein Fluch sind, können wir zu unserem Nutzen wenden.«

Der Bürgermeister war nicht ganz überzeugt, aber da er selbst keine bessere Idee hatte, ernannte er seinen Mitarbeiter zum Vorsitzenden eines Notstandserziehungskomitees. Der Mitarbeiter machte sofort Pläne, die fast 400.000 Schüler und Schülerinnen aus ihren trostlosen Klassenzimmern herauszuholen, um ihre Energien und Talente dazu zu nutzen, die Stadt wiederherzustellen.

Als diese Pläne bekannt wurden, gab es einen großen Aufschrei gegen sie, denn Menschen im Unglück ziehen manchmal ein vertrautes Problem einer unbekannten Lösung vor. Die Lehrer zum Beispiel beschwerten sich darüber, daß in ihren Verträgen nichts von solch ungewöhnlichen Maßnahmen stand. Darauf antwortete der Mitarbeiter, daß der *Geist* ihrer Verträge sie dazu verpflichte, bei der Erziehung der Jugendlichen mitzuhelfen, und daß die Erziehung viele Formen annehmen und an vielen Orten vorgenommen werden könne. »In keinem heiligen Buch«, sagte er, »steht, daß die Erziehung in einem kleinen Raum mit Stühlen darin stattfinden muß.«

Einige Eltern klagten, der Plan sei unamerikanisch und der Zwang, den er ausübe, verstieße gegen ihre Freiheit. Darauf erwiderte der Mitarbeiter des Bürgermeisters, der Plan fuße auf Praktiken früherer Amerikaner, die ihre Kinder zu bestimmten Tätigkeiten heranzogen, um das Überleben der Gruppe zu sichern. »Unsere Schulen«, sagte er, »haben immer ohne zu zögern Zwang ausgeübt. Die Frage ist nicht und ist es nie gewesen, ob man jemanden zwingt oder nicht zwingt, sondern zu was man jemanden zwingt.«

Und sogar ein paar Kinder beklagten sich, wenn auch nicht viele. Sie sagten, ihr gottgegebenes Recht, zwölf Jahre lang auf Kosten der Öffentlichkeit in einem Klassenzimmer zu sitzen, werde mißachtet. Auf diese Beschwerde erwiderte der Mitarbeiter des Bürgermeisters, daß sie Opfer eines Mißverständnisses seien und einen Luxus mit einem Recht verwechselten. Die Gemeinde aber könne sich weder das eine noch das andere weiter leisten. »Außerdem«, fügte er hinzu, »unter allen gottgegebenen Rechten, die der Mensch bisher entdeckt hat, hat keines den Vorrang vor dem Recht zu überleben.«

Auf die Weise wurde der neue Lehrplan der öffentlichen Schulen von New York als »Operation Überleben« bekannt, und alle Kinder von der siebten bis zur zwölften Klasse nahmen daran teil. Und dies sind einige der Dinge, die sie tun mußten:

Am Montagmorgen jeder Woche mußten alle 400.000 Kinder helfen, ihre Viertel zu säubern. Sie fegten die Straßen, warfen Abfall in die Mülleimer, beseitigten Schmutz von leeren Grundstücken und wuschen Graffiti von den Wänden. Die Mittwochmorgen waren für die Verschönerung der Stadt reserviert. Schüler pflanzten Bäume und Blumen, pflegten Büsche und mähten Gras, strichen Wände in den U-Bahnhöfen und reparierten sogar heruntergekommene Gebäude, wobei sie mit ihren eigenen Schulen anfingen.

Jeden Tag wurde etwa 5.000 Schülern die Verantwortung übertragen, den Straßenverkehr zu regeln, was eine Menge Polizisten für andere Aufgaben freisetzte. Jeden Tag halfen weitere 5.000 Schüler, die Post auszutragen, so daß es – wie in früheren Tagen – bald möglich war, die Post zweimal am Tag zuzustellen.

Mehrere tausend Schüler wurden dazu eingesetzt, Kindertagesstätten aufzubauen und zu führen, so daß junge Mütter, die bisher von der Wohlfahrt gelebt hatten, in der Lage waren, sich bezahlte Arbeit zu suchen. Jedem älteren

Schüler wurde überdies die Verantwortung für zwei Grundschüler übertragen, denen er dienstags und donnerstags nachmittags Lesen, Schreiben und Rechnen beizubringen hatte. 20.000 Schüler und Schülerinnen wurden aufgefordert, an einem Nachmittag der Woche die Arbeit eines Erwachsenen zu übernehmen, soweit das in ihren Kräften stand. Die Erwachsenen waren dadurch frei, eine Schule zu besuchen oder, wenn sie es vorzogen, den Schülern bei ihren Bemühungen, die Stadt zu retten, zu helfen.

Den Schülern wurde auch die Aufgabe übertragen, in jedem Stadtviertel eine Zeitung herauszugeben, in der sie vor allem Informationen verbreiten sollten, die Bürger für ihr Leben brauchten. Schüler organisierten Konferenzen, Straßenfeste und Rockfestivals, und sie begründeten in jedem Stadtviertel ein Orchester und eine Theatertruppe. Einige Schüler halfen in Krankenhäusern aus oder bei der Registrierung von Wählern, oder sie produzierten Radio- und Fernsehprogramme, die von den Sendern in der Stadt ausgestrahlt wurden. Es war immer noch Zeit genug übrig, auch eine »Stadtolympiade« zu veranstalten, an der jedes Kind in dem einen oder anderen Sport teilnehmen konnte.

Wie zu erwarten war, wollten nun auch die College-Studenten an dem Programm teilnehmen, und so standen weitere 100.000 junge Leute für den Gemeindedienst zur Verfügung. Die Collegestudenten entwickelten ein halböffentliches Verkehrssystem zwischen den Vorstädten und dem Zentrum. Sie gebrauchten dafür ihre eigenen Wagen, das Benzin zahlte die Stadt, und auf diese Weise wurden die U-Bahnen entlastet, und weniger Autos kamen nach Manhattan herein, was die Luftverschmutzung verminderte.

College-Studenten wurden ermächtigt, Strafscheine für falsches Parken und das Wegwerfen von Abfällen zu schreiben. Es wurde ihnen erlaubt, Seminare zu organisieren,

Filmfestivals und Lehrveranstaltungen für Schüler und Schülerinnen von den Junior und Senior High Schools. Auf einem UHF-Fernsehkanal, der ihnen zu diesem Zweck zugestanden wurde, sendeten sie jeden Tag von 15 bis 22 Uhr Kurse für Fortgeschrittene in einer Reihe von Fächern. Sie halfen auch mit, Drogenrehabilitationszentren aufzubauen und sie zu führen, und sie starteten Kampagnen, um Menschen über ihre Rechte aufzuklären, sie auf gesundheitliche Gefahren hinzuweisen und ähnliches.

Nicht alle Probleme der Stadt wurden gelöst. Aber verschiedene außerordentliche Dinge geschahen. Die Stadt lebte auf, und ihre Bürger schöpften wieder Hoffnung. Junge Leute, die von ihrer Umgebung entfremdet gelebt hatten, entwickelten nun ein persönliches Interesse an ihrem Viertel. Ältere Menschen, welche die Jugendlichen als ungezogen und parasitär angesehen hatten, begannen sie nun zu achten. Der Umgang miteinander wurde besser, und es war sogar ein Rückgang der Kriminalität festzustellen.

Erstaunlicherweise empfanden die meisten Schüler gar nicht, daß sie »erzogen« wurden. Sie lebten ihre Lektionen, ihre Soziallehre, ihre Geographie, ihre Biologie und viele andere Dinge. Vor allem aber begriffen sie, daß jeder sich gleichberechtigt und gleichverpflichtet an der Schaffung einer lebenswerten Stadt beteiligen mußte, egal was er oder sie später einmal werden wollte. Es erwies sich sogar, daß auch die älteren Leute, berührt vom Beispiel der Jungen, ein neues Interesse an der Wiederherstellung ihrer Umwelt entwickelten.

Nun wäre es aber töricht zu leugnen, daß dieses ganze Abenteuer auch Probleme mit sich brachte. Tausende Kinder, die ansonsten gelernt hätten, welches der größte Fluß von Uruguay war, mußten ihr Leben verbringen, ohne diese oder ähnliche geographische Tatsachen zu kennen. Hunderte von Lehrern hatten das Gefühl, daß ihre Ausbildung umsonst gewesen war, da sie sich eine Erziehung von Kindern nur in Klassenräumen vorstellen konnten. Wie man sich ausmalen kann, war es auch extrem schwer, schulische Leistungen unter diesen Umständen zu bewerten, und nach einer Weile gab man Klausuren und Zensuren einfach auf. Das machte viele Menschen aus vielen Gründen unglücklich. Am meisten bedauert wurde die Tatsache, daß dumme Kinder von klugen nicht mehr zu unterscheiden waren.

Aber der Bürgermeister, der trotz allem ein sehr intelligenter Politiker war, versprach, daß man nach Beendigung des Notstandes wieder zum alten Zustand zurückkehren werde. Inzwischen aber lebten alle sehr glücklich vor sich hin – in einem Notstand, bei dem von Not nicht mehr viel zu spüren war.

Jene, die diese Fabel gehört oder gelesen hatten (sie erschien zweimal im Magazin der *New York Times*) und später gefragt wurden, was die Moral der Geschichte war, nannten mindestens sechs verschiedene. Ob das für oder gegen die Fabel spricht, weiß ich nicht. Aber die Moral, die mir am besten gefällt, ist die, daß ein Verantwortungsgefühl für den Planeten aus dem Verantwortungsgefühl für das eigene Stadtviertel geboren wird. Es ist schwer, sich vorzustellen, daß jemand, der sein eigenes Nest beschmutzt, sehr besorgt um den Baum sein könnte, in dem es gebaut wurde.

Sicherlich hat die Fabel recht, wenn sie andeutet, daß wir die Geschichte der Erde als Raumschiff damit beginnen müssen, uns Methoden einfallen zu lassen, wie wir die Schüler zur Verantwortung für ihre eigene Schule, ihr Viertel, ihre Stadt bewegen können. Viele, die behaupten, besonders

»realitätsnah« zu sein, werden natürlich darauf hinweisen, daß dies auf unüberwindliche Schwierigkeiten stoßen würde, da die Planung und Beaufsichtigung solch umfassender schulischer Projekte die logistischen Kräfte jedes Schulsystems, ja, jeder Stadtverwaltung überstiege. Sie werden auch bemerken, daß Vorschläge dieser Art politische und juristische Implikationen haben, die weit über alles hinausgehen, womit Schulen jemals fertig werden mußten. Man muß dem wohl oder übel zustimmen. Wenn man sich ansieht, daß die meisten Schulen schon überfordert sind, wenn sie ihren Schülern nur ein gesundes Mittagessen anbieten sollen, erscheinen die Aktivitäten der Fabel wie eine Anleitung zum Chaos.

Aber dennoch steckt in ihr eine Idee, die man nicht leichthin aufgeben sollte. Ja, es ist unrealistisch zu glauben, daß Schüler den Verkehr regeln oder Post zustellen könnten. Aber ist es wirklich unrealistisch anzunehmen, daß sie ihre eigene Schule reinigen und streichen, Bäume pflanzen und Blumenbeete anlegen, eine Zeitung herausgeben und eine Theatertruppe zusammenstellen könnten? Ist es unrealistisch anzunehmen, daß ältere Schüler jüngeren Nachhilfeunterricht geben könnten? Es gibt ja bereits eine Reihe von Schulen, die Schülern erlauben – in manchen Fällen sie dazu verpflichten –, so etwas zu tun, nicht gegen Geld, sondern aus den richtigen Gründen.

Ich möchte das »aus den richtigen Gründen« unterstreichen. Es gibt zum Beispiel viele Schulen, die mit großer Begeisterung »Arbeitsstudien oder Anlernprogramme« entwickelt haben, um die Jugendlichen mit der Welt der Arbeit vertraut zu machen. Es ist mir nicht klar, warum die Schulen an einem solchen Ziel interessiert sein sollten.[1] Die Schülerinnen und Schüler werden ihr ganzes Leben Zeit haben, sich mit der Arbeitswelt vertraut zu machen – die Arbeit ist etwas, was sie werden tun müssen. Sich um ihre Umwelt zu kümmern ist dagegen etwas, das sie nicht tun müssen und auch, so ist zu befürchten, nicht tun werden. Der Sinn der vorgeschlagenen Aktivitäten ist es, die jungen Leute mit ihrer Verantwortung für den Planeten vertraut zu machen, einer Verantwortung, die mit ihren Wohnstraßen und Vierteln beginnt. Dahinter steht die Idee, daß die Umwelt nicht etwas ist, das einem angeboten wird und das man annehmen oder auch ablehnen kann. Es ist eine Tatsache, daß wir nicht ablehnen können. Wir können unsere Umgebung auch nicht annehmen, wie sie ist, wir müssen sie schaffen, gestalten, bewahren. Um das zu tun, brauchen wir ein Bewußtsein unserer Abhängigkeit von unserer Umwelt und eine Ermutigung und Legitimierung unserer Bemühungen um sie.

Unter den »neuen« pädagogischen Ideen, die im Moment in Mode sind, befindet sich auch der Gedanke, die Schulbildung um bestimmte Themen herum zu organisieren. Dies ist eine progressive Idee, da sie immerhin auf die Notwendigkeit verweist, der Erziehung eine Bedeutung zu unterlegen. Sie lehnt auch explizit die verbreitete Annahme ab, daß die einzelnen Fächer des Lehrplans nichts miteinander zu tun haben. Aber es gibt triviale Themen und idiotische Themen und Themen, die im Trend liegen, aber letztlich nichts erklären und zu nichts führen. Das Raumschiff Erde ist aber, glaube ich, nicht unter ihnen. Wir könnten es auch das »negentropische« Thema nennen, da es den Gedanken einschließt, daß es die Aufgabe der Zivilisation ist – wie Eric Hoffer betont hat –, Dinge zu erhalten. Ein Haus zu bauen, ist gut und schön, aber es vor dem Zusammenbruch zu bewahren, ist die wesentliche Aufgabe einer Zivilisation. Eine Botschaft dieses Themas ist die, daß die junge Generation von dieser Aufgabe nicht ausgenommen ist.

Aber diese Botschaft impliziert eine weitere: Wir können

es uns nicht leisten, die Energie und den potentiellen Idealismus junger Menschen zu verschwenden. Ohne Frage sind Antriebslosigkeit, Langeweile und Gewalt in der Schule auf die Tatsache zurückzuführen, daß die Schüler keine sinnvolle Rolle in der Gesellschaft erfüllen. Die konsequente Durchsetzung der Idee, daß man Kinder hegen und schützen müsse, hat eine paradoxe Situation geschaffen, in der Schutz bedeutet, daß man die Jugendlichen aus dem Leben der Gemeinschaft ausschließt, daß man ihnen die Möglichkeit nimmt, sinnvoll am Gemeinschaftsleben teilzunehmen. Formen jugendlicher Partizipation am gesellschaftlichen Wiederaufbau als Alternative zur herkömmlichen Schulerziehung zu erfinden, kann doch wohl kaum als Utopie gelten. So wie die Dinge heute liegen, arbeitet die Energie der Jungen an vielen Orten ohnedies gegen die Erziehung. Mit anderen Worten, sie ist ein *Hindernis*, das die Erziehung überwinden muß. Was ich vorschlage, läuft darauf hinaus, die jugendliche Energie als positiven Faktor der Lernerfahrung zu nutzen. Das ist das Prinzip des »Judo«, in dem man die Kraft des Gegners nutzt, um die eigenen Kräfte zu erhöhen. In diesem Fall unterdrücken wir die Energie der Schüler nicht, sondern nutzen sie für konstruktive und humane Zwecke.

Jenen Realisten, die meinen, daß die Fabel und ihre Implikationen nicht praktikabel seien, schlage ich eine weitere Idee vor, die vielleicht konventioneller erscheint, aber wahrscheinlich noch »unpraktischer« ist. In diesem Fall bleiben die Schüler in der Schule, belegen akademische Kurse und können sogar geprüft oder wie die Realisten gern sagen, in ihren Leistungen eingeschätzt werden. Ich schlage vor, daß wir die Bedeutung der Fächer neu anordnen, so daß (wenn Sie mir eine ungewollte Aliteration verzeihen) Archäologie, Anthropologie und Astronomie zu Hauptfächern werden.

Diese Idee wird dadurch unpraktikabel, daß die Fächer in vieler Hinsicht bürokratische und institutionelle Einheiten von großem Eigengewicht sind. Lehrer sind für bestimmte Fächer ausgebildet, und der Staat erlaubt ihnen nur in diesen Fächern zu lehren, Verlage stellen Lehrbücher für diese Fächer her, landesweite Organisationen sind nach Fächern organisiert. Ein »Haupt«-fach in ein »Neben«-fach zu verwandeln oder ein Fach überhaupt wegzulassen und ein neues einzuführen, ist von großer juristischer und politischer Tragweite und wird in jedem Fall auf Opposition stoßen. Nichtsdestoweniger verdient die Frage ernsthafte Erwägung, um so mehr als die bestehende Gewichtung des einen oder anderen Faches ein hohes Maß an Willkür in sich birgt.

Als ich (in New York City) die Schule besuchte, wurden sowohl Musik als auch Kunst als die unbedeutendsten der Nebenfächer gewertet – weshalb, weiß ich nicht. Es gab damals eine High School für Musik und Kunst (es gibt sie immer noch), so daß auch damals schon jemand geglaubt haben muß, daß diese Fächer wichtig genug waren, um sie zum zentralen Lehrstoff einer ganzen Schule zu machen. Aber nicht in meinen Schulen. Auch wurde Geographie oder Heimatkunde als unabhängiges Fach gelehrt und ebenso, wenn mich meine Erinnerung nicht im Stich läßt, Freie Rede. Von beiden ist in den heutigen Schulen kaum noch etwas zu sehen.

Heutzutage werden natürlich Computerwissenschaft und Medienkunde als Fächer betrachtet (in New Mexico ist »media studies« Pflichtfach), und ich kenne einige High Schools, die Kurse in Fächern wie »sports writing«, also das Schreiben über Sport oder Sportreportagen, anbieten. In anderen Worten, bei aller scheinbaren Solidität der Fächer im Lehrplan finden durchaus Veränderungen statt, und meist aus Gründen, die »pädagogisch« genannt werden. In diesem Kontext wäre es hilfreich, wenn die Ausbildung der Lehrer der Geschichte von »Fächern« mehr Aufmerksamkeit zukommen ließe, damit sie Verständnis dafür gewinnen, wann und warum Fächer entstanden. Das würde alle Leute, die mit der Schule zu tun haben, vor einer zu großen Rigidität schützen und der Erstarrung der Kategorien vorbeugen. »Englisch« zum Beispiel war bis in die 20er Jahre unseres Jahrhunderts hinein in amerikanischen Schulen kein Lehrfach. Die alten Griechen hatten einen Lehrplan, der um das Studium der »Harmonien« aufgebaut war und Arithmetik, Astronomie, Musik und Geometrie zusammenfaßte. Die Sophisten lehrten Grammatik, Logik und Rhetorik – wovon die beiden letzten an amerikanischen Schulen kaum eine Bedeutung haben. Ich frage mich, warum. (Plato meinte, daß Logik erst studiert werden sollte, wenn man das Alter von 35 Jahren erreicht hat. Aber ich glaube nicht, daß wir sie deshalb im allgemeinen ignorieren.)

Die Griechen hatten übrigens kein Interesse für und auch keinen Respekt vor irgendwelchen Sprachen außer der ihren und hätten Kurse in Fremdsprachen für eine Absurdität gehalten. Mein absolutes Lieblingsfach aller Zeiten findet sich in dem von Konfuzius entwickelten Lehrplan, der Schüler verpflichtete, das Bogenschießen zu erlernen und zu praktizieren – nicht, weil sie als Krieger ausgebildet werden sollten, sondern weil das Fach ihnen Disziplin, Präzision und Konzentration vermittelte. Können Sie sich heute eine Schule vorstellen, die das Studium und die Praxis guter Manieren zum Hauptfach machte? Sicher kann doch niemand behaupten, dies sei kein wichtiges Fach. Vielleicht steht es nicht auf dem Lehrplan, weil der Educational Testing Service* größte Mühe hätte, es zu bewerten.

* Privater Dienst, der Erziehungsinstitutionen bewertet. A.d.Ü.

Warum also Archäologie? Vieles spricht dafür, obwohl ich gleich zu Beginn sagen sollte, daß ich mir darunter keine Untersuchung der Arbeitsweise von Archäologen vorstelle. Es wäre durchaus interessant, die Schüler in die Methoden der Archäologie einzuführen, aber ich würde diesen Teil des Fachs doch den Universitäten überlassen. Ich meine, der Lehrstoff sollte vor allem die prähistorischen Erkenntnisse der Archäologie umfassen. Wenn wir uns als Lehrziel ein zunehmendes Bewußtsein von der Kostbarkeit unserer Erde als unserer Heimat sowohl in der Vergangenheit als auch in der Zukunft vorstellen, dann kann dem kein Fach besser dienen als die Archäologie. Früher wurde den Schülern der High School manchmal ein flüchtiger Eindruck der antiken ägyptischen und assyrischen Kultur vermittelt. In jenen Tagen konnten »Tigris und Euphrat« durchaus als Antwort auf eine Testfrage auftauchen, und der Ausdruck »Wiege der Kultur« war Sechstkläßlern nicht völlig unbekannt.

Aber die Archäologie wurde nie ernstlich gelehrt, und daran hat sich bis heute nichts geändert. Das war und ist ein Fehler, besonders im Lichte dessen, was wir in diesem Jahrhundert über die »jüngere« Vergangenheit der Menschheit entdeckt haben. Wir wissen zum Beispiel, daß die Sumerer mindestens tausend Jahre, bevor Abraham das Land Ur verließ, bereits auf Tontafeln schrieben, und daß die Babylonier tausend Jahre, bevor Moses angeblich die Gebote vom Berg Sinai heruntertrug, epische Gedichte aufzeichneten. Wir wissen, daß die Bibel, die als das Buch gesehen wird, auf dem die westliche Moral und gesellschaftliche Ordnung fußen, viele ihrer Themen dem großen babylonischen Epos *Gilgamesch* verdankt. Das erste große chinesische Wörterbuch, das 40.000 Schriftzeichen enthielt, wurde vor 3.500 Jahren zusammengetragen, das erste große englische Wörterbuch vor 200 Jahren. Die Sumerer schrieben

1.500 Jahre, bevor das Alphabet erfunden wurde, in Keilschrift, und vor 3.000 Jahren benutzten die Chinesen ein Rechenlehrbuch, das Wurzelrechnungen, Geometrie und Gleichungen mit mehr als einer Unbekannten enthielt.

Die Sumerer, könnte man hinzufügen, schenkten uns den ersten schriftlichen Schulbericht. Sie faßten auch Sprichwörter und Redensarten zusammen, Liebeslieder, schufen Bibliothekskataloge, juristische Traktate und die ersten Regeln der Steuerermäßigung. Ich will damit sagen, daß wir, wenn wir die alten Sumerer, Babylonier, Ägypter oder Chinesen studieren, nicht nur Kulturen kennenlernen, sondern *Menschen*. Sie lebten auf dieser Erde, klagten, trauerten, freuten sich, betrogen einander, schimpften ihre Kinder aus, fielen in Schlachten, schrieben Gedichte und taten viele andere Dinge, die Leute heutzutage zum Beispiel in Kansas City auch tun. Es wertet sie nicht ab, daß sie nichts von E-Mail wußten oder vom Fernsehen. Auch kann man sie nicht auf die leichte Schulter nehmen, bloß weil sie einen anderen Begriff vom Universum oder der Milchstraße oder auch nur dem Sonnensystem hatten. Aber sie wußten etwas von der Erde und wie man sie hütet und was geschieht, wenn man sie mit Gleichgültigkeit behandelt.

Dies also wäre eines der besten Fächer, wenn man den Jugendlichen die Bedeutung der Erde nahebringen will. Diejenigen, die heute das Raumschiff Erde bemannen, brauchen eine gründliche Kenntnis der Mannschaften der Vergangenheit. Schließlich werden sie in 3.000 Jahren auch Sumerer sein, und ihre Leistungen und Fehler werden von den Mannschaften der Zukunft einmal ausgewertet werden. So könnte ein Gefühl für die Kontinuität der menschlichen Existenz auf dem Planeten Erde entstehen.

Zwei weitere Argumente für die Archäologie möchte ich hier anführen. Normalerweise wird sie als ein etwas obskures Fach behandelt, das erst älteren Schülern und Studenten zugänglich ist, aber ich meine, der Unterricht sollte zu einem frühen Zeitpunkt beginnen und sich dann mit zunehmendem Anspruch und wachsender Komplexität durch das College fortsetzen. Ich kann nicht sagen, wie das mit Kindern, sagen wir, der fünften Klasse zu machen wäre, da ich nie die Möglichkeit hatte, es auszuprobieren. Ich begann meine Arbeit an der Schule als Lehrer einer fünften Klasse, und man sagte mir (das war vor vielen Jahren), daß für dieses Fach kein Raum sei, da es nicht als »grundlegend« eingestuft werden könne. Ich habe nichts dagegen, daß die Schulen den Unterricht auf das beschränken, was von grundlegender Bedeutung ist. Aber die Frage ist natürlich genau die: was ist grundlegend? Oder, um es besser auszudrücken, welches sind die Fächer, die den Schülern heute Wichtiges vermitteln? Vorgeschichte, so scheint mir, ist ein solches Fach, und ich habe keinen Zweifel, daß gute Grundschullehrer Methoden finden werden, wie man das Fach jüngeren Schülern nahebringen kann.

Zweitens müssen die Lehrer nicht nur eine gründliche Kenntnis des Gegenstandes haben, sondern auch sehr vorsichtig vorgehen. Es gibt viele Schüler, die von zu Hause kosmologische Erzählungen mitbringen, welche archäologischen und historischen Erkenntnissen widersprechen. Ich hatte zum Beispiel vor einiger Zeit zwei Studenten (in den Anfangssemestern), die überzeugt waren, die Erde sei am 23. Oktober 23.404 v. Chr. um neun Uhr morgens geschaffen worden. Ihre Geschichte hatte keinen Platz für die Behauptung, daß es schon früher menschliches Leben gegeben habe. Ich versuchte – ohne Erfolg, fürchte ich – zu erklären, daß Gelehrsamkeit oft Verwirrung und sogar Trauer nach sich zieht, da Wissen sich häufig gegen tradierte und geliebte Überzeugungen wendet. Ich zitierte sogar aus dem Prediger Salomo (1.18), um etwas Trost zu spenden: »Denn wo viel Weisheit ist, da ist viel Grämens; und wer viel lernt, der muß viel leiden.« Sie waren davon weniger beeindruckt als ich.

Eine alternative Methode ist es, die Archäologie als Erzählung (was sie ist) und nicht als definitive, letzte Wahrheit darzustellen, die alle konkurrierenden Erzählungen entwertet. Erzieher können sich leicht in unnötige Schwierigkeiten verwickeln, wenn sie eine taktlose und nicht zu rechtfertigende Position zum Verhältnis zwischen wissenschaftlichen und religiösen Erzählungen beziehen. Das ist zum Beispiel am Konflikt um die Evolutionslehre gut nachzuvollziehen. Einige Lehrer, die meinen, das Gewissen der Wissenschaft zu repräsentieren, handeln so ähnlich wie jene Parlamentarier, die 1925 die Lehre der Evolution in Tennessee gesetzlich verboten. In dem damaligen Fall fürchteten die Anti-Evolutionisten, daß eine wissenschaftliche Idee einen religiösen Glauben untergraben könnte. Heute scheinen viele Menschen, die an die Evolutionslehre glauben, zu fürchten, daß eine religiöse Idee einen wissenschaftlichen Glauben untergraben könnte. Die ersten hatten zuwenig Vertrauen zur Religion, die letzten zuwenig Vertrauen zur Wissenschaft.

Der entscheidende Punkt ist aber, daß einander widersprechende Ideen durchaus nebeneinander bestehen können, wenn sie aus verschiedenem Stoff gemacht sind und unterschiedliche Methoden und Ziele haben. Jede von ihnen sagt uns etwas Wichtiges darüber, wie wir im Universum existieren, und es wäre töricht, darauf zu beharren, daß sie einander ausschließen müssen. Es gibt zwei relevante Zitate, die dieses Argument schlagend vorbringen, beide von Männern, die ein ausgeprägtes Interesse an dem Problem hatten. Das erste stammt von Galileo, der dafür eintrat, daß man zwischen wissenschaftlichen und religiösen Erzählungen unterscheiden müsse, und bemerkte: »Die Absicht des Heiligen Geistes ist es zu lehren, wie man in den Himmel kommt, nicht, wie es zum Himmel gekommen ist.« Das zweite Zitat wurde 375 Jahre später von Papst Johannes Paul II. geprägt: »Die Wissenschaft kann die Religion von Irrtum und Aberglauben reinigen. Die Religion kann die Wissenschaft von Idolatrie und falschen Absolutismen reinigen.«[2]

An dieser Stelle kann die Anthropologie helfen, da sie im Unterschied zur Archäologie lebende Kulturen vorstellt, die in ihren Weltbildern weit auseinandergehen und allein dadurch den Jugendlichen nahelegen, sich vor Idolatrie und falschen Absolutismen zu schützen. Wenn sie sich nicht nur mit den Mythen und Lebensweisen von Eskimos, Hopi-Indianern und Völkern aus dem brasilianischen Regenwald beschäftigen, sondern auch mit Iranern, Vietnamesen, Finnen, Kanadiern und anderen, mit denen sie das Raumschiff Erde teilen, werden sie ihre Sicht kaum auf die Lebensweise des eigenen »Stammes« verengen können. Anthropologie hat natürlich eine klare ideologische Tendenz – wie auch das Thema des Raumschiffs Erde selbst. Diese Tendenz besteht in der Erkenntnis, daß Ignoranz, Mißtrauen und Intoleranz das Raumschiff gefährden und sich direkt gegen das Überleben der Mannschaft richten.

Ich muß aber hinzufügen, daß diese Sicht der Dinge nicht notwendigerweise zu einem kritiklosen Relativismus führt. Man muß kein kultureller Relativist sein, um andere Kulturen tolerieren zu können. Man kann durchaus der eigenen kulturellen Überlieferung treu bleiben und eine andere in ihrer Existenz akzeptieren, ohne sie gleich übernehmen zu wollen.

Die Anthropologie ist ein Fach von globalen Dimensionen, und wenn man die Schüler schon früh darin unterrichtet und diesen Unterricht ihre ganze Schullaufbahn hindurch fortführt, wird man ihnen ein Gefühl der ganzen ehrfurchtgebietenden Spannweite menschlicher Existenz auf dem Planeten vermitteln – zusammen mit einem Gespür für das, was allen Menschen gemein ist. Wenn wir begreifen, worin Differenz besteht, fürchten wir sie nicht mehr. Wenn wir erfahren, was uns mit anderen verbindet, schöpfen wir Hoffnung. Gibt es irgend etwas, was unser Raumschiff mehr braucht als eine mutige und hoffnungsvolle Mannschaft?

Was aber das Gefühl der Ehrfurcht angeht, gibt es nichts mit der Astronomie Vergleichbares. Zum Glück ist unseren Lehrplänen die Astronomie im Gegensatz zur Archäologie und Anthropologie nicht ganz fremd. Ich erinnere mich, daß ich als Teil des Faches Allgemeine Naturwissenschaften (nichts davon war allgemein, und wenig war Wissenschaft) von Planeten, Sternen und Kometen hörte. Ich weiß sogar noch, daß ich bei meinem Nachbarn Vincent Dinato abguckte, weil ich bei der geforderten Aufzählung der Planeten nicht auf Neptun kam. Das war vergeblich, weil Dinato nur Mars, Venus und Erde hingeschrieben hatte, und schließlich guckte er bei mir ab. Aber beim Astronomieunterricht vor fünfzig Jahren konnten auch die besten Schüler nicht mehr lernen, als Galileo, Tycho Brahe und Kepler wußten. Es gab damals eine vage Erwähnung der Urknalltheorie, aber keine Beweise dafür. Niemand wußte etwas von Schwarzen Löchern. Niemand war auf dem Mond gewesen, und keine Satelliten hatten den Mars umkreist. Niemand hatte je gesehen, wie die Erde von einem Punkt außerhalb ihrer Atmosphäre aussah. Und wir glaubten sogar, das Sonnensystem werde immer so bleiben, wie es bei seinem Ursprung gewesen war.

Ich schreibe dies in dem Jahr, als der Shoemaker-Levy-9-Komet, der sich mit unvorstellbarer Geschwindigkeit bewegte, auf den Jupiter stürzte, so daß wir mit eigenen Augen (oder Teleskopen) sehen konnten, daß das Sonnensystem kein festes Gebilde, sondern ein fortlaufender Prozeß ist. Es veränderte sich sozusagen vor unseren Augen. Natürlich mischte sich Sorge in unser Staunen, da wir uns vorstellten, was geschähe, wenn unser Raumschiff von einem Kometen getroffen würde. Alle waren sich schnell einig, daß die Differenzen zwischen Iranern und Deutschen, Kanadiern und Finnen so schnell dahinschmelzen würden wie Teile des Planeten.

Die Astronomie ist natürlich ein Fach, das unsere Erde am explizitesten als Raumschiff darstellt, und ihr Studium wirft grundlegende Fragen über uns und unsere Mission auf. Zum Beispiel die, ob wir im Universum allein sind. Als er die ungeheure Zahl der Galaxien vor seinem geistigen Auge passieren ließ, reagierte Thomas Carlyle mit einem verdrossenen Kommentar. »Ein trauriges Schauspiel«, sagte er. »Wenn sie bewohnt sind, welcher Raum für Torheit und Elend. Wenn sie nicht bewohnt sind, welch eine Platzverschwendung.« Aber die meisten jungen Leute sind von den enormen Ausmaßen des Universums und der Möglichkeit von Leben auf anderen Raumschiffen eher inspiriert als deprimiert. Die Faszination des Raumes könnte im Unterricht verschiedene Formen annehmen. Die Jüngeren würden beispielsweise Spekulationen darüber anzustellen, wie die Mannschaften anderer Raumschiffe aussehen könnten, und sie zeichnen. Ältere Schüler könnten aufgrund ihrer Physikkenntnisse darüber diskutieren, ob die Erdlinge mit anderen Wesen unser Galaxie Kontakt aufnehmen könnten. Es mag sogar Schüler geben, die spirituelle Bedeutung in der Tatsache finden, daß unser Raumschiff und alles auf ihm eine Einheit mit dem Universum zu bilden scheint.

Soweit wir es beurteilen können, scheint alles im Universum aus derselben Materie zu bestehen und denselben Regeln zu folgen. Die Astronomie bestätigt in gewissem Sinne eine intuitive Idee, die im Laufe von Jahrhunderten in den verschiedensten Kulturen auftauchte: Heraklit schrieb, daß alle Dinge eins seien. Laotse lehrte, daß alle Dinge von einem Prinzip beherrscht seien. Der Häuptling der Suquamish-Indianer, Seattle, erklärte, daß alle Dinge miteinander verknüpft seien. In der Tat. Selbst jene, die an die Schöpfung Gottes glauben, mögen es als ermutigend empfinden, daß die Urknalltheorie moderner Astronomen von der Schöpfungsgeschichte der Genesis nicht so ganz weit entfernt ist. Der Gedanke, daß eine Gruppe von kamelreitenden Beduinen, die vor 4.000 Jahren um ein Feuer in der Wüste saß und über den Ursprung des Universums nachdachte, eine Erzählung hervorbrachte, die einer von MIT-Professoren des späten 20. Jahrhunderts entwickelten ähnelt, beschwört eine Kontinuität der menschlichen Vorstellungskraft, die nur inspirierend wirken kann.

Womit ich nicht sagen will, daß man das, was wir von der Astronomie wissen, verzerren soll, um es für andere Erzählungen akzeptabel zu machen – obwohl man natürlich den Kreationisten helfen kann, *ihre* Geschichte in die Logik der Astronomie einzupassen. Wir wissen zum Beispiel etwas darüber, *wie* unser Raumschiff geschaffen wurde. Wir wissen, *wann* unser Raumschiff geschaffen wurde – vor etwa 5 Milliarden Jahren. Wir wissen, *wo* im Universum wir uns befinden – unser Planet kreist um einen Stern, der am Rand einer Spiralgalaxie liegt, die sich in den Ausläufern eines Galaxienhaufens befindet.

Was wir natürlich nicht wissen, ist, *wozu* wir hier sind. Das ist eine Frage, welche die Astronomie geradezu provoziert – sie lehnt es aber zugleich ab, sich mit ihr zu befassen. Die meisten Astronomen sind sich wahrscheinlich einig, daß es keinen Sinn hat, diese Frage auch nur zu stellen. Sie werden uns in den meisten Fällen an andere Erzählungen verweisen, wenn wir sie diskutieren wollen. Aber die meisten Astronomen werden sich einig sein, daß wir, da wir *hier* sind und wissen, daß wir hier sind, unserem Planeten gegenüber Verantwortung tragen. Sie werden sich darüber einig sein, daß menschliche Gier, Ignoranz und Gleichgültigkeit eine größere Bedrohung des Planeten sind als Kometen.

Astronomie ist daher ein Schlüsselfach, wenn wir in unseren Kindern ein Gefühl der Ehrfurcht, der Verantwortung, der Verpflichtung schaffen wollen. Wie soll dieses Fach unterrichtet werden? Ich würde eine historische Methode vorschlagen. Jede Wissenschaft hat ihre Geschichte, und wie ich im nächsten Kapitel ausführen werde, gibt es keine bessere Methode darzustellen, wie die Menschen ihre Fehler und Irrtümer überwinden, als die historische Entwicklung wissenschaftlicher Erkenntnisse nachzuvollziehen.

Die Astronomie eignet sich dazu besonders gut, weil die Abfolge ihrer Irrtümer und Korrekturen so gut dokumentiert ist. Wir wissen, was Aristoteles glaubte, was Ptolemäus meinte, was Kopernikus annahm und wie Galileo sich die Welt vorstellte. Wir wissen sogar um den Preis, den einige von ihnen für ihre Überzeugungen zahlten. Giordano Bruno sagte, daß das Lob Gottes »nicht von einer, sondern von zahllosen Sonnen verkündet wird; nicht von einer einzigen Erde, sondern von tausend, ja, ich sage, von einer Unendlichkeit von Welten.« Für diesen Glauben, den er im Gegensatz zu Galileo nicht widerrief, wurde er am 19. Februar 1600 verbrannt, obwohl dieselbe Idee schon 1.500 Jahre zuvor von Lukretius und noch 500 Jahre früher von Metrodorus geäußert worden war.

Die Astronomie ist eine Erzählung vom Menschen, so erfüllt von Emotion, Drama, Triumph und Tragödie wie

Shakespeares Stücke. Da finden sich Ehrgeiz, Gier, Betrug, Aberglaube, Noblesse, Staunen und vor allem und immer Neugierde. Man kann die Astronomie durchaus als Naturwissenschaft bezeichnen, aber wenn sie als das Ringen um die Erkenntnis gelehrt wird, wo unser Raumschiff sich befindet und wie es hierhergekommen ist, können wir sie auch den Humanwissenschaften zuordnen.

Als Anleitung mögen die Bemerkungen dienen, mit denen William James definierte, was ein humanistisches Fach konstituiert. Er sagte: »Man kann praktisch allem humanistischen Wert geben, wenn man es historisch lehrt. Geologie, Wirtschaft, Mechanik sind Humanwissenschaften, wenn man sie in bezug auf die aufeinanderfolgenden Leistungen von Genies unterrichtet, denen diese Wissenschaften ihre Existenz verdanken. Wenn sie nicht so gelehrt werden, bleibt Literatur Grammatik, Kunst ein Katalog, Geschichte eine Liste von Daten, und Naturwissenschaft eine Tafel mit Formeln und Gewichten und Maßen.«[3] Dem könnte man anfügen, daß die Astronomie dann zu einer Namensliste von Himmelskörpern wird, die nervöse Schüler zum Abgucken animiert.

Am Ende dieses Kapitels möchte ich gerne noch sagen, daß der Unterricht von Fremdsprachen (in einer Form, die es den Schülern ermöglicht, eine wirklich zu sprechen) und die Beschäftigung mit den verschiedenen Religionen unumgänglich zu den Mitteln gehört, die das Bewußtsein für das Raumschiff Erde verstärken. Darauf werde ich in den folgenden Kapiteln zurückkommen.

KAPITEL SECHS
Der gefallene Engel

Ich bin mir nicht sicher, wer es gesagt hat (vielleicht Northrop Frye), aber es heißt, es gebe drei Gestalten der Weltliteratur, die in der ganzen Welt bekannt sind: Hamlet, Alice und Sherlock Holmes. Ich weiß nicht, was Shakespeare und Lewis Carroll von ihren Schöpfungen hielten, aber es ist bekannt, daß Arthur Conan Doyle seinen Detektiv Holmes als ein wenig lästig empfand. Er hielt seine Holmes-Geschichten keineswegs für seine besten Arbeiten. Die Ironie liegt natürlich darin, daß niemand mehr liest, was Doyle als seine besten Werke betrachtete, aber jeder seinen Holmes kennt.

So etwas passiert gelegentlich auch weniger – sehr viel weniger – bedeutenden Autoren. Mir zum Beispiel. Unter den vielen Seiten, die ich im Laufe der Jahre über Erziehungsfragen geschrieben habe, finden sich ein paar, die sich mit Ideen beschäftigen, welche in meinen Augen zu den wichtigeren Dingen gehören, die ich zu Papier gebracht habe, und welche die Aufmerksamkeit von Lesern verdient hätten. Aber diese Ideen sind im allgemeinen ignoriert worden, meistens deshalb, weil die Leser sie eher als humoreske Einlagen gedeutet haben. Das ist aus zwei Gründen deprimierend: erstens, weil die Leser meinen Humor für so uninspiriert hielten, und zweitens, weil *ihr* Sinn für neue Möglichkeiten so begrenzt war. Urteilen Sie selbst. Hier ist eine dieser Ideen. Wir könnten die Qualität des Unterrichts in den Schulen praktisch über Nacht verbessern, wenn wir die Fächer kurzzeitig austauschten, wenn also Mathematiklehrer einmal Kunst lehrten, Kunsterzieher Naturwissenschaften, Physiklehrer Englisch.

Die meisten Lehrer, insbesondere High School- und College-Lehrer unterrichten die Fächer, die sie selbst in der Schule geliebt haben und in denen sie gut waren. Das Fach fiel ihnen leicht, und es machte ihnen Spaß. Infolgedessen haben sie Schwierigkeiten nachzuvollziehen, wie es den Schülern ergeht, die in ihrem Fach nicht gut sind oder keinen Spaß daran haben, oder beides. Wenn ein Lehrer, sagen wir, ein halbes Jahr lang ein Fach unterrichten müßte, das er nie mochte, könnte er die meisten Schüler besser verstehen, sähe den Unterricht wahrscheinlich eher wie ein neuer Lernender denn wie ein alter Lehrer. Vielleicht würde er merken, wie langweilig die Lehrbücher sind, was es heißt, Angst vor Fehlern zu haben, wie irritierend es ist, interessante Fragen ausschließen zu müssen, weil sie vom Lehrplan nicht gedeckt werden. Vielleicht fällt ihm sogar auf, daß es den einen oder anderen Schüler gibt, der das Fach besser beherrscht als er selbst. Was dann?

Alles in allem hätte diese Erfahrung, so scheint mir, eine ernüchternde und sehr lehrreiche Wirkung. Wenn diese Lehrer dann zu ihren eigentlichen Fächern zurückkehrten, würden sie möglicherweise neue Ideen mitbringen, sie könnten ihr Fach wahrscheinlich besser und mit mehr Verständnis für die Schüler unterrichten.

Hier ist eine weitere Idee – auch diese ist nicht humoristisch gemeint: Wir könnten die Qualität des Unterrichts praktisch über Nacht erhöhen, wenn wir alle Lehrbücher abschafften. Die meisten Lehrbücher sind schlecht geschrieben und vermitteln deshalb den Eindruck, das Fach sei langweilig. Die meisten Lehrbücher sind auch sehr unpersönlich gehalten. Sie haben keine »Stimme«, keinen menschlichen Ton. Ihr Verhältnis zum Leser hat einige Ähnlichkeit mit der Telefonbotschaft, die mit immer gleicher Stimme sagt: »Kein Anschluß unter dieser Nummer.« Die Rezepte auf der Rückseite von Cornflakes-Kartons sind oft mit mehr Stil und Überzeugung verfaßt als die meisten Schilderungen des Bürgerkrieges in Schulbüchern. Über die Sprache von Grammatiktexten will ich kein Wort verlieren. Um ein Wort von Shakespeare zu borgen: Sie verletzt jedes Christenohr. Schlimmer aber ist, daß die Schulbücher großen Wert darauf legen, die Tatsachen ihres Gegenstandes (was immer der Gegenstand sein mag) so darzustellen, als stünden sie unbezweifelbar und für immer fest. Und noch schlimmer, es gibt gewöhnlich nicht den geringsten Hinweis darauf, wer behauptet, daß dies die Fakten des Gegenstandes seien oder wie diese Fakten zu Fakten wurden.

Die Lehrbücher vermitteln nur Gewißheiten, keine Ansätze von Zweifeln, kein Empfinden für die Vorläufigkeit, Unzuverlässigkeit oder Ambivalenz des menschlichen Wissens. Erkenntnis wird als eine Ware dargeboten, die man erwerben kann, nicht als ein fortgesetztes Ringen um Verständnis, um das Überwinden von Irrtümern, um die mühselige Annäherung an die Wahrheit. Lehrbücher sind, so scheint mir, Feinde der Erziehung, Instrumente des Dogmatismus und der Trivialität. Vielleicht ersparen sie dem Lehrer einige Mühe, aber die Mühen, die sie den Schülern auferlegen, sind ein Fluch.

Ich hatte einmal Gelegenheit, diese Argumentation einer Gruppe von Lehrern vorzutragen, und einer von ihnen fragte: »Aber wenn wir die Schulbücher rauswerfen, was würde an ihre Stelle treten?« Meine Antwort – und auch die war nicht komisch gemeint – lautete: Als Jonas Salks' Impfstoff der Kinderlähmung ein Ende machte, hat da jemand gefragt: Aber was wird sie ersetzen? Ich gebe zu, daß der Lehrer eine bessere Antwort verdient hätte, und ich werde gleich dazu kommen. Aber vorher möchte ich gern noch eine Idee vorlegen, die ebenfalls ignoriert worden ist. Diese wurde, muß ich gestehen, sozusagen versehentlich von Reed Irvine entwickelt, der einer rechten Gruppierung mit Namen »Accuracy in Media«, AIM, (Genauigkeit in den Medien) vorsteht. Absicht der Gruppe ist es, Zeitungen, Radio- und Fernsehsender in Hinsicht auf ihre angeblichen Linkstendenzen zu überwachen. Wenn sie eine solche vermeintliche Tendenz findet, veröffentlicht die Gruppe ihr Urteil und versucht, Einfluß zu nehmen.

Vor ein paar Jahren begann Mr. Irvine, sein Überwachungssystem auf die Erziehungsinstitute auszudehnen; er gründete eine Gruppe, die sich »Accuracy in Academia«, AIA, nannte. Die Methode, der sich AIA bedient, ist die geheime Beobachtung und Ausspähung von Lehrern durch Schüler. Die beauftragten Schüler sollen Ungenauigkeiten, Klischees und ungerechtfertigte Meinungsäußerungen der Lehrer weitergeben, damit sie ans Licht der Öffentlichkeit gebracht werden können. Natürlich reagierten liberale Lehrer und Bürger mit Abscheu und sicher auch ein wenig Selbstgerechtigkeit. Vor allem die Heimlichkeit der ganzen Sache ist in der Tat verstörend. Aber ansonsten finde ich, daß es sich hier um eine ausgezeichnete Idee handelt, wenn man Irvines eigene Tendenz ausschließt. Das kritische Denken der Studenten sollte nicht nur in eine Richtung gelenkt werden. Aber das ist leicht zu korrigieren: am Anfang eines Kurses sollte der Lehrer also die Studenten in folgender Weise ansprechen:

»Während dieses Semesters werde ich sehr viel reden. Ich werde vortragen, Fragen beantworten und Diskussionen leiten. Da ich kein umfassend gelehrter Mensch bin und noch gewisser ein fehlbares menschliches Wesen, werde ich ganz bestimmt Irrtümer begehen, nicht zu rechtfertigende Schlüsse ziehen und vielleicht meine Meinungen als Fakten darstellen. Ich würde es sehr bedauern, wenn ihr diese Fehler nicht bemerktet. Um diese Möglichkeit zu verkleinern, mache ich euch hiermit alle zu Ehrenmitgliedern der ›Accuracy in Academia‹. Es ist eure Aufgabe, dafür zu sorgen, daß keiner meiner Irrtümer unbemerkt durchgeht. Am Anfang jeder Stunde werde ich nachfragen, ob euch in der vorangegangenen etwas aufgefallen ist.

Wenn ihr Irrtümer feststellt, müßt ihr natürlich begründen, warum es sich dabei um Irrtümer handelt, eure Quellen offenlegen und, wenn möglich, eine präzisere oder weniger tendenziöse Formulierung vorschlagen. Eure Punktzahl in diesem Kurs wird in gewissem Maße von der Energie abhängen, mit der ihr meine Irrtümer aufdeckt. Und um sicher zu gehen, daß ihr nicht in jene Trägheit verfallt, die unter Schülern leider so verbreitet ist, werde ich von Zeit zu Zeit einige eindeutig unwahre Aussagen machen und einige unvertretbare Meinungen von mir geben. Ihr braucht dies keineswegs allein zu machen. Ihr dürft euch mit euren Kurskameraden beraten, wenn ihr wollt, sogar eine Arbeitsgruppe bilden, die zusammen die Dinge überprüfen kann, die ich gesagt habe. Nichts würde mich mehr freuen, als wenn einer oder mehrere von euch sich Zeit erbäten, um eine korrigierte oder alternative Version einer meiner Vorlesungen zu halten.«

Ich verlasse mich darauf, daß der Leser diese drei Ideen weder komisch noch impraktikabel findet. Ich sehe sie auch nicht als bloße Gags. Ich glaube, daß man neues Interesse und inspiriertere Methoden in die Schulen bringen kann, wenn man das Gefühl des Lehrers für die Differenz von

Lehren und Lernen erneuert, wenn man vorgefertigte Lösungen aus den Kursen heraushält, wenn man die Aufmerksamkeit der Schüler auf Irrtümer und falsche Annahmen lenkt. Das ist ungewöhnlich, aber, wie ich glaube, vielversprechend. Es ist auch eine Widerlegung des alten Schulmodells, das wir alle schon so lange kennen. Ich meine das Denkmodell, das den Schülern auf hundert Arten nahegelegt wird: »Ihr kommt zur Schule, um wichtige Tatsachen und unwandelbare Wahrheiten zu lernen. Euer Lehrer kennt viele davon, eure Lehrbücher weitere. Es geht euch nichts an, wo sie hergekommen, wie sie zu euch gelangt sind. Es wäre eine Zeitverschwendung, euch mit den Fehlern derer zu belasten, die *glaubten*, wichtige Tatsachen und unwandelbare Wahrheiten entdeckt zu haben. Die Schule ist nicht der Ort, an dem man Irrtümer dokumentiert. Hier werden Tatsachen und Wahrheiten vermittelt.«

Ist das übertrieben? Ich glaube nicht. Die obigen Sätze drücken – mit einigen Variationen und Hinzufügungen – die Haltung der meisten Schulen (und mehr noch Colleges) zum Lernprozeß aus. Sie machen deutlich, daß es mit dem einen oder anderen Kurs in »kritischem Denken« nicht getan ist. Und sie erklären, warum der schon erwähnte Kanon »kultureller Bildung« von E. D. Hirsch eine solche Anziehungskraft besitzt. Denn der Gedanke hinter einem solchen Kanon ist ja, daß der Schüler oder der Student tausend Fakten aufnimmt, ohne sich zu fragen, wessen Fakten dies sind, wie sie zu uns gekommen sind oder wir zu ihnen, warum sie als wichtig gelten und wer das bestimmt.

Das führt direkt zu einem Syndrom, das Henry Perkison »Rechtfertigungszwang« genannt hat. In seinem Buch *The Possibilities of Error* (Die Möglichkeiten des Irrtums) schildert er die Tendenz der meisten Menschen, eine energische und »natürliche« Verteidigung der eigenen Glaubenssätze aufzubauen, weniger um ihre Haltung zu erklären als um sie zu rechtfertigen. Wir alle kennen solche Verhaltensweisen, und doch haftet ihnen etwas Seltsames an. Es geht hier um die Erziehung unserer Kinder, und doch scheint auf diesem Gebiet jeder mit großem Einsatz das zu verteidigen und zu rechtfertigen, woran er glaubt – als wüßten wir nicht alle, daß unsere Annahmen oft fehlerhaft und unsere Überzeugungen oft undurchdacht und verbesserungswürdig sind. Es bedürfte eines Satirikers von Swiftscher Größe, um zu zeigen, wie unangemessen das ist und wie groß der Schaden ist, den es im Lernprozeß anrichtet.

Ich riskiere es, John Deweys berühmtestem Aphorismus zu widersprechen, wenn ich sage, daß wir zwar durchaus beim Tun lernen (»learning by doing«), daß wir aber weit mehr lernen, indem wir etwas *nicht* tun; durch Versuch und Irrtum nämlich, indem wir Fehler machen, sie korrigieren und so weiter. Wir alle haben immer und ständig das Arbeiten an Verbesserungen nötig. Und das schließt die Lehrer, die Schüler und die Lehrbücher ein. Kann man sich eine Schule vorstellen, die im Sinne dieses Gedankens organisiert ist? Eine Schule, die sich der möglichen Fehler jeder Lehrmeinung bewußt ist? Wir mögen nicht genug faktisches Material haben, um eine Idee nachzuweisen; oder einige der Fakten, die wir haben, sind inkorrekt, vielleicht nur Folge von Emotionen; oder die Schlußfolgerungen, die wir angestellt haben, sind nicht ganz logisch; oder eine Definition, die wir anwenden, geht in diesem Fall am Gegenstand vorbei; oder wir wiederholen lediglich, was eine Autorität irgendwo gesagt hat, ohne die Implikationen genau zu überprüfen. Kann man sich Schulen vorstellen, deren Erkenntnistheorie nicht auf die Heranbildung einer fanatischen Selbstgewißheit zielt, sondern auf ein Lernen im Bewußtsein der eigenen Fehlbarkeit und der Fehlbarkeit anderer?

Wie könnte man solche Schulen schaffen? Jeder Plan müßte notwendigerweise an der Ausbildung der Lehrer ansetzen, denn das Modell würde eine Verlagerung der Lehrziele erfordern. So wie die Dinge zur Zeit liegen, sehen die meisten Lehrer ihre Rolle als die eines »Wahrheitsvermittlers«, der daran arbeitet, die Intelligenz und das Wissen der Schüler zu erweitern, indem er ihnen unwiderlegliche Tatsachen und unwandelbare Wahrheiten vermittelt oder sie dazu bringt, sie selbst zu entdecken. Ich würde eine andere Metapher vorschlagen: Lehrer, die als Irrtumsdetektoren arbeiten, die darauf hoffen, die Intelligenz der Schüler zu schärfen, indem sie ihnen helfen, die Fehler in ihrem Wissen und in ihren Fertigkeiten zu reduzieren.

Um es überspitzt auszudrücken, wären die Lehrer weniger daran interessiert, die Schüler schlau zu machen, und mehr daran, sie weniger dumm zu machen. Das ist keine bloß semantische Frage. Es ist die Haltung jener, die Medizin und Recht praktizieren. Ärzte haben natürlich eine Vorstellung davon, was gute Gesundheit konstituiert, aber ihre *Kunst* liegt in ihrer Fähigkeit, Krankheiten zu identifizieren und Heilmittel zu verschreiben.

Dasselbe kann man über Anwälte sagen, deren Expertise in ihrer Fähigkeit liegt, Ungerechtigkeit zu identifizieren und sie methodisch zu eliminieren. Pragmatisch läßt sich für die meisten Ärzte Gesundheit als die Abwesenheit von Krankheit definieren; die meisten Anwälte werden Gerechtigkeit als die Abwesenheit von Ungerechtigkeit definieren. Ärzte und Anwälte, könnte man sagen, fungieren als Schmerzverhüter. Die guten unter ihnen sind in der Lage, uns von Krankheit und Ungerechtigkeit zu befreien. Ich schlage die Rolle von Schmerzverhütern auch für die Lehrer vor, deren Aufgabe es wäre, die Studenten von Irrtümern zu befreien – in ihrer Kenntnis der Fakten, ihren

Folgerungen, ihren Meinungen, ihren Kenntnissen, ihren Annahmen.

Es wäre nicht einfach, die Lehrer auf eine solche Methode hin auszubilden. Im Gegensatz zum Studium von Krankheit und Ungerechtigkeit ist das Studium des Irrtums nie systematisch betrieben worden. Aber das heißt nicht, daß das Fach keine Geschichte hätte. Es gibt viele achtbare Bücher, die sich mit dem menschlichen Irrtum auseinandersetzen. Die frühen Dialoge Platos sind kaum etwas anderes als Meditationen über den Irrtum. Sokrates erkannte an, daß er nicht wußte, was die Wahrheit ist, und er verbrachte viel Zeit damit, die falschen Annahmen jener bloßzustellen, die sich im Besitz der Wahrheit wähnten. Erasmus' *Lob der Torheit* fällt einem dazu ebenso ein wie *Gullivers Reisen* von Jonathan Swift. Moderne Werke zu dem Thema sind: Jacques Elluls *A Critique of the New Commonplaces* (Kritik der neuen Gemeinplätze), Stephen Jay Goulds *The Mismeasure of Man* (Das falsche Maß des Menschen), I. A. Richards *Practical Criticism* (Praktische Literaturkritik), Mina Shaughnessys *Errors and Expectations* (Irrtümer und Erwartungen) und S. I. Hayakawas *Language in Thought and Action* (Sprache im Denken und Handeln).

Solche Bücher zählen normalerweise nicht zur Pflichtlektüre von Lehrern. Wenn sie gelesen würden, kämen die Lehrer sehr wahrscheinlich zu drei bedeutungsvollen Schlüssen. Der erste besagt, daß alle Menschen Irrtümern zum Opfer fallen, einschließlich jener, die über Irrtümer schreiben. Niemand unter uns ist jemals frei davon, und wir sind am gefährdetsten, wenn wir das annehmen. Daß es ein fast unendliches Reservoir an Irrtümern gibt, sollte den Lehrern ein Gefühl der Demut vermitteln und im übrigen auch die Überzeugung, daß die Beschäftigung mit Irrtümern niemals obsolet werden kann.

Der zweite Schluß lautet: Irrtümer sind reduzierbar. Gegenwärtig verwenden Lehrer wertvolle Zeit darauf, in sinnlosen Debatten zu erörtern, ob Intelligenz eine feste Größe ist, ob sie vor allem genetisch ist oder auf das soziale Umfeld zurückgeht, welche Arten der Intelligenz existieren und sogar, ob es eine rassische Komponente der Intelligenz gibt. Solche Debatten sind in bezug auf den Irrtum völlig unnötig. Der Irrtum ist eine Verhaltensform. Er ist nicht etwas, was wir *haben*, er ist etwas, was wir *tun*. Im Gegensatz zur Intelligenz ist er weder eine Metapher noch eine hypothetische Konstruktion, die man über Prüfungsergebnisse mißt. Wir können den Irrtum sehen, lesen, hören. Und es ist möglich, ihn zu reduzieren.

Der dritte Schluß liegt in der Erkenntnis, daß der Irrtum meist verbal in Erscheinung tritt. Es ist richtig, daß unsere Ausdrucksformen vom Denken kontrolliert werden – aber niemand weiß so recht, was dieses »Denken« eigentlich ist. Nur einer Sache sind wir uns gewiß: Denken vollzieht sich überwiegend in der Form von Sätzen oder Phrasen. Wenn wir denken, stellen wir in der Regel Wörter im Kopf zusammen. Wenn wir Irrtümer begehen, stellen wir falsche Wörter und Sätze zusammen. Selbst wenn wir einen nichtverbalen Irrtum begehen, ist dieser Handlung eine Art Selbstgespräch vorausgegangen, das uns vorgespiegelt hat, die Handlungen wären korrekt. Diese Tatsache liefert dem Lehrer einen speziellen Lehrstoff, in dem er zu einem »Experten« werden kann: Seine Expertise läge in der Kenntnis jener verbalen Formen, die zu unnötigen Irrtümern, Fehlern, Mißverständnissen und sogar zu Schmerz führen.

Ich glaube, Bertrand Russel hatte etwas dieser Art vor Augen, als er sagte, das Ziel der Erziehung sei es, den Schülern zu helfen, sich gegen die »Verführungen der Eloquenz« zu wehren – gegen die eigene Eloquenz wie gegen die anderer. Wie ich schon erwähnt habe, glaubten die Griechen der Antike, vor allem die Sophisten, das Studium von Grammatik, Logik und Rhetorik führe dazu, daß der Schüler sich gegen solche Verführungen wappnen könne. Die Sprach- und Redekunst wurde als etwas gesehen, was man heute »Metafächer« nennen könnte, Fächer, die alle Fächer betreffen. Ihre Regeln, Anleitungen, Prinzipien galten als nützlich für das Nachdenken über *jeden* Gegenstand.

Erasmus machte sich in seinem *Lob der Torheit* über jene lustig, die keinen Sinn darin sahen, sich mit der Sprache auseinanderzusetzen. Er fragte sarkastisch, was uns die Grammatik solle, da doch jedermann dieselbe Sprache benutze und nichts weiter erstrebe, als daß der andere ihn verstehe; was die Logik, da es keine Streitereien um die Doppelbedeutungen von Wörtern gebe; was die Rhetorik, da es keine Gerichtsverhandlungen gebe.[1]

Damit wollte er natürlich sagen, daß wir als Menschen immer Schwierigkeiten haben werden, einander zu verstehen, daß wir uns immer um die Bedeutung von Wörtern streiten werden, daß wir immer behaupten werden, von anderen in unserem Recht verletzt zu sein. Nichts geschieht zwischen Menschen, das nicht von Sprache ins Werk gesetzt, befördert, erklärt oder verdunkelt wird – einschließlich unserer Versuche, Wissen zu sammeln. Die Griechen und auch die mittelalterlichen Scholastiker verstanden etwas sehr gut, das wir vergessen zu haben scheinen, nämlich daß alle Lehrfächer Formen des Diskurses sind und daher fast alle Erziehung eine Form der Spracherziehung darstellt. Die Kenntnis eines Faches bedeutet vor allem die Kenntnis der Sprache dieses Faches. Biologie besteht letztlich nicht aus Pflanzen und Tieren; sie besteht aus einer speziellen Sprache über Pflanzen und Tiere. Geschichte besteht nicht aus Ereignissen, die einmal stattgefunden haben; sie ist Sprache, die Ereignisse nach den von Historikern aufgestellten Regeln beschreibt und deutet. Die Astronomie besteht nicht aus Planeten und Sternen, sondern aus einer speziellen Art, über Planeten und Sterne zu sprechen – weit entfernt von der der Poeten.

Daher muß ein Schüler die Sprache eine Faches beherrschen, aber auch das ist nur der Anfang. Denn es reicht nicht aus, die Definition eines Substantivs oder eines Gens oder eines Moleküls zu kennen. Man muß auch wissen, was eine Definition ist. Es reicht nicht aus, die richtigen Antworten zu kennen. Man muß auch die Fragen kennen, die diese Antworten hervorbringen. Und man muß auch wissen, was eine Frage ist, denn nicht jeder Satz, der mit ansteigendem Ton endet oder mit einem Fragewort beginnt, ist unbedingt eine Frage. Es gibt Sätze, die wie Fragen aussehen, aber keine sinnvollen Antworten erlauben, und wenn sie sich, wie Francis Bacon einmal sagte, im Kopf festsetzen, werden sie zu Hindernissen klaren Denkens. Man muß auch wissen, was eine Metapher ist, und man muß einen Begriff haben von der Beziehung zwischen Wörtern und den Dingen, die sie beschreiben. Kurz gesagt, man braucht eine gewisse Kenntnis einer Metasprache – einer Sprache über die Sprache –, um Irrtümer zu erkennen, um sich gegen die Verführungen der Eloquenz wehren zu können.

In einem späteren Kapitel werde ich darauf zurückkommen, wie eine solche Metasprache für Schüler unserer Zeit aussehen könnte. Hier möchte ich zunächst einige andere Wege vorschlagen, wie man Schüler zu Irrtums-Detektoren erziehen könnte – zum Beispiel, indem man alle Fächer aus historischer Perspektive lehrt. Ich kann mir keine bessere Methode vorstellen, um nachzuweisen, daß Wissen kein fixierter Kanon ist, sondern ein fortgesetztes Ringen,

Vorurteile, autoritäre Lehrmeinungen und sogar den »gesunden Menschenverstand« zu überwinden.

Jedes Fach hat seine Geschichte – auch Physik, Mathematik, Biologie und die Geschichte selbst. Ich habe schon einmal William James zitiert, der sagte, jedes Fach werde »humanistisch«, wenn es historisch gelehrt wird. Er hat damit sicherlich sagen wollen, daß es nichts Menschlicheres gibt als die Geschichten unserer Irrtümer und wie wir sie überwunden haben. Um dann in neue Irrtümer zu verfallen, die wir uns daraufhin zu berichtigen bemühten. Das sind endlose Geschichten. Robert Maynard Hutchins hat diese Geschichten die »Große Konversation« genannt, das endlose Gespräch der Menschheit mit sich selbst. Das ist eine dynamische und präzise Metapher, da sie impliziert, daß Erkenntnisse nicht nur von einem Denker zum nächsten weitergereicht, sondern im Laufe dieses Prozesses modifiziert, verbessert und korrigiert werden.

Lehrt man das Atom, ohne Demokrit zu erwähnen, die Elektrizität ohne Faraday, Politwissenschaft ohne Aristoteles oder Machiavelli, Astronomie ohne Ptolemäus, verwehrt man unseren Schülern den Zugang zu dieser Großen Konversation. Nichts von den Dingen zu wissen, die geschahen, bevor man geboren wurde, hieße, ein Kind zu bleiben, sagte Cicero. Und er fragte danach, was ein menschliches Leben wert sei, wenn es nicht mit dem Leben seiner Vorfahren in Beziehung und in einen historischen Zusammenhang gesetzt werde.

Wenn wir das Leben unserer Vorfahren in unsere Pädagogik einbeziehen, entdecken wir, daß einige von ihnen zu jenen gehörten, die große Irrtümer in die Welt setzten, andere zu jenen, die sie korrigierten, manche zu beiden. Und mit dieser Entdeckung leisten wir drei Dinge.

Erstens helfen wir Schülern zu begreifen, daß jegliches

Wissen eine Stufe menschlicher Entwicklung ist, mit einer Vergangenheit und einer Zukunft.

Zweitens – und dies würde Professor E. D. Hirsch erfreuen – stellen wir den Schülern die Menschen und Ideen vor, welche die »kulturelle Bildung« ausmachen, das heißt, wir ermöglichen ihnen ein gewisses Verständnis dessen, woher ihre Ideen kamen und wie sie uns vermittelt wurden.

Und drittens zeigen wir ihnen, daß der Irrtum keine Schande ist, daß er im Gegenteil das Medium ist, durch das wir unser Verständnis der Welt erweitern.

Wenn wir sichergehen wollen, daß die Schüler die letzte dieser Lektionen glauben, müssen wir das ändern, was im allgemeinen die Unterrichtsform genannt wird. Gegenwärtig gibt es im Unterricht wenig Toleranz für Irrtümer. Das ist einer der Gründe, warum Schüler schummeln. Es ist auch einer der Gründe, warum Schüler nervös sind. Es ist sicher der Grund, warum Schüler (und wir alle) so aggressiv darum bemüht sind, das zu rechtfertigen, was sie angeblich wissen. In unterschiedlichem Maße ist es peinlich, sich zu irren; man bezahlt einen hohen Preis dafür. Aber nehmen wir einmal an, die Schüler befänden sich in einer Umgebung, wo das nicht der Fall wäre?

In seinem Buch *Mindstorms* (etwa: Denkstürme) behauptet Seymour Papert, einer der wichtigsten Gründe, warum man Computer im Unterricht einsetzen sollte, sei der, daß Computer dazu *zwingen*, sich Irrtümern gegenüber toleranter zu verhalten.[2] Die Schüler bewegen sich (zumindestens in der Mathematik) auf die richtige Lösung zu, indem sie Fehler machen und sie korrigieren. Der Computer demütigt Schüler nicht, wenn sie Fehler machen, und ermutigt sie, es erneut zu versuchen. Wenn Papert recht hat, dann gibt es in der Tat gute Gründe, den Computer im Unterricht einzusetzen. Sollte er recht haben, ist das natürlich ein indirekter Vorwurf an die Adresse der Lehrer. Kann wirklich nur die Einführung einer Maschine in den Unterricht die Methode von Versuch und Irrtum akzeptabel machen? Bleibt ansonsten das Klassenzimmer ein Ort, an dem der Irrtum – in welcher Form auch immer – bestraft wird?

Nehmen wir einmal an, die Lehrer erklärten in aller Deutlichkeit, daß der gesamte Unterrichtsstoff nicht als verbindlich und gültig, sondern in der Tat als problematisch anzusehen sei – Lehrbücher zum Beispiel. (Und dies ist meine etwas ernsthaftere Antwort auf den Lehrer, der sich fragte, was wir ohne sie tun sollten.) Am besten wäre es natürlich, sie ganz zu eliminieren, sie durch Dokumente und andere Materialien zu ersetzen, die der Lehrer kontrollieren kann – wozu gibt es schließlich Kopierer?

Aber wenn die völlige Abschaffung von Lehrbüchern zu traumatisch ist, dann sollten wir mit ihnen umgehen, ohne ihrer üblichen Absicht zu folgen. Wir würden von der Prämisse ausgehen, daß das Lehrbuch der Versuch einer bestimmten Person ist, uns etwas zu erklären, uns an die Wahrheit über eine bestimmte Frage heranzuführen. Aber wir wüßten von vornherein, daß diese Person uns nicht die ganze Wahrheit sagt. Wir wüßten, daß diese Person bestimmte Vorurteile und Neigungen hat. Wir wüßten, daß diese Person einige diskussionswürdige Fakten, fragwürdige Meinungen und falsche Schlüsse in ihren Text hineingebracht haben muß. Also hätten wir allen Grund, das Lehrbuch dieser Person als Untersuchungsobjekt zu betrachten. Was ist ausgelassen worden? Wo stecken die Vorurteile? Welches sind die diskussionswürdigen Tatsachen, Meinungen und Schlußfolgerungen? Wie würden wir bei einer solchen Untersuchung vorgehen? Wohin würden wir uns wenden, um Tatsachen zu überprüfen? Was ist eine »Tatsache«? Wie würden wir vorgehen, um Vorurteile aufzudecken? Auf welcher Basis würden wir eine Schlußfolgerung als unhaltbar qualifizieren?

Professor Hirsch hält eine solche Methode für problematisch, er lehnt sie ab – weil er glaubt, daß die Schüler, wenn sie etwas über das Lernen lernen, von der Aneignung der Fakten abgelenkt würden, die »gebildete« Menschen kennen müssen. Aber wenn man nach dieser Methode verfährt, lernen die Schüler »Fakten« und »Wahrheiten«, und sie lernen zugleich, wie man sich gegen »Fakten« und »Wahrheiten« wehrt. Wollen wir, daß unsere Schüler wissen, was ein »Substantiv« ist? Das Lehrbuch wird es ihnen sagen, aber das ist erst der Anfang des Lernprozesses, nicht schon sein Ende. Ist die Definition klar? Deckt sie alle Fälle ab? Hat jemand schon einmal eine andere Definition gefunden?

Wollen wir, daß unsere Schüler wissen, was ein »Molekül« ist? Das Lehrbuch wird es ihnen sagen. Aber damit fangen die Fragen erst an. Hat je ein Mensch ein Molekül gesehen? Haben die antiken Denker an sie geglaubt? Wurde das Molekül entdeckt oder erfunden? Wer hat das getan? Nehmen wir an, jemand glaubte nicht an Moleküle, was dann?

Wollen wir, daß unsere Schüler die Ursachen des amerikanischen Revolutionskrieges kennen? Das Lehrbuch wird ihnen welche nennen. Aber aus wessen Perspektive? Und welche Art von historischen Nachweisen gibt es? Was bedeutet »Objektivität« in der Geschichte? Gibt es keinen Weg, die »wirkliche« Wahrheit herauszufinden?

Wenn Schüler mit solchen Fragen konfrontiert würden, so würden sie unweigerlich auf die Erkenntnis stoßen, in welchem Ausmaß Tatsachen und Wahrheiten sich wandeln – je nachdem, wie die Tatsachen geschildert und die Wahrheiten formuliert werden. Sie werden entdecken, wie oft Menschen sich getäuscht, wie dogmatisch sie ihre Irrtümer verteidigt haben, wie schwer es war und ist, Korrekturen durchzusetzen. Glauben wir, daß das Blut durch unseren Körper zirkuliert? Wenn sie die Geschichte der Biologie studieren, werden die Schüler entdecken, daß einige der besten Ärzte noch 150 Jahre, nachdem Harvey den Blutkreislauf nachgewiesen hatte, nicht daran glaubten. Was werden Schüler mit der Tatsache anfangen, daß Galileo unter Androhung der Folter gezwungen wurde, seine Behauptung, die Erde bewege sich, zurückzuziehen? Was werden die Schüler denken, wenn sie sich mit den Argumenten *für* die Sklaverei in den Vereinigten Staaten vertraut machen?

Wird das unsere Schüler zynisch machen? Ich glaube nicht. Nicht, wenn ihre Erziehung ihnen die folgende Geschichte nahezubringen versteht: »Da wir unvollkommene Seelen sind, ist unser Wissen unvollkommen. Die Geschichte des Lernens ist das Abenteuer der Überwindung von Irrtümern. Fehler sind keine Sünde. Die Sünde liegt in unserer Weigerung, unsere eigenen Annahmen zu überprüfen, in unserem Glauben an unerschütterliche Autoritäten.«

Weit davon entfernt, Zynismus zu erzeugen, wird eine solche Geschichte eher einen gesunden und kreativen Skeptizismus wecken, und das ist etwas ganz anderes als Zynismus. Sie widerlegt die Geschichte des Schülers als Bauchredner, der nur Gelerntes wiederholt.. Sie enthält die Hoffnung, daß Schüler und Studenten die Spannung und den Sinn wiederentdecken, an der Großen Konversation teilzunehmen.

Da ich dieses Kapitel mit drei Ideen begonnen habe, die nicht so ernstgenommen worden sind, wie sie gemeint waren, möchte ich es mit einer weiteren abschließen, die wahrscheinlich dasselbe Schicksal erleiden wird. Ich schlage vor, den folgenden Test als eine Art »Abschlußexamen«, in jedem Fach des Lehrplans zu veranstalten:

Beschreiben Sie fünf der signifikantesten Irrtümer, die Gelehrte begangen haben (in der Biologie, Physik, Geschichte etc.). Umreißen Sie, warum es sich um Irrtümer handelte, wer sie beging und welche Personen in der Hauptsache dafür verantwortlich waren, daß sie korrigiert wurden. Sie können Extrapunkte bekommen, wenn Sie einen Irrtum beschreiben, der wiederum vom Korrektor des ursprünglichen Irrtums begangen wurde. Sie bekommen Extrapunkte, wenn Sie auf einen denkbaren Irrtum in unserer gegenwärtigen Vorstellung von (Biologie, Physik, Geschichte etc.) hinweisen. Und sie bekommen Extraextrapunkte, wenn Sie auf einen möglichen Irrtum in Ihren eigenen gegenwärtigen Überzeugungen hinweisen können.

Können Sie sich diese Fragen in einer College-Aufnahmeprüfung vorstellen?

KAPITEL SIEBEN
Das amerikanische Experiment

Vor mir liegt der Bericht des New York State Curriculum and Assessment Council (Lehrplan- und Bewertungsrat) vom April 1994. Sein Titel sagt schon, daß dies mühselige Lektüre ist. Von »Räten« produzierte »Berichte« sind nicht für leichte Lesbarkeit bekannt, ganz zu schweigen von literarischem Stil. Nichtsdestoweniger habe ich ihn gelesen. Der Inhalt ist das für solche Texte übliche, womit ich meine, daß er nicht nur mit gründlich erschöpften Klischees vollgestopft ist, sondern sogar ein paar Wendungen enthält, von denen ich angenommen hatte, sie wären mit John Dewey begraben worden. Der Bericht soll die Empfehlungen »ins Leben rufen« (so heißt es dort), die »bezüglich des *Neuen Lehrauftrags* formuliert wurden, welche vom Verwaltungsrat 1991 verabschiedet worden sind«. Unter den »Hauptprinzipien« dieses Neuen Lehrauftrags findet sich die Doktrin, daß »alle Kinder lernen können«, was einen zu dem Schluß verführen könnte, daß der Alte Lehrauftrag vielleicht angenommen hat, daß nur einige Kinder lernen könnten. Ein weiteres der Hauptprinzipien sagt aus, daß Erziehung auf die Beherrschung des Fachs hinauslaufen solle, ein Gedanke, der wahrscheinlich bis dahin noch keinem Lehrer gekommen war, was erklärt, warum dreißig hervorragende Pädagogen dem Rat mit kollektiver Originalität zur Seite stehen mußten. Ein drittes Prinzip (im ganzen gibt es nur sechs) verkündet, daß Erziehung Erfolg belohnen und Mißerfolg korrigieren solle, was in der Tat kein uninteressantes Prinzip wäre, wenn man darüber diskutieren dürfte. Man könnte zum Beispiel durchaus argumentieren (und dem bin ich im letzten Kapitel ja recht nahe gekommen), daß es besser wäre, wenn wir den Mißerfolg belohnten und den Erfolg korrigierten.

Ich könnte in dieser weinerlichen Form fortfahren, aber es ist nicht meine Absicht, den »Bericht« zu analysieren. Es kann nicht viele Menschen in der Welt, in den Vereinigten Staaten, selbst in New York State geben, die sich sehr dafür interessieren, was sich die Experten des New Yorker Verwaltungsrats haben einfallen lassen. Aber es gibt eine Idee, die sie sich *nicht* haben einfallen lassen, die aber die Aufmerksamkeit vieler Menschen verdient. Der Bericht hat einen Anhang, in dem sich eine Liste von 41 Lehrzielen findet, die definieren, was »Kinder sein sollten, was sie wissen und können sollten«. Diese Ziele sind so angeordnet, daß man ihnen entnehmen kann, was Schüler in einer bestimmten Phase ihrer Erziehung, also auf der Grund-, Mittel- und Sekundarstufe, wissen, verstehen und anwenden sollten.

Wie man sich vorstellen kann, gibt es da natürlich reichlich Möglichkeiten, darunter ein paar, mit denen die Schule nun wirklich nichts zu schaffen hat. Man erwartet von den Schülern beispielsweise, Selbstachtung zu entwickeln, Menschen mit unterschiedlichem kulturellem Hintergrund zu verstehen und einen Zugang zur Kunst zu finden. Es gibt viele weitere Ziele dieser Art, an denen wahrscheinlich niemand etwas auszusetzen hätte. Aber da ist eines, das sozusagen durch Abwesenheit auffällt, zumindest mir. Ich meine das Ziel, »Liebe zum eigenen Land« zu entwickeln oder zu vertiefen. Man hätte doch annehmen können, daß sich unter 41 Zielen der Schulerziehung in Amerika, einer Erziehung, die kostenlos ist, auch das Ziel fände, den Schülern ihr Land zumindest ein wenig näherzubringen. Es gibt, das muß ich zugestehen, ein Ziel, das sagt, den Schülern sollte eine Kenntnis »der politischen, wirtschaftlichen und sozialen Abläufe in den Vereinigten Staaten auf nationaler, staatlicher und kommunaler Ebene« vermittelt werden. Ich empfinde das als ziemlich distanziert und kalt ausgedrückt, insbesondere da ihm der Vorschlag folgt, die Schüler sollten dasselbe über andere Länder erlernen.

Es gibt auch Formulierungen, in denen davon die Rede ist, daß die Schüler gesellschaftliche Werte achten und die Voraussetzungen erlernen sollten, die zur Teilnahme an der demokratischen Willensbildung im Lande notwendig sind. Ich nehme an, daß die Verfasser dieser Lehrziele davon ausgehen, daß Amerika ein Beispiel eines demokratisch regierten Landes ist, auch wenn sie es nicht explizit sagen. Es gibt eine Liste von »Werten«, welche die Schüler akzeptieren sollen, so zum Beispiel Gerechtigkeit, Ehrlichkeit, Selbstdisziplin, Gleichheit und das Recht der Mehrheit bei Achtung der Minderheiten, aber dies sind im Grunde keine »Werte«, sondern Brennpunkte einer großen und andauernden amerikanischen Debatte über die Bedeutung dieser vagen Begriffe. Die Autoren gehen allerdings kaum davon aus, daß die Schüler die Gelegenheit haben werden, die Argumente dieser Debatte kennenzulernen, denn in der Liste der Lehrziele fehlt die »Kenntnis der Geschichte Amerikas«.

Ich führe dies nicht an, weil die Erziehungsexperten im Staate New York ungewöhnlich sind, sondern weil sie typisch sind. In ihrem Zögern, den Patriotismus als »Wert« in ihre Liste aufzunehmen, spiegeln sie eine Tendenz im Lande wider, ein gewisses Unbehagen darüber, wohin der Patriotismus führen könnte. Die Betonung liegt heute sicher eher darauf, sich selbst zu lieben als sein Land zu lieben, was auch bedeutet, daß Philip Rieff eine zutreffende Prophezeiung aussprach, als er über »den Triumph des Therapeutischen« schrieb. Wie auch immer, das Unbehagen am Patriotismus ist verständlich, da er sich nur zu leicht in einen stupiden, xenophobischen Nationalismus verwandelt – wie das Beispiel der Patrioten in Florida zeigt, welche die Überlegenheit Amerikas zu einem festen Bestandteil des Lehrplans gemacht haben.

Ich nehme an, daß ein weiterer Grund für die Zurückhaltung gegenüber dem Patriotismus in der in jüngerer Zeit sehr verbreiteten »revisionistischen« Geschichtsschreibung liegt, welche die häßlicheren Aspekte der amerikanischen Vergangenheit und Kultur ins Bewußtsein hob. Sehr wahrscheinlich denken die Lehrer, daß der Individualismus oder die Betonung der Kulturen anderer Länder ein weniger schlüpfriger und pädagogisch sinnvollerer Pfad ist. Aber indem sie sich vom Patriotismus abwenden, verlieren die Erzieher die Gelegenheit, der Schulbildung eine tiefe und transzendente Erzählung zugrunde zu legen. Ich beziehe mich natürlich auf die Geschichte der Vereinigten Staaten als eines großen Experiments und eines Zentrums einer permanenten Debatte.

Es gibt viele Arten, sich dieser Geschichte zu nähern, und gute Lehrer können auf jeder Ebene mit verschiedenen Methoden arbeiten, wenn sie meinen, diese Geschichte sei ein guter Lehrstoff. Die Ideen, die ich beisteuern kann, sollten als Möglichkeiten betrachtet werden, aber ich nehme doch an, daß folgende Dokumente und Bücher bei jeder denkbaren Methodik ein Rolle spielen würden: Thomas Paines *The Rights of Man*, die Unabhängigkeitserklärung, die Verfassung, Alexis de Tocquevilles *Demokratie in Amerika*, die Gettysburg Address, die Proklamation der Sklavenemanzipation, *Die Abenteuer Huckleberry Finns*, *Der scharlach-*

rote Buchstabe, John Deweys *Democracy and Education*, John F. Kennedys »Inaugural Address« und Martin Luther Kings »I have a dream«-Rede.

Sollte ein Lehrer diese Texte nicht gelesen haben, würde ich ihn ungerne auf Schulkinder loslassen. Aber wenn man voraussetzt, daß ein Lehrer weiß, was diese Werke bedeuten, könnte er damit beginnen, einige der großen Experimente vorzustellen, welche die amerikanische Kultur charakterisieren und auf die der Rest der Welt mit Staunen geblickt hat.

Jedes dieser Experimente begann mit einer Frage. Die erste dieser Fragen lautete natürlich: »Ist es möglich, eine stabile Kultur aufzubauen, die ein Höchstmaß an religiöser und politischer Freiheit erlaubt?« Die Ursprünge dieser Frage gehen in die Zeit vor der Gründung der Vereinigten Staaten zurück. Wie weit der Lehrer historisch zurückgeht, hängt vom Alter und der Erfahrung der Schüler ab. Ich glaube, daß Schüler der fünften, sechsten und sicherlich siebten Klasse eine Reihe der Diskussionen verstehen könnten, die im achtzehnten Jahrhundert um die Bedeutung solcher Begriffe wie »Freiheit«, »Gleichheit«, Verbot der Haft ohne Gerichtsverfahren und »Gottesgnadentum« der Könige geführt wurden. Schüler höherer Klassen könnten sich mit weniger bekannten, aber signifikanten Diskussionen beschäftigen. De Tocquevilles Unterscheidung zwischen »Egoismus« und »Individualität« zum Beispiel – er hielt beide für gefährlich – ist ein komplexes Thema, aber für Schüler der zehnten oder elften Klasse durchaus lohnend.

Wenn wir uns dem Argument anschließen, daß die Schüler ein Fach »beherrschen« sollten, dann dürfte kein Schüler die achte Klasse verlassen, ohne das Erste Amendment auswendig zu können, das schließlich die verbindliche gesetzliche Antwort auf die Frage nach dem zulässigen Ausmaß der

Redefreiheit ist (oder vielleicht weniger eine Antwort als eine Hypothese, die sich immer noch auf dem Prüfstand befindet). Ich bin mir der Tatsache bewußt, daß moderne Pädagogen gegen das Auswendiglernen sind, aber ich glaube, daß Schüler gewisse fundamentale Texte im Kopf haben sollten. Das Erste Amendment besteht im übrigen aus nur 45 Wörtern, und ich kann mir nicht vorstellen, daß das Gehirn eines Schülers von einer solchen Gedächtnisleistung geschädigt würde. (Die Gettysburg Address hat 272 Wörter, und eine Reihe von Lehrern hat mir gesagt, daß dies das Vermögen vieler Schüler bei weitem übersteigt, sie könnten es allenfalls schaffen, wenn man den Text mit Musik unterlegte.)

Ich bin nicht qualifiziert, eine Geschichtsstunde zu halten, und ich würde mir schon gar nicht zutrauen, einen Lehrplan für Geschichte aufzustellen. Ich möchte nur auf drei weitere Punkte hinweisen: Erstens muß sich das Studium des amerikanischen Experiments, was die Freiheit der Rede angeht, in dem Maße vertiefen, wie die Schüler von der Grundschule zur High School und dann zum College fortschreiten. Die Komplexität der Argumente muß sich erhöhen und die Dokumente, in denen sie auftauchen, müssen vielfältiger werden.

Zweitens sollte auf jeder Stufe klar sein, daß die Diskussion über die Ausdrucksfreiheit des Individuums nicht abgeschlossen ist; daß sie heute mit derselben Leidenschaft wie früher weitergeführt wird, insbesondere in den Dimensionen der Frage, die gegenwärtig auf der Tagesordnung stehen. Also: Fällt Pornographie unter den Schutz des Ersten Amendment? Schließt die Pressefreiheit das Fernsehen ein? Ist das Schulgebet eine Verletzung der Religionsfreiheit? Dies sind Fragen, von denen, so scheint mir, unsere Schüler etwas wissen müssen, wenn sie an der Großen Amerikanischen Konversation teilnehmen sollen.

Der dritte Punkt, den man betonen muß, ist der, daß es natürlich noch neun weitere Amendments gibt, welche die Bill of Rights ausmachen, von denen die meisten – insbesondere das zweite, vierte, fünfte und sechste – von Anfang an intensive Diskussionen ausgelöst haben, Diskussionen, die noch immer anhalten. Es gibt zum Beispiel eine Menge Leute, die das Zweite Amendment so auslegen, daß die Regierung keinen Bürger daran hindern kann, Waffen zu besitzen. Andere sind der gegenteiligen Meinung. Im Juli 1994 mußte ein Richter in dem weltweit mit großer Publizität verfolgten Doppelmordfall O. J. Simpson über eine Frage des Vierten Amendment entscheiden – ob gewisse Beweismittel von Polizeibeamten illegal beschlagnahmt worden waren oder nicht. Es gibt Kriminalbeamte, die trotz einer Entscheidung des Obersten Gerichtes im gegenteiligen Sinne nicht glauben, daß das Fünfte Amendment verletzt wird, wenn sie Festgenommenen nicht sofort nach der Verhaftung ihre Rechte verlesen. Die Diskussion ist keinesfalls abgeschlossen, und jeder hat das Recht, daran teilzunehmen. Ist es übertrieben zu sagen, daß solche Diskussionen dem amerikanischen Experiment Vitalität und Glanz verleihen? Ist die Hoffnung verstiegen, daß unsere jungen Leute es lernen mögen, diese Tradition zu ehren und sich von ihr inspirieren zu lassen?

Das zweite große amerikanische Experiment begann etwa in der Mitte des 19. Jahrhunderts. Dabei stand die Frage im Mittelpunkt: »Ist es möglich, eine stabile Kultur aus Menschen verschiedener Sprachen, Religionen, Traditionen und Rassen aufzubauen?« Henry Adams glaubte, die Antwort laute »nein«. Henry James stimmte ihm zu, und T. S. Eliot erschreckte der Gedanke sosehr, daß er nach England zog und dort blieb. Auf der anderen Seite glaubte H. L. Mencken, der deutscher Abstammung war, daß jene, die weiß, angelsächsischer Herkunft und protestantisch waren – also die berühmten WASPs –, inkompetent und den anderen ethnischen Gruppen, die nach Amerika einwanderten, intellektuell nicht gewachsen seien. Im Gegensatz zu den WASPs aber waren die Einwanderungsquoten für die anderen ethnischen Gruppen beschränkt, was zum Teil den gesellschaftlichen Wert widerspiegelte, der ihnen zugemessen wurde. Also gab es darüber von Anfang an eine Diskussion, und sie hat sich bis heute fortgesetzt. Sollen die Vereinigten Staaten alle hereinlassen? Sind einige ethnische Gruppen anderen vorzuziehen? Wenn Unterschiede gemacht werden sollen, auf welcher Basis? (Einige der frühen I. Q.-Tests fielen besonders für die Juden schlecht aus, so daß die Meinung aufkam, man solle ihren Zuzug begrenzen!) Soll Englisch die Amtssprache Amerikas sein? Und natürlich die schwierigste aller Fragen: Was sollen wir mit unseren Ex-Sklaven machen? Sollen sie für das, was ihnen angetan wurde, entschädigt werden?

Ich behaupte nicht, daß die Diskussionen solcher Fragen immer rational sind – oder waren. Hinter vielen von ihnen steckt Furcht oder Ignoranz oder, was schlimmer ist, falsche Information. Aber solange diskutiert wird, kann man die Furcht vermindern, die Ignoranz überwinden und die Falschinformation korrigieren. Hat jemand Zweifel daran, daß unsere Schüler die Geschichte dieser Diskussionen kennen sollten? Was daran hat Henry Adams so unzufrieden gemacht? (Wenn unsere Schüler seine Autobiographie, *The Education of Henry Adams*, nicht lesen können, kann ein guter Lehrer vielleicht zusammenfassen, was er darin sagt.) Was erschreckte T. S. Eliot? (Wenn Schüler etwas von ihm lesen sollen, würde ich vorschlagen, daß sie *Christentum und Kultur* lesen, nicht die Lyrik.) Und wäre es zuviel verlangt, daß die Schüler Emma Lazarus' Gedicht »The New

Colossus« auswendig lernen? Das Gedicht gibt es auch in Liedform – vielleicht macht das das Auswendiglernen so leicht wie Bruce Springsteens »Born in the USA«? Es ist schließlich auch eine Art Argument für das, was Amerika in den Augen der Autorin sein sollte.

In jedem Fall bezweifle ich nicht, daß Lehrer ausreichend Material finden können, um die Idee zu illustrieren, daß Amerika als »Schmelztiegel« ein gewaltiges soziales Experiment war und dies noch immer ist. Über die Vorteile und Nachteile dieses Experiments hat es immer Debatten gegeben, und sie werden wahrscheinlich auch nicht so schnell ein Ende finden. Ich wäre erstaunt, wenn amerikanische Studenten und Schüler zu dieser Frage des Schmelztiegels keine Meinung hätten, die uns zurück in die Vergangenheit und vorwärts in die Zukunft brächte.

Das dritte große Experiment begann gegen Ende des 19. Jahrhunderts und wurde durch die Realität des zweiten Experiments, der multikulturellen Bevölkerung, zu einer noch größeren Herausforderung. Hier lautete die zentrale Frage: »Ist es möglich, allen Bürgern des Landes eine freie, öffentliche Schulerziehung zukommen zu lassen?« Die Amerikaner waren keineswegs immer einig, ob eine solche Erziehung wünschenswert sei, obwohl inzwischen fast ein Jahrhundert vergangen ist, seit jemand das letzte Mal ein respektables Argument dagegen vorgebracht hat. In letzter Zeit hat es Argumente zugunsten privat geführter öffentlicher Schulen nach dem Modell von Christopher Whittles bereits erwähntem Edison Project gegeben.

Die Schulen dieser Art wären für die Schüler kostenlos, oder fast kostenlos, der Unternehmer, der die Schule führt, würde sich durch Werbung und spezielle Berufsausbildung finanzieren. Whittle behauptet, Verträge zu haben, die ihm die Leitung von drei Schulen in Massachusetts überlassen, und er hofft, weitere Verträge abschließen zu können. Inzwischen soll er allerdings in finanziellen Schwierigkeiten sein. Wie auch immer, das Argument für eine solche Schulform lautet, daß sie über eine am freien Markt orientierte Methode den Jugendlichen eine bessere Ausbildung bieten könne. Die National Education Association ist ein leidenschaftlicher Gegner dieser Idee, ihr Vorsitzender, Keith Geiger, ist der Auffassung, daß die Amerikaner »eine gemeindeorientierte, nicht eine von Firmen aufgezwungene Erziehung für ihre Kinder wollen«.[1]

Dies ist eine interessante Diskussion, und ihr Ergebnis wird signifikante politische und soziale Implikationen haben. Aber die Diskussion ist bei weitem nicht so wichtig wie jene, in der es um die Frage geht, was eigentlich mit »Erziehung« gemeint ist.

Ich glaube, es ist nicht verkehrt zu sagen, daß Lehrer gezögert haben, diese Frage mit den Schülern zu diskutieren, obwohl dies durchaus im Rahmen eines High School-Unterrichts zu bewältigen wäre. Auch auf dem College wird »Erziehung« als Studiengegenstand nur selten ernstgenommen. Dabei haben viele hochgeschätzte Philosophen extensiv über Erziehung geschrieben. Konfuzius und Plato könnte man geradezu als das bezeichnen, was man heute »Lehrplanspezialisten« nennt. Cicero, Quintilian, Erasmus, Locke, Rousseau und Thomas Jefferson nahmen sich des Themas an, und der große englische Dichter John Milton war von der Aussicht, einen Essay über Erziehung zu verfassen, so bewegt, daß er die Reform der Erziehung »eines der größten und edelsten Vorhaben, über die man nachdenken kann«, nannte. In der Neuzeit haben sich so herausragende Denker wie William James, Bertrand Russell, Alfred North Whitehead und natürlich John Dewey mit der Erziehung beschäftigt. Sowohl Ludwig Wittgenstein als auch Karl

Popper waren Grundschullehrer und schon deshalb an dem Thema tief interessiert.

Der entscheidende Punkt dabei ist die Tatsache, daß es enorm viel Material zu dem gibt, was »Erziehung« bedeutet und wie sie verwirklicht werden sollte. Und Amerikaner haben daran großen Anteil gehabt, weil sie die allgemeine Schulpflicht erfunden haben und immer leidenschaftlich an der Frage interessiert waren, wie die jungen Bürger in der Schule behandelt werden sollten. Da gibt es also einen reichen Schatz an Argumenten, mit denen unsere Schüler vertraut gemacht werden sollten. Erfahrene Lehrer werden wissen, wann und wie sie das tun sollten, aber die folgenden Gedanken sollten dabei immer im Vordergrund stehen: Erstens, daß die Schüler, da diese Argumente sie selbst betreffen – ihre Aufnahmefähigkeit, ihr Interesse, ihre Entwicklung –, das Recht haben, dazu gehört zu werden. Zweitens, daß es zwar viele weise Gedanken, aber keine definitive Wahrheit über Erziehungsfragen gibt. Und drittens, daß es keine intellektuelle Aktivität gibt, die »amerikanischer« wäre als der Streit darum, wie Erziehung beschaffen sein sollte. Die Amerikaner stützen sich auf ihre Schulen, mehr noch als auf ihre Gerichte, um die Vision dessen, was sie sein wollen, auszudrücken. Deshalb sind sie ständig bereit, über das zu diskutieren, was in den Schulen geschieht.

Nun zum vierten großen Experiment. Wie zwei der anderen begann auch dieses im 19. Jahrhundert, hat aber im 20. seine eigentliche Dynamik und Kraft entfaltet. Es wirft die folgende Frage auf: »Ist es möglich, das Beste an den amerikanischen Traditionen und sozialen Institutionen zu erhalten und zugleich eine unkontrollierte technologische Entwicklung zuzulassen?« Einige Leser werden wissen, daß ich mich mit dieser Frage schon in früheren Schriften befaßt und sie wie auch Lewis Mumford oder Jacques Ellul mit nein beantwortet habe. Aber ich bin mir bewußt, daß es viele ernsthafte Sozialkritiker gibt, die sie mit ja beantworten. Überdies scheinen die meisten Amerikaner der bejahenden Antwort zuzuneigen, obwohl es, wenn ich mich nicht täusche, in dieser Hinsicht ein schleichendes Unbehagen unter denen gibt, die das Gefühl haben, vielleicht zu schnell geantwortet zu haben. Auf jeden Fall läuft hier ein Experiment ab, und es wird von Menschen auf der ganzen Welt sorgfältig beobachtet. Da viele Industrienationen dieser Frage im Kontext ihrer Institutionen und Traditionen gegenüberstehen, blicken sie gespannt auf Amerika. Daß die Fragen, die dieses Experiment aufwirft, den amerikanischen Schülern und Studenten vorgelegt werden sollte, ist ziemlich offensichtlich. Die Antworten werden eine gewaltige Auswirkung auf ihr Leben haben; dennoch sind sich viele unserer jungen Leute gar nicht darüber im klaren, daß hier überhaupt eine Frage vorliegt, daß es da etwas gibt, über das man streiten kann.

Man wird da vielleicht bei den Wurzeln des Problems ansetzen müssen, unter Umständen mit Hilfe der Science Fiction. Mary Shelley, Aldous Huxley, George Orwell und Ray Bradbury sind relevante Autoren, die vor den Auswirkungen der Technikbesessenheit gewarnt haben. Edward Bellamy (*Looking Backward*), B. F. Skinner (*Walden II*) und Arthur Clarke (*2001*) blicken etwas hoffnungsfroher in die Zukunft. Wenn ich die Seite der Technologiekritik hier zu sehr betont habe, kann man der anderen Seite noch Alvin Tofflers Bücher zuschlagen, besonders seinen Klassiker *Der Zukunftsschock,* der nicht als Science Fiction gedacht ist, sich aber so liest.

In einem Sinne handelt es sich hier natürlich um eine alte Diskussion; immer schon haben sich Denker mit der Frage beschäftigt, ob die Technologie die Menschheit entmündigt oder bereichert. Im 19. Jahrhundert schrieb zum Beispiel William Blake über die »dunklen satanischen Fabriken«, die den Männern die Seele nahmen. Matthew Arnold warnte, der »Glaube an Maschinen« sei die größte Bedrohung der Menschheit. Carlyle, Ruskin und William Morris wüteten gegen die spirituelle Verarmung, die der industrielle Fortschritt mit sich bringe. Auf der anderen Seite hielt Mark Twain ihn für etwas Wunderbares und gratulierte Whitman einmal, daß dieser in einem Zeitalter lebte, das der Welt die Wohltaten des Kohleteers angedeihen ließ. In jüngerer Zeit formulierte C. P. Snow, was er als die definitive Antwort auf Technikpessimisten betrachtete. Er meinte, daß die industrielle Revolution, die durch eine fortgeschrittene Technologie ermöglicht wurde, die einzige Hoffnung der Armen sei. Ihr Leben sei von der Technologie aus jahrhundertealter Erniedrigung erlöst worden. Kann jemand das bestreiten?

In unserer Zeit hat sich der Streit von den Wirkungen der Maschine auf die Effekte elektronischer Impulse verlegt. Da diese Diskussion relativ neu ist, sind viele der Fragen noch nicht präzise formuliert. Und in einem bemerkenswerten Fall wurde eine Frage gestellt, die fälschlicherweise für eine Antwort gehalten wurde. Ich beziehe mich auf die von Marshall McLuhan formulierte Frage: Wie verändert die Struktur eines Mediums die Formen, in denen Menschen die Welt sinnlich erfahren? McLuhan selbst bot viele spekulative Antworten an – einige von ihnen wild und abseitig –, die deshalb viele Denker dazu verleiteten, sich um seine Antworten zu streiten, statt seine Frage ernstzunehmen. Jeder, der *Understanding Media* genau gelesen hat, wird feststellen, daß dies ein Buch voller Fragen ist, die darauf zielen, Interesse an den *Formen* menschlicher Kommunikation zu wecken. Aus dem Buch spricht auch McLuhans

Glaube, daß jüngere Leute durchaus die Fähigkeit haben, sich mit solchen Fragen auseinanderzusetzen. Sie sind nicht (um eins von McLuhans Wortspielen zu benutzen, das er, glaube ich, von Joyce borgte) so »ABCed-minded«* wie ihre Lehrer es oft sind, und sie können deshalb die Auswirkungen, insbesondere von Nicht-Druck-Medien, klarer erfassen als Menschen, die an das Lesen von Büchern gewöhnt sind. Ich gehe hier davon aus, daß Lehrer Bücher lesen. Sollte ich mich da täuschen, würde ich über die Implikationen lieber nicht nachdenken.

In jedem Fall haben Fragen nach den Wirkungen der Medien und den verschiedenen Formen, in denen Informationen heute »verpackt« und vermittelt werden, Relevanz für alle anderen Diskussionen, die zur Zeit in Amerika ablaufen. Begrenzen oder erweitern das Fernsehen und die Computertechnologie die Möglichkeiten authentischer und substantieller Meinungsfreiheit? Schaffen die neuen Medien ein »globales Dorf« oder zwingen sie die Menschen zu einem Rückfall in tribale Identitäten? Machen die neuen Medien Schulen überflüssig? Schaffen sie neue Konzepte der »Erziehung«?

Ich gebe zu, daß solche Fragen im allgemeinen aus High School-Klassenräumen herausgehalten worden sind, und daß die Schüler bis zum College warten mußten, bevor sie mit ihnen konfrontiert wurden. Das ist aus zwei Gründen ein Fehler.

Erstens weil Jugendliche in den Teens, wie ich gesagt habe, die Medien gut kennen, die in Amerika zur Verfügung stehen, und daher vielleicht erfrischende Meinungen zu dem Thema haben werden.

* Ein Wortspiel mit »absent-minded«, geistesabwesend, und zugleich ein Hinweis auf die »Buchstabengläubigkeit« vieler Lehrer. A.d.Ü.

Zweitens weil man sie nicht in Unkenntnis der ernsthaften Argumente für und wider ihre von Medien gemachte Welt halten darf. Sie haben das Recht, informiert und auch gehört zu werden.

Und da ist noch ein weiterer Punkt, den man nicht vernachlässigen darf. Die Methode, die ich hier umrissen habe – das Studium der Diskussionen um die Meinungsfreiheit, um die »Melting pot«-Kultur, um die Bedeutung der Erziehung für eine ganze Bevölkerung, um die Auswirkungen der Technologie –, läuft nicht einfach nur auf die Frage hinaus, wie man einen Lehrplan aufstellt. Dies ist vielmehr eine kraftvolle Geschichte, die Amerika in seinem Kern erfaßt. Die Geschichte sagt aus, daß das Experiment und die Diskussion die typisch amerikanische Handlungsweise sind. Wir experimentieren, um die Dinge zu verbessern, und wir diskutieren darüber, welche Experimente lohnend sind. Und wenn wir experimentieren, machen wir Fehler, zeigen unsere Ignoranz und Ängstlichkeit und Naivität. Aber wir machen weiter, weil wir an die Zukunft glauben, weil wir glauben, daß wir bessere Experimente machen und bessere Argumente finden können. Das, so scheint mir, ist eine gute Geschichte, und es würde mich nicht überraschen, wenn Schüler sich davon berühren ließen und sie als Begründung des Lernens akzeptierten.

KAPITEL ACHT
Das Gesetz der Vielfalt

In seiner großen Studie der Demokratie in Amerika kam Alexis de Tocqueville zu dem Schluß, daß alle unsere politischen Probleme irgendwann vor Gericht landen. Hätte es zu der Zeit, als er schrieb, ein öffentliches Schulsystem gegeben, hätte er vielleicht angefügt, daß alle sozialen Probleme Amerikas irgendwann in der Schule landen. Sind die Schüler nicht motiviert genug? Sind sie verwirrt oder unwissend, was die moralischen Aspekte des Sex angeht? Fahren sie schlecht Auto? Brauchen sie psychologische Hilfe? Wissen sie zuwenig über die Gefahren von Drogen, Alkohol und Nikotin? Was wissen sie über Aids?

In Amerika ist es die Aufgabe der Schule, sich diesen Problemen zuzuwenden. Natürlich haben wir reichlich Grund anzunehmen, daß die Schule damit überfordert ist, und es gibt genug Fachleute, die meinen, daß wir die Schulen in gutfinanzierte Müllhalden verwandeln, indem wir ihnen unlösbare soziale Probleme zuschieben. Das ist eine grobe Form des Widerspruchs, und sie geht oft mit ungerechter Kritik an den Schulen einher. Aber nichtsdestoweniger wird zu Recht kritisiert, daß die Schulen Aufgaben zugewiesen bekommen, an denen andere soziale Institutionen scheitern. Dabei wird vor allem argumentiert, daß Lehrer nicht die Kompetenz haben, als Priester, Psychologen, Therapeuten, Reformpolitiker, Sozialarbeiter, Sexberater oder Eltern zu fungieren. Daß einige Lehrer dies trotzdem möchten, ist verständlich, da sie auf diese Weise ihr Prestige erhöhen. Daß einige sogar meinen, es sei notwendig, ist auch verständlich, da viele gesellschaftliche Institutionen, darunter die Familie und die Kirche, viel von ihrem Einfluß verloren haben. Aber auf diesen Gebieten unausgebildete Lehrer sind nicht besser als ineffektive soziale Institutionen; es ist eine schlichte Wahrheit, daß es in der Ausbildung der Lehrer wenig gibt, was sie dazu qualifiziert, die Aufgaben dieser anderen Institutionen zu übernehmen. Damit meine ich natürlich nicht, daß die Lehrer *ihre* Arbeit nicht tun könnten. Ich meine, daß sie nicht *jedermanns* Arbeit tun können.

Ich will gleich dazu sagen, daß es nicht wahrscheinlich ist, daß die Amerikaner ihre Meinung über die Verantwortung der Schule ändern werden, insbesondere zu einer Zeit, da die Wirksamkeit anderer Institutionen so fragwürdig ist. Unter den umstritteneren Bemühungen dieser Art ist der Versuch mancher Schulen, das Gefühl ethnischen Stolzes unter den Schülern zu verstärken, eine Aufgabe, die früher von der Familie wahrgenommen wurde. Ich habe bereits geschrieben, daß ich dies für eine schlechte Idee halte – sie läßt die wesentliche Aufgabe einer öffentlichen Schule außer acht, nämlich umfassende Erzählungen zu finden und zu fördern, an die alle Schüler glauben können.

Das Prinzip der Vielfalt ist eine solche Erzählung, und sie wird seltsamerweise manchmal mit dem Gedanken ethnischen Stolzes verwechselt. Das Verständnis für die Vielfalt zu fördern, ist in der Tat das Gegenteil der Förderung ethnischen Stolzes. Während der ethnische Stolz nach innen gerichtet ist, auf die Talente und Leistungen der eigenen Gruppe, richtet sich die Anerkennung der Vielfalt nach außen, auf die Talente und Leistungen aller Gruppen. Die Geschichte der Vielfalt will uns vermitteln, daß unsere

Interaktionen mit vielen verschiedenen Menschen uns zu dem machen, was wir sind. Ihre Botschaft wird von der faktischen Entwicklung menschlicher Kulturen stark gestützt. Sie tritt nicht an die Stelle der Funktion oder Autorität anderer sozialer Institutionen. Sie untergräbt den ethnischen Stolz nicht, sondern setzt die jeweilige Ethnitizität in den Kontext unserer gemeinsamen Kultur. Sie trägt dazu bei, die Vergangenheit zu erklären, der Gegenwart Klarheit und Transparenz zu verleihen und Leitlinien für die Zukunft zu entwickeln. Sie ist, kurz gesagt, eine machtvolle und inspirierende Erzählung, die man in öffentlichen Schulen einsetzen kann.

Unter den vielen Ausdrucksformen kultureller Vielfalt gibt es vier, die von besonderer Bedeutung sind: Sprache, Religion, Gebräuche und Kunst. Jede dieser Ausdrucksformen kann man sich als ein Hauptthema vorstellen, das in der Lage wäre darzustellen, wie die Verschiedenartigkeit zu einer verstärkten Vitalität des Ganzen und darüber zu einem Gefühl der Einheit beiträgt.

Sprache

Wenn man dem Studium der Sprachgeschichte des Englischen im Unterricht einen bevorzugten Platz einräumte, würde man den Schülern einen direkten Einblick in die Bedeutung der Vielfalt geben können, und für mich ist es ein Rätsel, warum jene, die leidenschaftlich von der Wichtigkeit der Vielfalt sprechen, noch nicht darauf gekommen sind. Wie ich schon vorher bemerkt habe, ist Englisch die »multikulturellste« Sprache der Erde, und jeder, der sie spricht, ist Menschen verschiedener Kulturen verpflichtet. Man hat zum Beispiel gesagt, daß Englisch nur ein schlecht ausgesprochenes Französisch sei. Das ist natürlich eine wilde Übertreibung – wahrscheinlich stammt sie von einem verbitterten Franzosen. Aber die englische Sprache hat wirklich Tausende von Wörtern aus dem Französischen übernommen, ein Prozeß, der im zwölften Jahrhundert begann und vor allem den Bereich des Rechts berührte. Andererseits könnte man auch sagen, daß Englisch im Grunde ein schlecht ausgesprochenes Deutsch ist, da es seine Anfänge als eine germanische Sprache nahm. Fast alle englischen Wörter, die mit *sk* beginnen, *skill, skim, scare* oder *sky* zum Beispiel, sind wiederum skandinavischen Ursprungs.

Diese Wörter wurden durch verschiedene Invasionen und Eroberungen Teil der englischen Sprache. Vielfalt wird manchmal teuer bezahlt. Die Angeln, Sachsen und Jüten drangen in Britannien ein, das zu der Zeit eine Provinz des Römischen Reiches war, vertrieben die Kelten und sprachen das, was wir heute »angelsächsisch« nennen. Im achten Jahrhundert kamen die Dänen. Im zwölften Jahrhundert die Normannen. Otto Jespersen, einer der großen Gelehrten auf dem Gebiet der englischen Sprachgeschichte und selber Däne, fragte sich, warum die meisten englischen Wörter für ungebratenes Fleisch angelsächsischer Herkunft sind, also *cow, swine, sheep, calf*, und die meisten der Wörter für gebratenes Fleisch normannischer Herkunft, also *beef, pork, mutton, veal.* Er erklärte sich das so: Da die Normannen die Angelsachsen unterwarfen, wurden die ihre Diener. In der Küche benutzten sie ihre eigenen Wörter, im Speisezimmer indessen mußten sie die normannischen Begriffe gebrauchen. (Da bleibt noch immer ein Geheimnis: Das Wort *breakfast* – Frühstück – ist angelsächsischer Herkunft; *dinner* und *supper* – Mittag- und Abendessen – dagegen normannischen Ursprungs. Aßen die Normannen erst ab Mittag?)

Die Geschichte der englischen Sprache zu studieren, heißt daher, die Geschichte der englischsprechenden Völker kennenzulernen. Oder umgekehrt, wie man es wahrscheinlich machen wird, wenn man die Bedeutung kultureller Interaktion hervorheben will. Ich weiß nicht, in welchem Alter die Schüler mit der Geschichte der englischen Sprache unter Betonung ihrer multikulturellen Dimensionen beginnen sollten, aber ich weiß, daß man es in der siebten Klasse machen kann, da ich es getan habe.

Auch wenn ich die Nostalgie eines alten Lehrers streng unter Kontrolle halte, kann ich mich an die Begeisterung und sogar das Staunen der Siebtkläßler erinnern, als sie zunächst den Ursprung ihrer eigenen Namen und dann die unterschiedlichen Quellen der Namen geläufiger Lebensmittel und Speisen entdeckten. *Soup* ist französisch. *Cheese* kommt aus dem Lateinischen. *Burger* aus dem Deutschen. *Squash* ist indianisch; *cole slaw* holländisch; *pie* irisch; *waffle* deutsch; *banana* afrikanischer Herkunft; *coffee* arabisch; *chili* spanisch; *pepper* indisch; *cookie* holländisch; *turkey* arabisch; *sauce* französisch; *soy* japanisch; *coke* amerikanisch.

Diese für den Kopf sehr nahrhafte Untersuchung führte zu einer Diskussion über das Wachstum der englischen Sprache und ihrer Dankesschuld gegenüber Sprachen auf der ganzen Erde. Eine solche Untersuchung könnte man Etymologie nennen oder historische Linguistik oder einfach »Ursprünge«. Vielleicht »Ursprünge« in der Grundschule, weil es weniger einschüchternd klingt, »Etymologie« in der High School und »Historische Linguistik« im College. Der Name ist nicht wichtig, der Stoff selbst ist es.

Das amerikanische Englisch ist für eine solche Studie der Vielfalt besonders fruchtbar, da seine multikulturellen Einflüsse anhaltend und machtvoll waren. Keine Volksgruppe, die nach Amerika kam, ist spurlos an der Sprache vorübergegangen, alle haben Wörter und mit ihnen Ideen beigetragen. Ich erinnere mich an das Erstaunen einer afroamerikanischen Schülerin, als sie entdeckte, daß das Wort *hominy* (Maisbrei) nordamerikanisch-indianischen Ursprungs ist. Das brachte sie dazu, Wörter afrikanisch-amerikanischer Herkunft aufzuspüren (dies war eine Manifestation ethnischen Stolzes, aber im Rahmen der Vielfalt). Es gibt viele solcher Wörter, und vielleicht versucht sie noch immer den Ursprung von »juke« – wie in Juke-box – herauszufinden, das anscheinend von schwarzen Musikern in New Orleans erfunden wurde. Genau weiß es aber niemand.

Walt Whitman hat geschrieben: »Die neuen Zeiten, die neuen Menschen, die neuen Ausblicke brauchen eine neue Zunge«, und er fügte hinzu: »Ja, und was mehr ist, sie werden eine neue Zunge haben.« Er hatte recht. Aber wir taten das, indem wir von jeder verfügbaren Sprache borgten, darunter auch die Hunderte von Namen für Flüsse, Berge, Städte und Landschaften, die aus den indianischen Sprachen stammen. Wir taten das auch durch die Benutzung des Slang. Slang ist eine Form der Umgangssprache, die einen schlechten Ruf hat, der vor allem durch Schullehrer aufrechterhalten wird. Sie haben in gewisser Weise recht, da Slang immer im Geist des Widerstandes entsteht, weshalb jene Gruppen am meisten zu ihm beitragen, die mit der Gesellschaft unzufrieden sind, sich von ihr ab oder gegen sie gewandt haben. Die wahrscheinlich kreativste Quelle des Slang in unserer Zeit sind die Afroamerikaner, die ein besonderes Geschick darin zeigen, traditionelle Bedeutungen in ihr Gegenteil zu verkehren – »bad« wird gut, genau wie »funky« und »fat«. Etwas kann so »cool« sein, daß es »hot« wird. Zornige Frauen, unterdrückte Homosexuelle, verwirrte Einwanderer und natürlich radikale Studenten haben in hohem Maße zum Reichtum der Sprache beigetragen und alten Bedeutungen neue unterlegt. Die Wörter »mob«, »chum« und »snob« stammen von den Universitätsstudenten zu Anfang unseres Jahrhunderts.

Linguistische Vielfalt entsteht also nicht nur aus der Vermischung von Sprachen, sondern auch aus der Unterschiedlichkeit sozialer und regionaler Dialekte innerhalb einer Sprache. Wenn man den Ursprüngen der Wörter nachspürt, dauert es nicht lange, bis man begreift, wieviel die Sprache dem Prinzip der Vielfalt schuldet.

Aber ich glaube nicht, daß die Kenntnis der englischen Sprache für unsere Schüler ausreichend ist. Wenn wir es ernst damit meinen, die Vielfalt zu einer zentralen Erzählung in der Schulbildung unserer Kinder zu machen, ist es unabdingbar, daß sie zumindest eine weitere Sprache erlernen. Das ist, fürchte ich, schon viele Male gesagt worden, aber es wurde nie geleistet und vielleicht noch nicht einmal ernsthaft versucht.

Unser Scheitern in dieser Hinsicht ist eine wahrhaft internationale Peinlichkeit. Es gibt verschiedene Gründe für dieses Versagen. Wir beginnen zu spät mit dem Fremdsprachenunterricht (in der High School), wir haben keine guten Lehrer in diesem Bereich, und vor allem haben wir englischsprechendes Land in Tausenden von Meilen Umgebung. Es gibt sogar eine politische Bewegung, die den Gebrauch einer Fremdsprache unter den Bürgern des Landes entmutigen möchte, indem sie Englisch zur »Amtssprache« Amerikas machen will. Dies ist eine weitere von den Franzosen geborgte Idee, die davon besessen sind, ihre Sprache vor fremden Einflüssen zu schützen, und die sogar eine offizielle »Akademie« besitzen, die sie rein halten soll. Aber die englische Sprache braucht keine Hilfe dieser Art.

Englisch ist nicht nur in Amerika die unbestrittene Landessprache, sie wird auch schnell zur zweiten Sprache der restlichen Welt. Nichtsdestoweniger birgt dieser Gedanke einer »Amtssprache« durchaus Möglichkeiten – wenn dahinter die Absicht steckt, daß jeder sie lernen sollte. Nehmen wir an, wir machten Französisch auf fünfzehn Jahre zu unserer »Amtssprache«; dann die nächsten fünfzehn Japanisch. In dreißig Jahren wären wir alle dreisprachig. Die Idee können Sie gleich wieder vergessen (was Sie schon getan haben), obwohl es wahrscheinlich einer ähnlich verzweifelten Idee bedarf, um uns dazu zu bringen, ernsthaft Fremdsprachen zu lernen.

Dabei sind die Gründe dafür so einleuchtend. Der wichtigste ist die Tatsache, daß die Kenntnis einer Fremdsprache einem den Zugang zu einer anderen Weltsicht öffnet. Selbst eine Sprache, die dem Englischen in Struktur und Wortschatz so ähnlich ist wie die spanische, gibt Ideen und Dingen einen anderen Beiklang und weist daher darauf hin, daß die Welt nicht genauso ist, wie die englische Sprache sie schildert. Natürlich würden Sprachen wie Japanisch, Chinesisch und Russisch diese Tatsache noch präziser enthüllen. Wenn es wichtig ist, daß unsere jungen Leute die Vielfalt der Gesichtspunkte schätzen, dann gibt es keine bessere Methode als das Erlernen einer Fremdsprache. Und dieses Erlernen sollte so früh wie möglich beginnen, zum Beispiel in der ersten Klasse.

Man könnte auch hinzufügen, daß die Zweisprachigkeit für unsere Kinder im 21. Jahrhundert fast schon als eine Notwendigkeit erscheint. Aus einem Grund, der mir verschlossen bleibt, haben unsere pädagogischen Visionäre dieses Argument bisher nicht betont. Sie bestehen darauf, daß Kompetenz im Umgang mit dem Computer in einer globalen Ökonomie unerläßlich sei, während die Beherrschung einer Fremdsprache dies nicht zu sein scheint; zumindest hört man nicht viel von der Bedeutung des Fremdsprachenlernens. Wie ich schon gesagt habe, wird fast jeder den Umgang mit dem Computer erlernen, egal, ob die Schule diese Kompetenz in ihrem Lehrplan betont oder nicht. Aber wenn unsere Schulen den Fremdsprachenunterricht weiter so vernachlässigen wie bisher, werden 80 Prozent unserer Bevölkerung nur eine Sprache beherrschen (gegenwärtig sprechen etwa 32 Millionen Amerikaner eine Fremdsprache, was etwa 200 Millionen übrig läßt, die das nicht tun). Wenn man nur eine Sprache beherrscht, ist Englisch, so nehme ich an, die beste Wahl, da es die Weltsicht so vieler verschiedener Sprachen in sich schließt. Aber wichtig ist, daß unsere Schulkinder eine zweite Sprache lernen, und wenn die Schulen den Dingen, mit denen sie eigentlich nichts zu schaffen haben – wie zum Beispiel Fahrschulunterricht –, weniger Aufmerksamkeit schenkten, hätten sie auch die Zeit, dies zu leisten.

Religion

Ich bin mir sehr der Tatsache bewußt (wer wäre das nicht?), daß die Welten der Religion und der öffentlichen Schule sich nicht gut miteinander vertragen. Zumindest nicht in Amerika. Sie sind wie Magneten, die einander abstoßen, wenn sie zu dicht zusammengebracht werden. Dafür gibt es gute Gründe, darunter das Erste Amendment, das noch, bevor es die Meinungsfreiheit erwähnt, dem Kongreß untersagt, eine Staatsreligion zu etablieren. Dies ist mit einiger Berechtigung so ausgelegt worden, daß öffentliche Institutionen keine Präferenz für eine bestimmte Glaubensrichtung zeigen dürfen. Mit etwas weniger Berechtigung ist es auch so gedeutet worden, daß öffentliche Institutionen überhaupt kein Interesse an der Religion zeigen sollten. Eine Folge dieser letzteren Auslegung ist die Tatsache, daß öffentliche Schulen sich in fast keinem Zusammenhang mehr mit der Religion beschäftigen können.

Das war nicht immer so. Ich erinnere mich sehr lebhaft daran, daß wir in der Schulaula Weihnachtslieder gesungen haben, als ich zur Grundschule ging. Etwa sechzig Prozent der Schulkinder waren jüdisch, aber das hinderte sie nicht daran, begeistert mitzusingen. Ich kann mich nicht erinnern, daß irgend jemand protestiert hätte. Ich glaube, wir dachten, daß Lieder wie »Stille Nacht, heilige Nacht« einfach amerikanische Lieder ohne religiöse Bedeutung seien. Und ich nehme sogar an, daß auch die meisten katholischen Schüler das glaubten. Ich spreche nicht von Protestanten, da es in meinem Viertel zu wenige gab, obwohl ich mich daran erinnere, daß Henrietta Gutmann, die aus einer lutheranischen Familie kam, immer einen rätselhaften, entrückten

Ausdruck in den Augen hatte, wenn wir »Stille Nacht« sangen. Das machte mich ein wenig besorgt, da es andeutete, daß es dort etwas geben könnte, das mir entgangen war.

Heute scheint sich die Situation völlig verändert zu haben. Juden, Moslems, Hindus, Buddhisten und Atheisten lehnen christliche Rituale ab, auch Lieder. Sie wollen nicht, daß ihren Kindern so etwas aufgezwungen wird, da es eine Präferenz gegenüber ihren eigenen Ritualen auszudrücken scheint. Ich bin mir sicher, daß Thomas Paine und Thomas Jefferson ihnen da zugestimmt hätten, und ich tue das auch. Aber daraus folgt nicht, daß die öffentlichen Schulen Fragen der Religion gänzlich ignorieren sollten.

Die Schulen sollten sich aus einer Reihe von einleuchtenden Gründen mit Religion befassen. Einer von ihnen ist die Tatsache, daß so viel unserer Malerei, Musik, Architektur, Literatur *und* Wissenschaft mit Religion verknüpft ist. Es ist daher ganz unmöglich, Anspruch auf Bildung zu erheben, wenn man die Rolle nicht kennt, welche die Religion in der Entwicklung der Kultur gespielt hat. Ein weiterer Grund besteht darin, daß die großen Religionen letztlich widerspiegeln, wie verschiedene Völker verschiedener Zeiten und Orte versucht haben, ihrer Existenz Transzendenz zu verleihen. Obwohl viele religiöse Erzählungen auch Antworten auf das Wie und Wann unserer Entstehung anbieten, geht es ihnen vor allem um das Warum unserer Existenz. Ist es möglich, ein gebildeter Mensch zu sein, ohne sich jemals mit den Fragen, warum wir hier sind und was von uns erwartet wird, auseinandergesetzt zu haben? Und ist es möglich, sich mit diesen Fragen zu beschäftigen, ohne die Antworten der Religionen zu beachten? Ich glaube nicht, da man die Religion auch als unseren Versuch definieren kann, eine umfassende Antwort auf die Fragen nach der Bedeutung der Existenz zu geben.

Ein dritter Grund, der dem zweiten verwandt und für das Verständnis des Prinzips der Vielfalt besonders relevant ist, besteht darin, daß unsere Schüler über das Studium der Religionen erstens die Unterschiedlichkeit der Wege kennenlernen können, auf denen die Menschen versucht haben, sich selbst zu erklären, und zweitens die erstaunliche Einheitlichkeit ihrer Erklärungen. Ich schlage daher vor, daß wir den Schülern von gegen Ende der Grundschule und später vertieft in der High School und darüber hinaus ein Fach anbieten, daß man inhaltlich als »Vergleichende Religionswissenschaft« bezeichnen könnte. Der Unterricht würde keine Religion begünstigen, sondern religiöse Metaphern, Schriften, Kunstwerke und Rituale erklären.

Ist ein solcher Unterricht machbar? Nur, denke ich, wenn der Lehrer mit viel Taktgefühl vorgeht. Wenn Sie mir noch einen weiteren Rückgriff auf meine Schulzeit erlauben, erinnere ich mich, daß ich mir in der achten Klasse bewußt war, daß an der Haltung meiner Lehrerin zu den Göttern des alten Griechenland etwas Merkwürdiges war. Diese Götter konnten wunderbare Dinge tun, zum Beispiel in einem Streitwagen über den Himmel rasen. Ich wußte, daß die Juden glaubten, ihr Gott habe die Wasser des Roten Meeres geteilt, und daß die Christen glaubten, ihr Erlöser sei gestorben und ins Leben zurückgekehrt. Deshalb war es mir ein Rätsel, warum unsere Lehrerin die Geschichte der griechischen Götter als »Mythos« bezeichnete, ein Begriff, den sie, da war ich mir sicher, auf die jüdische oder christliche Geschichte nicht anwenden würde. Ich fragte einen griechischen Klassenkameraden namens Nicholas (seinen Nachnamen habe ich vergessen) danach. Er zuckte die Schultern, sagte mir, seine Familie sei griechisch-orthodox, und ich hatte den Eindruck, daß ihm das alles völlig gleichgültig war.

Aber die Lehrer, die unsere Kinder erziehen, können nicht

so herablassend sein. Die Wörter »Mythos« und »Mythologie« dürften in einem vergleichenden Religionsunterricht nicht vorkommen. Vielleicht kann man im College mit ihnen in dem Sinn arbeiten, wie Joseph Campbell und Rollo May ihn gebrauchen. Aber in diesen Begriffen schwingt zuviel Aberglaube mit, um sie jüngeren Schülern zumuten zu können. Es kommt bei diesem Unterricht darauf an, der Erzählung jeder Gruppe ihre Würde zu lassen, im Schüler den Sinn dafür zu wecken, daß diese Erzählungen kreative Medien sind, um die Rätsel des Lebens auszudrücken. Die Schüler müssen begreifen, daß die »Wahrheiten« dieser Erzählungen sich von denen der Wissenschaft und des Journalismus unterscheiden, daß sie sich hier Fragen zuwenden, welche der Wissenschaft und dem Journalismus unzugänglich bleiben.

Ich halte einen solchen Unterricht durchaus für machbar, wenn man ihn gut und gewissenhaft vorbereitet. Man muß natürlich die Tatsache einbeziehen, daß viele Schüler und ihre Eltern glauben, daß *ihre* Geschichte die buchstäbliche Wahrheit sei. Es ist völlig unnötig, dies in Frage zu stellen. Nichts wäre unzweckmäßiger, als den vergleichenden Religionsunterricht als »demythologisierende« oder skeptische Instanz zu begreifen; er darf sicherlich nicht zu einem oberflächlichen Zynismus führen. Der Gedanke ist vielmehr, darzustellen, daß unterschiedliche Menschen mit unterschiedlichen religiösen Erzählungen gelebt haben und leben; daß sie zu verschiedenen Zeiten Elemente anderer Erzählungen übernommen haben; daß es angemessen ist, die Erzählungen anderer mit Respekt zu behandeln, und daß letztlich all diese Erzählungen die gleiche Absicht verfolgen.

Ist es verletzend, darüber zu reden, daß die Juden Elemente ihrer Religion von den Ägyptern übernommen haben? Die Christen von den Juden? Die Moslems von Christen und Juden? Ist es zynisch zu erklären, daß die Gottheiten der amerikanischen Indianer ein besonderes Verhältnis zur Erde und zum Himmel haben, das sich in den westlichen Religionen nicht findet, aber in vieler Hinsicht dem der alten griechischen Götter ähnelt? Hat es etwas Bedrohliches an sich, wenn man die Religionen afrikanischer Stämme erklärt? Gefährden wir jemanden, wenn wir zeigen, daß Ghandis religiöse Auffassungen von denen Thoreaus beeinflußt waren und Martin Luther Kings Ideen von Ghandi?

Wenn die Antwort auf diese Fragen ein eindeutiges Ja ist, bin ich entwaffnet und muß das Thema fallen lassen. Aber ich glaube, daß viele Menschen nein sagen und der These zustimmen werden, daß wir den Schülern einen Eindruck der Weltreligionen vermitteln sollten. Auch glaube ich, daß es kaum einen besseren Weg gibt, Toleranz und Achtung vor dem zu schaffen, was anders ist.

Das heißt nicht, daß ich die Schwierigkeiten unterschätze, vor denen der Lehrer steht, der den Schülern die Vielfalt der Religionen nahebringen soll. Es wird zum Beispiel Schüler geben, die nicht nur glauben, daß *ihre* Erzählung »wahr« ist, sondern auch, daß alle anderen falsch sind. Wie geht man damit um? Ich bin mir da nicht sicher, aber vielleicht wäre es ein Weg, den Schülern zunächst Religionen vorzustellen, die nicht auf ihrer ausschließlichen Wahrheit bestehen. Ein Beispiel ist die Bahai-Religion, die davon ausgeht, daß die Propheten aller Religionen die Wahrheit sagten, wenn auch in verschiedenen Wörtern und in Bedeutungszusammenhängen, die der Zeit angepaßt waren, in der sie auftraten. Man kann auch gewisse Schwierigkeiten umgehen, indem man eine historische Methode anwendet. Die Geschichte der Religion wird immer den dynamischen, nicht starren Charakter des Glaubens deutlich machen. Selbst ein flüchtiger Blick auf den Katholizismus wird zeigen, daß seine Ideen sich gewandelt haben – zum Beispiel in bezug auf den Zölibat, die Abtreibung, das Fasten, selbst zur Inquisition und der Behandlung des armen Galileo.

Ebensowenig Schwierigkeiten bereitet der Nachweis, daß protestantische Sekten ihre Grundsätze verändert haben. Oder daß die Juden sich aufgrund unversöhnlicher Differenzen in der Frage der religiösen Observanz in viele Gruppen aufgespalten haben – in Orthodoxe, Moderne Orthodoxe, Sehr Orthodoxe, Fast Orthodoxe, Konservative, Sehr Konservative, Fast Konservative, Reformer, Halbherzige Reformer und so weiter. (Es ist, glaube ich, gestattet, sich über die eigene Gruppe lustig zu machen.) Der entscheidende Punkt dabei ist, daß es nichts Despektierliches und viel Erhellendes an sich hat, den Schülern zu zeigen, daß sogar innerhalb von Religionen, die auf einer ausschließlichen »Wahrheit« beharren, die Wahrheiten dem Wandel unterworfen sind. Damit sollen gewisse fundamentale Unterschiede zwischen den Religionen nicht verwischt werden.

Die Christen glauben, daß der Messias gekommen ist. Die Juden glauben, daß der Messias kommen wird. Die Buddhisten glauben nicht an einen Messias. Die Hindus glauben an die Reinkarnation. Die Moslems glauben nicht daran. Die einzige denkbare Antwort auf einen Schüler, der glaubt, alle Religionen außer der seinen irrten (oder sie seien, wie der Apologet des Christentums, C. S. Lewis, es ausgedrückt hat, primitiver), ist, daß er vielleicht recht hat. Aber, wie das Erste Amendment deutlich macht, wir können es nicht mit Gewißheit sagen, und daher darf jeder für sich diese Sicherheit beanspruchen, sie aber anderen nicht aufzwingen.

In diesem Zusammenhang mag es für Schüler, gewiß für die in den oberen High School-Klassen, wertvoll sein zu erfahren, daß viele der »Gründerväter« Amerikas »Deisten« waren – Jefferson und Paine zum Beispiel, die beide an einen

»allmächtigen Gott« glaubten, aber der organisierten Religion, besonders der christlichen, jüdischen und der islamischen (die damals »türkisch« genannt wurde), skeptisch gegenüberstanden – Paine war sogar energisch gegen jede Kirche. Jefferson schrieb ein »Evangelium«, aus dem er alle »phantastischen« und »abergläubischen« Elemente entfernt hatte, so daß nur die ethischen Komponenten des Glaubens übrig blieben. Man behauptet, daß einige Christen ihre Bibeln versteckten, als er zum Präsidenten gewählt worden war, weil sie fürchteten, daß sich die Regierung nun gegen »gottesfürchtige Christen« wenden würde. Sie wußten wenig von Jefferson und noch weniger vom Ersten Amendment.

Thomas Paine wurde angegriffen, weil er in seinem *The Age of Reason* (Das Zeitalter der Vernunft) zu zeigen versucht hatte, daß viele Dinge, die in der Bibel standen, nicht wirklich wahr sein konnten, und daß die Differenzen unter den Glaubenssystemen bewiesen, daß sie alle falsch waren. Seine Darstellung der Glaubenssysteme war, so scheint mir, recht flach, und dennoch ist *The Age of Reason* eines der religiösesten Bücher, die ich je gelesen habe.

Sollten wir das Fach »Vergleichende Religionswissenschaft« zum Teil der Erziehung unserer Kinder machen, erhöben sich viele Fragen und Schwierigkeiten, auf die ich keine Antwort hätte, und ich bin mir sicher, daß auch anderen Lehrern die Antworten fehlen. Aber an unserer Ignoranz sollte das Fach nicht scheitern. Ich sagte oben, daß man sich »gut und gewissenhaft« vorbereiten müsse. Das bedeutet, daß es Lehrerkonferenzen auf nationaler und regionaler Ebene geben müßte, um zu untersuchen, mit welchen Methoden man an die vergleichende Religionswissenschaft in der Schule herangehen könnte, welche Schwierigkeiten sie aufwirft und wie die zu überwinden wären. Ist das zuviel verlangt? Wieso ist nichts leichter, als eine gut finanzierte und noch besser besuchte Konferenz über Lehrmethoden des Computergebrauchs auf die Beine zu stellen? Oder sogar über die Rezeption von Medien? Ist es sicher, daß das Interesse der Lehrer nur bei technischen Fragen geweckt werden kann? Sind wir zu dumm oder zu ängstlich, um die Chancen zu diskutieren, die uns die religiöse Vielfalt bietet? Ich kann das nicht glauben.

Gebräuche

Die Vielfalt der Religionen zu lehren, scheint voller Schwierigkeiten zu stecken, auch weil wir so wenig Erfahrung damit haben. Im Vergleich dazu erscheint der Unterricht in nationalen oder ethnischen Gebräuchen leicht und vertraut. Es gibt wahrscheinlich keine Grundschule in Amerika und nur wenige High Schools, die nicht irgendwelche Gebräuche feiern. Heute ist das oft nur ein Tag, an dem »traditionelle« oder »Eingeborenen«-Kleidung gezeigt, bestimmte Musikformen gespielt oder typische Speisen gereicht werden. Darüber wird sich niemand beklagen – zumindest hat man davon noch nicht viel gehört. Solche Veranstaltungen können den Schülern die Vielfalt unter den Völkern der Welt nahebringen – und auch den Respekt vor der Vielfalt.

Aber diese Anlässe haben oft auch etwas bloß Malerisches und Altertümelndes, und die Menschen, die an ihnen teilnehmen, tun dies oft mit einem Gefühl der Herablassung. Es ist, als werde die Differenz zwar anerkannt, aber doch als etwas gesehen, das sich in nicht ganz realen Kleidern, Speisen und musikalischen Darbietungen äußert, als etwas Exotisches, das nicht wirklich ernstgenommen wird.

Insofern hat diese Wahrnehmung etwas sehr Oberflächliches. Sie wird zu den robusteren Manifestationen kultureller Differenz kaum jemals durchdringen. Es ist eine Sache, klarzustellen, daß nicht alle Teenager der Welt es schön finden, die Baseballmütze verkehrt herum zu tragen; es ist etwas ganz anderes, Unterschiede in der Rolle der Verwandtschaft, der Autorität, der Geschlechter, in der Bedeutung von Politik und Geschichte herauszuarbeiten.

Wenn man also ernsthaft auf das Thema der Vielfalt der

Gebräuche eingehen will, muß man auf die Reize oberflächlichen Charmes verzichten und Aspekte der Kultur studieren, welche durchaus geeignet sind, die Schüler zu irritieren. Trotzdem sollte man es tun. Viele Erzieher wecken unsere Aufmerksamkeit mit Warnungen, daß das 21. Jahrhundert nahe bevorsteht, daß unsere Technologie nicht nur eine Weltwirtschaft, sondern auch das globale Dorf geschaffen hat. Wenn das eine Bedeutung hat, dann, meine ich, sollten unsere jungen Leute auch etwas über die Lebensweise jener anderen lernen, die mit ihnen im globalen Dorf wohnen.

Ich habe bereits früher darüber gesprochen, daß die Schulen Anthropologie zu einem Hauptfach machen sollten. Die Beschäftigung mit den unterschiedlichen Gebräuchen der Menschen ist natürlich Teil der Anthropologie. Aber sie ist auch Teil der Soziologie. Ich hatte einmal eine Unterhaltung mit Margaret Mead über den Unterschied zwischen den beiden Fächern. Sie sagte, die Soziologie erwüchse aus der Anthropologie, vor allem weil es Anthropologen gebe, welche der persönlichen Unbequemlichkeit ausweichen wollten, »primitive« Völker in ihren weitentfernten Siedlungsgebieten zu studieren. Sie zögen es vor, die Gebräuche von Menschen in, sagen wir, Omaha, Nebraska, zu untersuchen, statt zu den Trobriand-Inseln aufzubrechen. Das Resultat sei ein neues Fach gewesen, die Soziologie. Ich weiß nicht, ob an dieser Theorie etwas Haltbares ist. (Da ich Margaret Mead als nüchterne Wissenschaftlerin kannte, schloß ich die Möglichkeit aus, daß sie sich über mich lustig machte.)

Aber man kann nicht bezweifeln, daß beide Fächer ähnliche Fragen stellen: Wie kommunizieren Menschen einer bestimmten Kultur miteinander? Wie definieren sie »Gesetz«, »Wahrheit«, »Intelligenz«? Wie erziehen sie ihre Kinder? Welche Rollen schreiben sie den Geschlechtern zu? Wie sind die Verwandtschaftsverhältnisse organisiert? Welche Autorität respektieren sie? Welche Rolle spielt ihre Geschichte? Ich habe die Verbindung zwischen Anthropologie und Soziologie betont, weil das Studium der unterschiedlichen Gebräuche sich nicht auf Menschen weitentfernter Länder zu beschränken braucht. In den meisten amerikanischen Klassenzimmern gibt es eine Schüler-»Bevölkerung«, die mehrere verschiedene Traditionen umfaßt, und wahrscheinlich nehmen die Schüler dies noch nicht einmal wahr. Ein Lehrer, der, sagen wir, Latinos, Koreaner, Afroamerikaner, Griechen und Italiener in seiner Klasse hat, besitzt genug Material für einige Semester. Ihm stehen »eingeborene Quellen«, wie die Anthropologen das nennen, zur Verfügung, Menschen, die mit einiger Autorität über den Glauben und die Haltungen ihrer Kulturen sprechen können. Natürlich werden sie, wie viele dieser Quellen, oft versuchen, bestimmte Aspekte ihrer Kultur zu verbergen, und man kann von ihnen nicht erwarten, daß sie ganz und gar objektiv sind. Es ist die Rolle des Lehrers, »Objektivität« in das Geschehen zu bringen, das heißt, die Untersuchung mit soviel Offenheit wie möglich durchzuführen. Dies ist besonders wichtig – und nicht einfach –, wenn die Studie Menschen betrifft, die noch nicht »amerikanisiert« sind oder mit Amerika nichts zu tun haben, zum Beispiel wenn es nicht um die Schüler und ihre Familien geht, sondern um die Bevölkerung von Singapur oder dem Irak oder China.

Bis 1994 wußten die Amerikaner sehr wenig von Singapur. Damals wurde dort ein amerikanischer Teenager wegen eines geringen Vergehens zu einer grausamen Prügelstrafe verurteilt. Dieser Vorfall hätte eine lohnende Gelegenheit liefern können, kulturelle Differenzen zu untersuchen. Wie sehen die Menschen von Singapur »Verbrechen«, »Teenager«, »Demokratie«? In welcher Weise unterscheiden sie sich von amerikanischen Sichtweisen? Ist es einem Lehrer, ganz zu schweigen von den Schülern, möglich, angesichts solcher Differenzen »objektiv« zu bleiben?

Ich glaube ja, nämlich im folgenden Sinne: Durch einen Akt wissenschaftlicher Vorstellungskraft versucht man, die Bedeutung zu verstehen, die die Menschen von Singapur wichtigen Konzepten verleihen, und man versucht nachzuvollziehen, in welcher Weise solche Bedeutungen die Kultur zusammenhalten. Auf die Weise kann man in diesen Bedeutungen wenn nicht Tugenden, so doch vielleicht ein Gefühl der Notwendigkeit finden. Es hilft sehr, wenn man die Bedeutungen, welche die Menschen von Singapur bestimmten Konzepten beimessen, mit der Bedeutung dieser Konzepte in Amerika vergleicht. Gewöhnlich findet man ein gewisses Maß an Willkür in gebräuchlichen Denkarten.

Das heißt nicht, daß es keine Basis gäbe, auf deren Grundlage man den einen Satz von Bedeutungen für besser halten kann als den anderen. Es bedeutet nur, daß die Geschichte, Geographie, Wirtschaft und Religion einer Kultur das formen, was Angehörige dieser Kultur für angemessen, natürlich und sogar notwendig halten. Bevor man übereilt urteilt, muß man einen ehrlichen Versuch machen zu verstehen und die Schüler Verständnis zu lehren.

Das ist leichter gesagt als getan. Stellen Sie sich vor, wie schwer es einer amerikanischen Lehrerin fiele, sich »objektiv« mit dem gebräuchlichen Verhalten gegenüber Frauen im Irak zu beschäftigen. Oder mit der chinesischen »Sitte« (die keineswegs neu ist), weibliche Kinder abzutreiben oder umzubringen, weil sie als weniger wertvoll gelten. Primitiv, barbarisch, böse? Aber was ist mit der amerikanischen »Sitte«, Menschen umzubringen, die bestimmter Verbrechen überführt sind, nicht aus ökonomischer Notwendigkeit, sondern aus Rache? Primitiv, barbarisch, böse, mag ein chinesischer Soziologe sagen. Nicht dasselbe, mögen wir antworten.

Wenn wir unsere Situation erklären könnten, wenn ihr wüßtet, wie wir über diese Dinge denken, wenn ihr den Ausdruck »Auge um Auge, Zahn um Zahn« verstündet, würdet ihr sehen, daß diese Haltung Sinn macht. Sie ist in Wirklichkeit eine Bestätigung des Wertes eines Lebens und eine unverzichtbare kollektive Katharsis. Na ja, vielleicht.

Ich argumentiere hier nicht für oder gegen eine Sitte, die als Todesstrafe bekannt ist. Ich spreche darüber, was es heißt, »offen« zu sein, und über die Formen, in denen Kulturen ihre Gebräuche erklären. Es wird immer noch früh genug sein, darüber zu entscheiden, ob die Gebräuche einer Kultur sinnlos, ignorant oder inhuman sind. Solche Entscheidungen sollen warten, bis wir wissen, warum diese Gebräuche existieren. Im Verlauf solcher Studien mögen Schüler durchaus entdecken, daß es auffallende Ähnlichkeiten in den Rechtfertigungsmechanismen der verschiedensten Kulturen gibt.

Aber dies sind düstere Themen, und obwohl sie Teil der Untersuchung von Gebräuchen sein müssen, sollten sie sie nicht beherrschen. Die Schüler sollten sich mit Heiratszeremonien beschäftigen, mit Erziehungssystemen, mit Manieren und dem Verhältnis von Eltern zu ihren Kindern. Die Schüler finden in der Regel besonders die letzten beiden Themen interessant. Ich erinnere mich an die Verblüffung einiger amerikanischer Zehntkläßler, als sie hörten, daß Kinder *jeden* Alters in Thailand es für undenkbar halten, nicht der Meinung ihrer Eltern zu sein, und daß es dort beinahe ebenso schlimm ist, dem Lehrer zu widersprechen. Ich versuchte sie davon zu überzeugen, daß das eine glänzende Idee sei. In ihren Versuchen, mich davon zu überzeugen, daß solche Gebräuche in Amerika unangemessen seien, lernten sie viel über Amerika, Thailand, sich selbst und den Reichtum der Vielfalt. Ich auch.

Kunst

Ich möchte nicht den Eindruck vermitteln, Kunst sollte ausschließlich oder auch nur in der Hauptsache gelehrt werden, um das Prinzip der Vielfalt zu illustrieren. Aber wenn man sich mit den kreativen Künsten befaßt, begreift man notwendigerweise den Wert der Vielfalt – lassen Sie uns sagen, daß dies ein unausweichlicher Nebeneffekt ist. Stellen Sie sich ein Konzert vor, in dem die Tenöre Pavarotti, Domingo und Carreras auftreten. Zubin Mehta dirigiert; Yo Yo Ma und Itzak Perlman sind Solisten. Stellen Sie sich vor, daß Leontyne Price nach der Pause Wagner singt, dirigiert von James Levine, wonach Van Cliburn Chopin und Tschaikowski spielt. Wenn man die Tatsache beiseite läßt, daß es unmöglich wäre, Karten für das Konzert zu bekommen, wäre es auch ganz unmöglich, nicht zu bemerken, wie viele Menschen aus der ganzen Welt dazu ihren Beitrag leisten. Zählt man die Komponisten mit, komme ich auf Künstler aus zehn verschiedenen Ländern.

Aber das Publikum kommt nicht, um eine Lektion in Vielfalt zu erhalten oder, wenn Sie das vorziehen, in der Universalität westlicher Musik. Auch gehen Menschen nicht in Museen und Theater oder lesen Romane und Gedichte, um etwas vom kosmopolitischen Wesen der künstlerischen Schöpfung zu erfahren. Sie tun diese Dinge, um ihrer Seele Nahrung zu geben. Die Kunst, hat man gesagt, ist die Sprache des Herzens, und wenn wir Musik, Malerei, Architektur und Literatur in der Schule lehren, sollten wir das tun, um unseren Kindern zu helfen, diese Sprache zu verstehen, damit sie in ihr Herz dringen kann. Das ist sehr schwer, und ich will nicht verhehlen, daß ich außer in der Literatur keine

Erfahrung damit habe, Kunst in dieser Absicht zu lehren. Ich werde daher meine Bemerkungen auf gewisse zusätzliche Gründe beschränken, warum wir die Künste und Kunstwerke einer Kultur ernster nehmen sollten, als wir es gewöhnlich tun. All diese Gründe haben auf die eine oder andere Art etwas mit der Vielfalt zu tun.

Wir können den Künsten eine solche herausragende Stellung einräumen, weil ihr Gegenstand besser als jeder andere Zeugnis ablegt von der Kontinuität und Einheit der menschlichen Erfahrung. Die Malerei zum Beispiel ist mehr als dreimal so alt wie die Schrift und enthält in ihren wechselnden Stilrichtungen und Themen eine 15.000 Jahre alte Geschichte des menschlichen Aufstiegs. Und sie ist das enthüllendste Medium, wenn man zeigen möchte, auf welche Art die verschiedensten Menschen zu den verschiedensten Zeiten gezeigt haben, was sie im Innersten bewegte – ihre Ängste, ihr Entzücken, ihre Fragen.

Ich weiß, daß ich der Zuordnung der Kunst zur Archäologie sehr nahe komme, wenn die Geschichte der Kunstformen Lehrstoff werden soll, aber ich kann darin kein Problem sehen, solange wir uns die vielfachen Zwecke der Kunsterziehung vor Augen halten. Ich würde in der Tat sogar vorschlagen, noch weiter zu gehen. Ich empfehle ein Fach, das, soweit mir bekannt ist, nie an öffentlichen Schulen in Amerika gelehrt wurde. Ich meine das Studium von Museen – nicht nur von Kunstmuseen, sondern von Museen aller Art. Das heißt, wir sollten unsere Auffassung von Kunst dahingehend erweitern, Artefakte von verschiedener Form und Bedeutung einzubeziehen. Warum die Museen? Weil ein Museum die Antwort auf eine grundlegende Frage ist: Was heißt es, Mensch zu sein?

Kein Museum, das ich kenne, nicht einmal das British Museum, beantwortet diese Frage vollständig, und das kann man auch von keinem erwarten. Jedes Museum besitzt nur einen Teil der Antwort. Jedes stellt eine gewisse Behauptung über das Wesen des Menschen auf – manchmal unterstützen und bereichern sie die Behauptung des anderen, aber ebenso oft widersprechen sie einander.

In München gibt es ein großartiges Museum, das angefüllt ist mit alten Automobilen, Zügen und Flugzeugen. Alle diese Ausstellungsgegenstände stellen den Menschen vor allem als Werkzeugmacher dar, und sie sagen, daß der Mensch da am besten ist, wo es um die Lösung praktischer Probleme geht. Das Guggenheim Museum in New York weist diese Behauptung zurück; nichts, was im Guggenheim Museum zu sehen ist, hat oder hatte jemals praktischen Wert. Das Museum scheint sagen zu wollen, daß das, was uns menschlich macht, unser Bedürfnis ist, Gefühle in symbolischer Form auszudrücken. Wir sind genau deshalb menschlich, weil so viele unserer Schöpfungen nicht praktischer Natur sind. Dem antwortet das Imperial War Museum in London: »Unsinn. Ihr täuscht euch beide. Der Mensch ist am menschlichsten, wenn er Methoden ersinnt, andere Menschen umzubringen.« Wozu Yad Vashem in Jerusalem mit untröstlicher Trauer sagt: »Das ist wahr. Aber wir sind nicht nur Raubtiere wie Haie oder Tiger; wir sind grausame, sinnlose und systematische Tötungsmaschinen. Vergeßt vor allem dies nicht.«

Man kann zu jedem Museum in der Welt gehen, selbst zu einem, das nur als Archiv dient, und fragen: »Wie definiert dieses Museum den Menschen?« Man wird immer mit einer Antwort belohnt werden. In einigen Fällen wird die Antwort schüchtern und sogar konfus sein; in anderen kühn und unverwechselbar. Natürlich wäre es töricht, entscheiden zu wollen, welches Museum die richtigen Antworten gibt. Alle von ihnen haben recht: Wir *sind* Werkzeugmacher und

Symbolschöpfer und Krieger. Wir sind erhaben und lächerlich, schön und häßlich, tief und trivial, spirituell und praktisch. Es ist daher nicht möglich, zu viele Museen zu haben, denn je mehr es gibt, desto detaillierter und umfassender wird das Porträt der Menschheit ausfallen.

Aber wenn ich sage, daß jedes Museum uns ein Teil des Bildes gibt, sage ich nicht, daß jedes Museum gleich nützlich ist. Um George Orwell zu paraphrasieren: Alle Museen erzählen die Wahrheit, aber einige erzählen bedeutendere Wahrheiten als andere. Und wie bedeutend eine Wahrheit ist, hängt von Zeit und Ort ihrer Erzählung ab. Denn zu verschiedenen Zeiten müssen Kulturen, um zu überleben und vital zu bleiben, verschiedene Ideen erkennen, erinnern, betrachten und verehren. Ein Museum, das vor fünfzig Jahren nützlich war, kann heute ganz sinnlos sein. Aber ich würde nie wünschen, daß man ein solches Museum schlösse, denn eines Tages könnte, unter veränderten Umständen, seine Nützlichkeit wiederhergestellt werden. Und in jedem Fall erfordert die Dialektik der Museen, daß seine Stimme nicht verstummt.

Nichtsdestoweniger können die Wahrheiten, die ein solches Museum vermittelt, in einer bestimmten Zeit und an einem bestimmten Ort irrelevant und sogar schädlich sein. Dutzende von Museen – auch einige neue – feiern Ideen, die niemand braucht.

Um mein Argument klarer zu machen, bitte ich Sie, sich vorzustellen, wir wären im Jahr 1933, Ihnen stünden unbegrenzte Mittel zur Verfügung, um ein Museum in Berlin aufzubauen. Sie fühlen sich völlig frei, der Gedanke, daß Sie erschossen oder in anderer Weise bestraft werden könnten, wenn Sie etwas Falsches machen, ist Ihnen nicht gekommen. Welche Art von Museum würden Sie schaffen? Welche Ideen würden Sie in ihm verwirklichen? Welcher

Teil der menschlichen Vergangenheit oder einer vorgestellten Zukunft sollte in dem neuen Haus betont, welcher ignoriert werden? Kurz gesagt, was sollten nach Ihrem Willen die deutschen Besucher des Museums zu sehen bekommen?

Indem ich diese Fragen stelle, will ich sagen, daß ein Museum im fundamentalen Sinn eine politische Institution ist. Denn seine Antwort auf die Frage: »Was bedeutet es, ein Mensch zu sein?«, wird immer im Kontext eines spezifischen historischen Moments gegeben werden, und sie wird an lebende Menschen gerichtet sein, die sich, wie immer, mit den Problemen des moralischen, psychischen und sozialen Überlebens herumschlagen müssen. Ich trete nicht dafür ein, die Museen als Instrumente einer billigen und kurzfristigen Propaganda zu benutzen; ich sage, daß ein Museum ein Instrument des Überlebens und der geistigen Gesundheit ist. Ein Museum erzählt letztlich eine Geschichte. Und wie die schriftliche und mündliche Literatur jeder Kultur kann seine Geschichte dazu dienen, die besseren Engel unserer Natur zu wecken oder das anzufachen, was an Dämonie in uns steckt. Ein Museum kann dazu dienen, unsere Lage zu klären oder sie zu verdunkeln.

In seinem *The Quintessence of Ibsenism* (etwa: Das Wesen des auf Ibsen zurückgehenden Denkens) sagt uns George Bernard Shaw sehr präzise, warum Museen notwendig sind. Seine Antwort bezieht sich auf die Frage nach der Notwendigkeit von Theatern, aber sie läßt sich ebensogut auf die Museen anwenden. Sie seien Erläuterer des sozialen Bewußtseins, Historiker der Zukunft, eine Rüstkammer gegen Dunkelheit und Verzweiflung und ein Tempel, der dem Aufstieg des Menschen geweiht sei.

Können Sie sich »Museumskunde« als Lehrfach in der High School oder im College vorstellen? Können Sie sich eine High School oder ein College *ohne* ein solches Fach vorstellen? Ich erwarte vielleicht zuviel. Aber falls ich das nicht tue, möchte ich gerne ein Arbeitsprojekt vorschlagen, welches die Schüler auffordert, ein neues Museum an ihrem Wohnort zu entwerfen. Darin müßten sie begründen, welche Aussage das Museum machen sollte, welche Kunstgegenstände, Gebräuche oder Technologien diese Aussage am besten veranschaulichen würden. Solch ein Projekt könnte ich mir als Abschlußarbeit eines Kurses vorstellen, der sich mit der Analyse anderer Museen in erreichbarer Nähe beschäftigt hat. Dieser Kurs würde wahrscheinlich die Zusammenarbeit mehrerer Lehrer erfordern. Aber ich glaube nicht, daß er die Möglichkeiten des High School-Unterrichts sprengen würde, gewiß nicht die einer College-Fakultät, und ich kann mir kaum eine bessere Methode vorstellen, um die große Geschichte menschlicher Vielfalt zu demonstrieren.

Das Studium von Museen wird die Schüler wahrscheinlich in viele unterschiedliche Richtungen führen, vielleicht auch ebenso weit fort von künstlerischen Schöpfungen wie an sie heran. Artefakte sind nicht notwendig Kunst, und es ist wichtig, sich vor Augen zu halten, daß ihre Betrachtung das Studium der Kunst nicht ersetzen kann. Ich habe schon gesagt, daß Kunst die Sprache des Herzens ist. Aber nicht alle Herzen stehen der Vielzahl der Sprachen, welche die Kunst spricht, offen. Es gibt, wie wir wissen, verschiedene Ebenen der Sensibilität.

Im Fall der Musik zum Beispiel reagieren die meisten amerikanischen Schüler mit viel Gefühl, kritischer Intelligenz und beträchtlicher Aufmerksamkeit auf die Formen der populären Musik, sind aber weit davon entfernt, die Musik von Haydn, Bach oder Mozart mit derselben Intensität zu empfinden oder auch nur zu erfahren. Das heißt, ihre Herzen sind dem Kanon der westlichen Musik verschlossen.

Ich will hier nicht in eine Tirade gegen Rock, Metal, Rap und andere Formen der Teenager-Musik verfallen. Vielleicht darf ich sogar sagen, daß Roger Waters, der Leadsinger von »Pink Floyd« von einem meiner Bücher ausreichend angetan war, um einer CD den Titel »Amused to Death«* zu geben. Diese Tatsache hat mein Prestige unter den jüngeren Studenten dermaßen gehoben, daß ich es mir kaum leisten könnte, ihn oder seine Art der Musik abzulehnen. Aber ich habe auch sonst keinen Grund, dies zu tun. Trotzdem ist die Ebene der Sensibilität, die man braucht, um Roger Waters Musik zu schätzen, eine andere, und man darf wohl sagen, niedrigere, als die, welche man braucht, um – sagen wir – eine Chopin-Etüde zu lieben. Und das wiederholt sich in gewissem Sinne bei anderen Kunstformen. Kurz gesagt, es fehlt etwas in der ästhetischen Erfahrung unserer jungen Leute.

Vielleicht kann man das Problem so zusammenfassen: Aufgrund des Wesens der Kommunikationsindustrie haben unsere Schüler und Studenten ständig Zugang zu den populären Kunstformen ihrer Zeit: zu Musik, Rhetorik, Design, Literatur und Architektur. Infolgedessen ist ihre Aufnahmebereitschaft für diese Formen hochentwickelt. Aber ihre Fähigkeit, auf die »traditionellen« oder »klassischen« Kunstformen zu reagieren, hält sich in sehr engen Grenzen.

Was ist da zu tun? Will man die Aufnahmebereitschaft und Vielfalt des Interesses auf dieser Ebene entwickeln, dann gibt es, meine ich, keine Entschuldigung dafür, daß Schulen Rock-Konzerte sponsern, wenn die Schüler die Musik von Mozart, Beethoven, Bach oder Chopin nicht kennen. Auch dürften keine Schüler die High School verlassen, ohne etwas von Shakespeare, Milton, Keats, Dickens,

* Nach dem Buch *We are Amusing Ourselves to Death*, das in Deutschland unter dem Titel *Wir amüsieren uns zu Tode* herauskam. A.d.Ü.

Whitman, Twain, Melville oder Poe – um nur Beispiele zu geben – gelesen zu haben. Dasselbe gilt für die Malerei. Dabei ist es nicht wichtig, daß viele dieser Komponisten, Schriftsteller und Maler zu ihrer Zeit populäre Künstler waren. Worum es geht, ist die Tatsache, daß sie sich zu ihrer Zeit in einer Sprache und aus einer Perspektive äußerten, die sich von den unseren unterscheiden. Es ist nicht zu übersehen, daß die populären Kunstformen heute dahin wirken, daß sie die Stimmen dieser Künstler übertönen und ihre Werke und mit ihnen einen Qualitätsstandard unsichtbar machen.

Ich wende mich, um es zu wiederholen, nicht gegen populäre Kunstformen. Ich meine aber, daß wir nicht zulassen dürfen, daß sie die Seelen der jungen Leute monopolisieren. Soweit es um Erziehung geht, sollten unsere Schulen als eine Art »Gegenumwelt« dienen, sie sollten sagen: »Die Ausrüstung, die ihr jetzt habt, um die Kunst zu verstehen, ist unvollständig. Wenn ihr sie erweitert, wird das euer Empfinden erweitern, ja, erhöhen.«

Das bringt mich zu drei hochaufgeladenen Diskussionen um Kunst (und »Kultur«). In der ersten geht es um die Frage, ob es höhere oder niedrigere Ebenen der Sensibilität überhaupt gibt. Zweitens geht es darum, ob ein Kanon der Literatur oder anderer Kunstrichtungen Legitimität beanspruchen kann. Drittens, ob Schulen es rechtfertigen können, daß sie eine »eurozentrische« Kultur vermitteln, ja, feiern, insbesondere da diese, wie die Feministinnen und andere Gruppen es ausdrücken, von »toten weißen Männern« dominiert wird.

Ich kann mich kurz fassen, weil ich glaube, daß es da wenig zu streiten gibt. Zur ersten Frage habe ich mich schon geäußert und würde nur hinzufügen, daß der Gedanke der Erziehung selbst überflüssig wäre, wenn es nicht höhere und niedrigere Ebenen der Sensibilität in der Reaktion auf Kunst, Sprache und andere Formen menschlicher Kommunikation gäbe. Das trifft genauso auf die Intelligenz zu. Selbst wenn es, wie Howard Gardner postuliert hat, verschiedene Arten der Intelligenz gibt, müssen wir davon ausgehen, daß höhere und niedrigere Ausdrucksformen jeder Art von Intelligenz existieren. Die Aufgabe einer Schule ist es, die Fähigkeiten der Schüler zu erweitern. Das heißt, sie von niedrigeren zu höheren Modalitäten des Denkens und Fühlens zu führen.

Was die Legitimität von Kanons angeht, so bezieht sich der Begriff einfach auf allgemein anerkannte Beispiele von Exzellenz in verschiedenen Genres der Kreativität. Jedem Kanon kann man etwas hinzufügen, man kann ihn modifizieren oder sogar ganz ablegen, wenn er in Teilen oder als Ganzes nicht länger als Modell geeignet ist. Dies bedeutet, daß jeder Kanon lebendig und dynamisch sein sollte – und gewiß nicht begrenzt sein kann auf Künstler, die seit langem tot sind. Diese werden den Kanon natürlich dominieren, weil ihre Werke vielen Menschen über einen langen Zeitraum Unterhaltung und Belehrung geboten haben. Sie haben sich sozusagen ihren Platz verdient.

In dem Maße, wie Lehrer daran glauben, daß es wichtig ist, ein Gefühl für die Kontinuität der künstlerischen Schöpfung zu wecken, müssen sie den lange toten Künstlern ihre Reverenz erweisen. Aber natürlich dürfen die Lehrer nicht zögern, auch lebende Künstler in den Kanon aufzunehmen. Wenn sie bessere Beispiele westlicher Theaterkunst als die Shakespeares, Molières, Ibsens, Shaws, Williams' und O'Neills kennen, dann müssen sie das sagen und erklären, warum sie das meinen. Wenn es bessere Beispiele symphonischer Kunst gibt als die Beethovens, Brahms', Mozarts und Tschaikowskis, dann sollten wir sie hören – und die Erklärung, warum sie diesen vorgezogen werden sollten.

Probleme entstehen indessen, wenn jemand ein verwirrendes, irrelevantes Argument in die Diskussion wirft. Ich meine zum Beispiel Saul Bellows rhetorische Frage nach Romanen auf Kisuaheli (oder war es Navajo?), die den Romanen Prousts gleichrangig oder überlegen seien. Ich glaube, er wollte damit Prousts Platz in diesem Kanon rechtfertigen und zugleich das vorwiegend politische Motiv lächerlich machen, unbedingt Autoren der Dritten Welt in den Kanon aufzunehmen. Wenn wir über das Genre des Romans sprechen, hat Bellow natürlich recht. Es gibt keine Kisuaheli- oder Navajo-Romane, die Prousts Platz in dem Kanon der Weltliteratur bedrohen könnten (obwohl es chinesische oder japanische Romanautoren geben mag, die die Rangliste verändern könnten).

Aber Kisuaheli- oder Navajo-Sprecher schreiben normalerweise nicht das, was wir Romane nennen – ebensowenig wie die Dichter Dutzender anderer Sprachen. Sie drücken sich in anderen Genres aus, oft folgen sie sogar mündlichen Traditionen. Sicher gibt es auch einen »Kanon« solcher Ausdrucksformen, von der Dichtung der Navajo bis zu japanischen »No«-Dramen. Wenn unsere Schüler kulturelle Vielfalt wirklich erfahren sollen, müßten sie zumindest die eine oder andere dieser Formen kennenlernen. Den Lehrern ist es durchaus möglich, sie einzuführen, ohne gleichzeitig die Konzeptionen von Größe und Exzellenz in unserer Kultur anzuzweifeln.

Damit will ich nicht sagen, daß Kunst- und besonders Literaturlehrer sich und ihre Schüler auf die herausragendsten Beispiele jedes Genres beschränken sollten. Es gibt eine Menge Gründe, Schüler aufzufordern, ein bestimmtes Buch zu lesen, und nur einer davon besteht darin, daß dieses

Buch ein herausragendes Kunstwerk ist. Lehrer können auch schlechtgeschriebene Bücher auswählen, wenn sie von soziologischem oder politischem Interesse sind. Zugleich gibt es auch Bücher, die durchaus ihren Platz im Kanon haben, aber für Schüler nicht sonderlich geeignet sind; Proust in der High School ist wahrscheinlich keine gute Idee. Das wichtigste aber ist, daß Lehrer eine Vorstellung von dem haben, was herausragende Beispiele einer Kunstrichtung sind. Sie müssen diese Vorstellung sogar haben.

Schließlich ist da dieses Problem der toten weißen Männer, das eigentlich ein Nicht-Problem ist. Ich glaube, es war Camille Paglia, die gesagt hat, daß wir alle tief im Dreck (nicht genau das Wort, das sie benutzte) säßen, wenn es diese toten weißen Männer nicht gegeben hätte. James Earl Jones kommentierte das in einem Interview etwas eleganter, aber ebenso bestimmt. Er sagte, daß unsere Kultur – zum Guten oder zum Bösen – von der Religion, Politik, Literatur, Wissenschaft, Technologie, Philosophie und Kunst von vorwiegend toten weißen Männern geformt wurde, die in Europa oder Kleinasien lebten. Es mache keinen Sinn, meinte er, so zu tun, als wäre dies nicht so. Was die toten weißen Männer uns gegeben haben, wird heute in vielen Formen aufgenommen, gestaltet, kritisiert oder nachgeahmt von lebenden schwarzen Männern, lebenden weißen Frauen und verschiedenen anderen interessanten Kombinationen, darunter eine ganze Reihe lebender weißer Männer.

Ich will damit nicht sagen, daß die Kultur toter Chinesen oder toter Afrikaner ignoriert werden sollte. Jeder, der dafür eintritt, Anthropologie oder Archäologie zu Hauptfächern an unseren Schulen zu machen, sollte vom Vorwurf des Kulturchauvinismus verschont bleiben. Ich würde gern hinzufügen, daß die Beschäftigung mit asiatischer, afrikanischer und jeder anderen signifikanten Kultur im Interesse einer vitalen Vielfalt sehr wünschenswert wäre, solange diese Studien allen Schülern zugänglich sind. Man muß immer im Auge behalten, daß das Ziel einer öffentlichen Erziehung darin besteht, den Kindern und Jugendlichen zu helfen, über ihre individuelle Identität hinauszublicken und in der Geschichte der Menschheit Inspiration zu finden.

Außerdem tut man gut daran, nicht zu vergessen, daß die toten weißen Männer, die uns unsere religiösen, wissenschaftlichen und künstlerischen Traditionen gaben, aus – nach meiner Zählung und meinem Kanon – mindestens siebenunddreißig verschiedenen Kulturen kamen. Sie bilden eine sehr unterschiedliche Gruppe: man denke an Jesus und Martin Luther, Kepler und Einstein, Milton und Cervantes, Dostojewski und Emerson. Größere Unterschiede sind kaum denkbar. Nichtsdestoweniger waren sie es, die uns indirekt lehrten, daß die Vielfalt ein großes und edles Prinzip ist.

KAPITEL NEUN
Die Wort-Weber
Die Welt-Macher

Wenn man versucht, die Bedeutung eines Wortes zu klären, fragt man praktisch nie: »Was ist *eine* Definition dieses Wortes?« Fast immer wird die Frage lauten: »Was ist *die* Definition dieses Wortes?« Der Unterschied zwischen *eine* und *die* ist in diesem Kontext gewaltig, und man kommt nicht daran vorbei, den Schulen die negativen Folgen der Tatsache zur Last zu legen, daß nicht ausreichend verstanden wird, was eine Definition ist. Von den untersten Klassen bis zum Ende der Universität werden den Schülern und Studenten Definitionen angeboten, deren Herkunft unklar ist. Das heißt, es wird ihnen nicht gesagt, von wem diese Definitionen stammen, zu welchem Zweck sie erfunden worden sind und vor allem welche alternativen Definitionen genauso gut dienen könnten. Das hat zur Folge, daß die Schüler und Studenten zu dem Schluß kommen, Definitionen seien *nicht* erfunden. Oft glauben sie sogar, sie seien gar keine menschlichen Schöpfungen; sie werden – wie soll man es sagen? – Teil der Naturwelt, wie Wolken, Bäume und Sterne.

In Tausenden von Prüfungen werden Schüler und Studenten aufgefordert, Hunderte von Dingen, Wörtern, Konzepten, Abläufen zu definieren. Man muß bezweifeln, daß es mehr als ein paar Klassenzimmer gibt, in denen jemals diskutiert wurde, was eine Definition eigentlich ist. Wie kann das sein?

Lassen Sie uns mit dem ebenso merkwürdigen Fall der »Fragen« beginnen. Niemand wird bestreiten, glaube ich, daß alle Antworten, die einem Schüler gegeben werden, Endprodukte von Fragen sind. Alles, was wir wissen, hat seinen Ursprung in Fragen. Man könnte sagen, daß Fragen die eigentlichen intellektuellen Werkzeuge des Menschen sind. Wie ist es dann möglich, daß höchstens einer von hundert Schülern eine systematische Untersuchung der Kunst und Wissenschaft der Fragestellung mitbekommen hat? Wieso hat Alan Bloom das nie erwähnt? Oder E. D. Hirsch? Oder die vielen anderen, die Bücher über die Verbesserung unserer Schulen geschrieben haben? Haben sie einfach nicht gemerkt, daß *das wichtigste intellektuelle Werkzeug, das dem Menschen zur Verfügung steht, in der Schule nicht gelehrt wird?*

Wir nähern uns hier der Grenze des Absurden. Und wir überschreiten sie, wenn wir betrachten, was in den meisten Schulen zum Thema der »Metapher« gesagt wird. Die Metapher wird in der Tat im Unterricht besprochen. Sie wird gewöhnlich von einem Englischlehrer eingeführt, der demonstriert, wie sie von Dichtern eingesetzt wurde. Daraus folgt, daß die meisten Schüler glauben, die Metapher habe eine dekorative Funktion und nichts als eine dekorative Funktion. Sie gibt der Dichtung Farbe und Stofflichkeit, so wie Schmuck die Kleidung betont. Der Dichter will, daß wir etwas konkret sehen, riechen, hören oder fühlen, also greift er auf die Metapher zurück. Ich erinnere mich an eine Diskussion meiner Collegezeit. Es ging um die Zeilen des Dichters Robert Burns: »Liebe ist eine rote, rote Rose/neu erblüht im Mai./Sie ist wie ein Lied/süß wie eine Schalmei.«

Die ersten Fragen der Klausur lauteten: »Gebraucht Burns Metaphern oder Vergleiche? Warum wählte Burns Metaphern statt Vergleiche, oder Vergleiche statt Metaphern?«

Ich hatte damals an den Fragen nichts auszusetzen, außer an der letzten, auf die ich die trotzige, aber ehrliche Antwort gab: Wie zum Teufel soll ich das wissen? Ich würde auch heute noch so antworten. Aber heute habe ich noch einiges mehr zu der ganzen Angelegenheit zu sagen. Ja, Dichter setzen Metaphern ein, um uns beim Sehen und Fühlen zu helfen. Aber Biologen, Physiker, Historiker, Linguisten tun das auch, jeder, der etwas über die Welt auszusagen versucht, tut das. Eine Metapher ist kein Ornament. Sie ist ein Wahrnehmungsorgan. Durch Metaphern sehen wir die Welt. Ist Licht eine Welle oder ein Partikel? Sind Moleküle wie Billardkugeln oder wie Kraftfelder? Entfaltet sich die Geschichte nach den Weisungen der Natur oder der Vorsehung eines göttlichen Plans? Wirken unsere Gene wie kodierte Informationen? Ist ein literarisches Werk aufgebaut wie der Grundriß eines Architekten oder wie ein Rätsel, das gelöst werden muß?

Fragen dieser Art beschäftigen Gelehrte auf jedem Gebiet. Ist es übertrieben zu sagen, daß ein Schüler oder Student unmöglich einen Lehrstoff verstehen kann, wenn er die Metaphern, die ihm zugrunde liegen, nicht versteht? Ich glaube nicht. Mich hat es vielmehr immer verblüfft, daß die Autoren, die über Erziehung schreiben, der Rolle der Metapher so wenig Aufmerksamkeit schenken. Die Metapher gibt jedem Stoff seine Form. Indem die Erzieher dies übersehen, berauben sie die Lernenden jeder Möglichkeit, die Grundannahmen eines Themas in Frage zu stellen. Ist das menschliche Gehirn zum Beispiel eine dunkle Höhle (die Erleuchtung braucht)? Ein Muskel (der Übung braucht)? Ein Gefäß (das gefüllt werden muß)? Ein Tonklumpen (der geformt werden muß)? Ein Garten (der kultiviert werden muß)? Oder ist es, wie heute so viele behaupten, ein Computer, der Daten verarbeitet? Und was ist mit den Schülern und Schülerinnen? Sind sie Patienten, um die man sich kümmern muß? Truppen, die diszipliniert werden müssen? Söhne und Töchter, die man pflegen und nähren muß? Personal, das ausgebildet werden soll? Ressourcen, die entwickelt werden müssen?

Es gab einmal eine Zeit, da jene, die über Erziehung schrieben – wie Plato, Comenius, Locke und Rousseau –, ihre Metaphern klar herausstellten, und indem sie es taten, auch enthüllten, daß ihre Metaphern ihr Denken kontrollierten.[1] »Pflanzen werden durch Kultivierung verbessert«, schrieb Rousseau in *Emile*, »und der Mensch durch die Erziehung.« Seine gesamte Philosophie stützt sich auf diesen Vergleich zwischen Pflanzen und Kindern. Selbst in so alten Texten wie der *Mischna* finden sich vier Kategorien von Schülern: der Schwamm, der Trichter, der Seiher und das Sieb. Es ist überraschend, welchen Typ der Text als den besten darstellt. Der Schwamm, wird uns gesagt, absorbiert alles; der Trichter nimmt auf einer Seite auf und gibt auf der anderen ab; der Seiher läßt den Wein durch und hält den Bodensatz zurück; aber das Sieb – dies ist die beste Kategorie – läßt nur das gute Mehl durch und scheidet den Mehlstaub aus. Der Unterschied zwischen der Erziehungsphilosophie Rousseaus und der der Kompilatoren der *Mischna* spiegelt sich sehr präzise in dem Unterschied zwischen einer wilden Pflanze und einem Sieb wider.

Definitionen, Fragen, Metaphern – dies sind drei der machtvollsten Elemente, aus denen die menschliche Sprache eine Weltsicht konstruiert. Das Studium dieser Elemente sollte in der Schule höchste Priorität genießen. Und in dieser Aussage liegt bereits meine Überzeugung, daß das

Erschaffen der Welt durch Sprache eine Erzählung von großer Kraft, Dauerhaftigkeit und Inspiration darstellt. Diese Erzählung handelt davon, wie wir uns die Welt vertraut machen und wie wir der Welt einen Eindruck von uns vermitteln. Sie unterscheidet sich von anderen Erzählungen, weil sie sich mit Verben und Substantiven, mit Grammatik und Bezügen, mit Metaphern und Definitionen beschäftigt, aber sie ist trotzdem eine Schöpfungsgeschichte. Mehr noch, sie ist eine Geschichte, die in allen anderen Erzählungen eine Rolle spielt. Denn woran immer wir glauben oder nicht glauben mögen, hängt in beträchtlichem Maße davon ab, wie unsere Sprache sich der Welt zuwendet.

Hier ist ein kleines Beispiel:

Nehmen wir an, Sie sind gerade von einem Arzt untersucht worden. Als er den Befund verkündet, sagt er mit anklagendem Unterton: »Na, da haben Sie sich eine nette Arthritis angetan.« Jeder wird zweifellos sagen, daß dies eine merkwürdige Diagnose und wahrscheinlich auch ein seltsamer Doktor ist. Man »tut« sich eine Arthritis nicht an. Man »hat« sie oder »bekommt« sie, und es ist ein wenig beleidigend, daß der Arzt andeutet, man selbst habe die Krankheit hervorgebracht, insbesondere da diese Arthritis einen von bestimmten Pflichten befreit und zugleich die Sympathie anderer Menschen auslöst. Außerdem ist sie schmerzhaft. Der Gedanke, man habe sich die Arthritis gewissermaßen selbst beigebracht, impliziert eine Art selbstsüchtigen Masochismus.

Lassen Sie uns jetzt annehmen, daß ein Richter das Urteil über einen Mann sprechen muß, der des dreifachen Bankraubs überführt ist. Der Richter rät ihm, sich zur Behandlung in ein Krankenhaus zu begeben. Er sagt mit resignierter Stimme: »Sie haben einen schlimmen Anfall von Kriminalität.« Auf den ersten Blick ist das eine weitere seltsame Bemerkung. Menschen »haben« Kriminalität nicht. Sie »tun« etwas Verbrecherisches, und gewöhnlich sind wir empört, nicht traurig, über ihre »Taten«. Zumindest sind wir es gewöhnt, so über die Dinge zu denken.

Mir geht es hier natürlich um die Tatsache, daß so einfache Verben wie »haben« oder »tun« in Wirklichkeit machtvolle Metaphern sind, die einige der grundlegendsten Annahmen ausdrücken, unter denen wir die Dinge unseres Lebens betrachten. Wir glauben, daß es gewisse Dinge gibt, welche Menschen »haben«, und gewisse Dinge, welche Menschen »tun«, sogar gewisse Dinge, welche Menschen »sind«. Diese Annahmen spiegeln nicht notwendigerweise die Struktur der Realität wider. Sie reflektieren lediglich unsere Gewohnheiten, über die Realität zu reden.

In seinem Buch *Eriwan* schilderte Samuel Butler eine Gesellschaft, die nach der Metaphorik meines seltsamen Arztes und Richters lebte. Dort ist Krankheit etwas, was Menschen »tun«, und sie haben daher eine moralische Verantwortung für sie. Kriminalität ist etwas, was man »hat« – sie liegt deshalb außerhalb der Eigenverantwortung. Jedes Rechtssystem und jeder Moralkodex beruht auf einer Reihe von Annahmen über das, was Menschen »sind«, »haben« oder »tun«. Und, könnte man hinzufügen, jeder signifikanten Veränderung des Gesetzes, jedem Wandel der Moral geht eine Neuordnung im Gebrauch dieser Metaphern voraus.

Das heißt nicht, daß ich die Kultur der Leute von Eriwan empfehle. Ich versuche nur die Tatsache herauszuarbeiten, daß unsere Sprachgewohnheiten im Kern bestimmen, wie wir uns die Welt vorstellen. Und in dem Maße, wie wir uns der Wirkung der Sprache auf unsere Vorstellungen nicht bewußt sind, können wir auch unsere Situation nicht kontrollieren. Man braucht kaum zu sagen, daß es eine der

Absichten der Erziehung ist, uns zu mehr Kontrolle über unser Leben zu verhelfen.

Die Schule hilft dabei nicht immer. So werden in der Schule zum Beispiel Tests veranstaltet, die bestimmen sollen, wie intelligent jemand »ist«, oder, genauer gesagt, wieviel Intelligenz er »hat«. Wenn ein Kind bei einem IQ-Test 138 Punkte erzielt und ein anderes 106, glaubt man, daß das erste mehr Intelligenz »hat« als das zweite. Das aber scheint mir ein seltsames Konzept zu sein – genauso merkwürdig wie Kriminalität zu »haben«. Ich kenne niemanden, der in diesem Sinne Intelligenz »hat«. Die Menschen, die ich kenne, »tun« manchmal etwas Kluges (so weit ich es beurteilen kann), und sie tun manchmal etwas Dummes – das hängt von den Umständen ab, unter denen sie handeln, davon, wieviel sie von der Situation wissen, in der sie sich gerade befinden, und auch davon, wie interessiert sie sind.

»Intelligenz« ist, so scheint mir, eine spezifische Leistung, die unter einer Reihe bestimmter Bedingungen erbracht wird. Es ist nicht etwas, was man in meßbaren Größen »hat« oder »ist«. Die Annahme, daß Intelligenz etwas sei, was man »hat«, führt dann auch zu so unsinnigen Ideen wie die von Menschen, die sich »unterfordern« und solchen, die sich »überfordern«.

Das soll wohl heißen, daß ein sich überfordernder Mensch jemand ist, der nicht viel Intelligenz »hat«, aber eine Menge intelligenter Dinge tut. Ein sich unterfordernder Mensch ist jemand, der viel Intelligenz »hat«, aber eine Menge dummer Dinge »tut«.

Die Arten, wie Sprache eine Weltsicht erschafft, sind normalerweise nicht Teil der Schulbildung unserer Kinder. Dafür gibt es verschiedene Gründe. Der wichtigste unter ihnen ist die Tatsache, daß die Lehrerausbildung dieses

Thema nicht vorsieht, und wenn sie es tut, dann in beiläufiger und fragmentarischer Form. Ein weiterer Grund liegt in der generellen Annahme, daß das Thema für Schulkinder zu komplex sei. Das führt unglücklicherweise dazu, daß »Spracherziehung« sich hauptsächlich auf das Lernen von Grammatikregeln, Zeichensetzung und Wortgebrauch beschränkt. Ein dritter Grund ist der, daß die Beschäftigung mit der Sprache als »Welt-Macherin« unausweichlich interdisziplinärer Natur ist, so daß sich Lehrer nicht darüber im klaren sind, in welches »Fach« sie gehört.

Was den ersten Grund betrifft, habe ich keine Ahnung, warum man zukünftigen Lehrern eine Ausbildung in diesem Bereich vorenthält. Wenn es nach mir ginge, stünde dieses Thema im Zentrum der Lehrerausbildung. Dies würde bedeuten, daß sich die angehenden Lehrer mit den Schriften Aristoteles' und Platos (unter den alten Denkern), Lockes und Kants (unter den Jüngeren) und (unter den modernen) mit I. A. Richards, Benjamin Lee Whorf und insbesondere Alfred Korzybski vertraut machen müßten.

Ein paar Absätze über Korzybski sind hier angebracht, weil sein Werk die systematischen Grundlagen anbietet, um das Thema im Unterricht einzuführen, um es zu vertiefen und weiterzuführen. Ein weiterer Grund, ihn hier vorzustellen, ist die Tatsache, daß Akademiker auf Universitätsebene entweder nichts von Korzybskis Werk kennen oder es, wenn sie es kennen, nicht verstehen (was übrigens nicht heißt, daß Fünftkläßler es nicht verstehen könnten). Wenn sie es verstehen, lehnen sie es ab. Das ändert nichts an der Tatsache, daß seine Methode zum Studium der Beziehung zwischen Sprache und Realität sehr wertvoll ist.

Korzybski wurde 1879 in Polen geboren. Er behauptete, königlicher Abstammung zu sein, bezeichnete sich selbst als Graf Alfred Korzybski – auch das ein Grund, warum Akademiker ihn auf Armeslänge hielten. Er studierte Mathematik und Ingenieurswesen und diente im Ersten Weltkrieg als Artillerieoffizier. Die Gemetzel und Schrecken, deren Zeuge er wurde, führten dazu, daß er von einer einzigen Frage geradezu besessen war. Er fragte sich, warum Wissenschaftler mit solch erstaunlichem Erfolg die Geheimnisse der Natur entschlüsseln konnten, während zugleich die nichtwissenschaftliche Gesellschaft an psychologischen, sozialen und politischen Problemen in so entsetzlicher Form scheiterte. Die Wissenschaftler zeigen ihre Triumphe mit der fast täglichen Verkündigung neuer Theorien, neuer Entdekkungen, neuer Pfade zum Wissen an. Der Rest von uns gibt sein Scheitern im Krieg jedes gegen jeden bekannt. Korzybski begann seine Antwort auf dieses Rätsel 1921 in dem Buch *Manhood of Humanity: The Science and Art of Human Engineering* (etwa: Das Erwachsenwerden der Menschheit: Wissenschaft und Kunst der Menschentechnik) zu publizieren. 1926 folgte *Time-Binding: The General Theory* (etwa: Zeit-Bindung: Die allgemeine Theorie), und schließlich schrieb er 1933 sein wohl bedeutendstes Werk: *Science and Sanity* (Wissenschaft und Vernunft).

Bei der Formulierung seiner Antwort ging es Korzybski immer darum, praktische Anwendungen für seine Ideen zu finden. Er hielt sich selbst für einen Erzieher, der der Menschheit sowohl eine Theorie als auch die Methode lieferte, mit der sie sich aus der verheerenden Ignoranz erheben könnte, deren Konsequenzen sich an allen Formen menschlicher Erniedrigung ablesen ließen. Auch dies hielten viele Akademiker gegen ihn, sie beschuldigten ihn der Großspurigkeit und Hybris. Wenn Korzybski *kleiner* gedacht hätte, würde sein Name jetzt vielleicht häufiger in Vorlesungsverzeichnissen auftauchen.

Korzybski begann seine große Suche nach den Wurzeln

menschlicher Größe und menschlichen Scheiterns, indem er eine kritische funktionale Differenz zwischen Menschen und anderen Lebensformen definierte. Wir sind, um seinen Ausdruck zu benutzen, »Zeit-Binder«, während Pflanzen »Chemie-Binder« und Tiere »Raum-Binder« sind. Die Chemie-Bindung ist die Fähigkeit, Sonnenlicht in organische chemische Energie zu verwandeln; Raum-Bindung meint die Fähigkeit der Tiere, sich in einer physischen Umgebung zu bewegen und sie zu kontrollieren. Menschen besitzen diese Fähigkeit auch, sie sind aber einzigartig in ihrer Begabung, Erfahrung durch die Zeit zu transportieren zu können. Als Zeit-Binder können wir Wissen der Vergangenheit ansammeln und das, was wir wissen, der Zukunft mitteilen. Science Fiction-Autoren brauchen ihre Phantasie nicht damit zu strapazieren, interessante Zeitmaschinen zu erfinden: *Wir* sind die Zeitmaschinen des Universums.

Unser prinzipielles Medium zur Bindung der Zeit ist das Symbol. Aber unsere Befähigung zur Symbolisierung hängt von einem weiteren Prozeß ab, ist Teil dieses Prozesses. Korzybski nannte ihn den Akt des »Abstrahierens«. Das Abstrahieren ist die fortgesetzte Aktivität des Auswählens, Weglassens und Organisierens von Details der Realität, damit wir die Welt als strukturiert und kohärent erfahren. Mit Heraklit teilte Korzybski die Annahme, daß die Welt in ständiger Verwandlung begriffen sei und daß es keine zwei identischen Ereignisse gebe. Durch unsere Fähigkeit, sie zu rekreieren, indem wir Unterschiede ignorieren und Ähnlichkeiten betonen, geben wir unserer Welt Stabilität. Obwohl wir wissen, daß wir nicht zweimal in *denselben* Fluß steigen können, erlaubt das Abstrahieren uns, so zu tun, als könnten wir es.

Wir abstrahieren auf der neurologischen Ebene, auf der physiologischen Ebene, auf der perzeptuellen Ebene, auf der verbalen Ebene; alle unsere Systeme der Interaktion mit der Welt sind damit beschäftigt, Informationen aus der Welt der Erfahrung auszuwählen, sie zu organisieren und zu verallgemeinern. Eine Abstraktion ist, um es einfach auszudrücken, eine Art Zusammenfassung dessen, was die Welt sein könnte, eine Verallgemeinerung ihrer wahrscheinlichen Struktur.

Korzybski hätte den Prozeß vielleicht wie folgt erklären können: Nehmen wir an, wir stehen einem Phänomen gegenüber, das wir »Tasse« nennen. Wir müssen zuerst einmal verstehen, daß eine »Tasse« kein Gegenstand ist, sondern ein Ereignis. Die moderne Physik sagt uns, daß eine Tasse aus Milliarden von Elektronen besteht, die in ständiger Bewegung, in kontinuierlicher Veränderung begriffen sind. Obwohl uns nichts von dieser Aktivität erkennbar ist, bleibt es wichtig, sie anzuerkennen, weil wir auf diese Weise die Idee erfassen können, daß *die Welt nicht so ist, wie sie uns erscheint*. Was wir sehen, ist eine Zusammenfassung – eine Abstraktion, wenn Sie wollen – elektronischer Aktivität. Aber selbst was wir sehen *können*, ist nicht, was wir *wirklich* sehen. Niemand hat je eine Tasse in ihrer Ganzheit gesehen, in ihrer Totalität in der Raum-Zeit. Wir sehen immer nur Teile des Ganzen. Aber gewöhnlich sehen wir genug, um das Ganze rekonstruieren und so tun zu können, als wüßten wir, womit wir da umgehen. Manchmal trügt uns eine solche Rekonstruktion, zum Beispiel, wenn wir die »Tasse« heben, um unseren Kaffee zu trinken, der aber in unserem Schoß landet. Meistens indessen funktioniert unsere Annahme von der »Tasse«, und wir führen diese Annahme in nutzbringender Form in den Akt des Benennens über.

Die Sprache unterstützt uns in unseren Auswertungen der Welt in unschätzbarer Weise. Sie liefert uns Namen für die

Ereignisse, denen wir gegenüberstehen, und indem wir sie benennen, sagen wir uns selbst durch die Sprache zugleich, was wir erwarten und wie wir uns auf Handlungen vorbereiten sollen.

Die Benennung von Gegenständen ist natürlich eine Abstraktion sehr hoher Ordnung und von kritischer Bedeutung. Indem wir ein Ereignis benennen und es als »Ding« kategorisieren, schaffen wir eine deutliche und mehr oder weniger permanente Landkarte dessen, was die Welt ist. Aber das ist in der Tat eine merkwürdige Karte. Das Wort »Tasse« zum Beispiel *bezeichnet nichts, das wirklich in der Welt existiert*. Es ist ein Konzept, eine Zusammenfassung von Millionen partikularer Dinge, die sich in Aussehen und Funktion ähneln. Das Wort »Tafelgeschirr« steht auf einer noch höheren Ebene der Abstraktion, da es alle Dinge einschließt, die wir normalerweise Tassen nennen, aber dazu Millionen von Dingen, die keineswegs wie Tassen aussehen, aber in ihrer Funktion mit ihnen verwandt sind.

Der entscheidende Punkt in der Vermessung der Welt durch Sprache liegt darin, daß die Symbole, die wir benutzen, ob nun »Patriotismus« oder »Liebe« oder »Tassen« oder »Löffel«, immer recht weit von der Realität der Welt entfernt sind. Obwohl diese Symbole zu einem Teil unserer selbst werden – Korzybski glaubte, sie seien fest in unser Nerven- und Wahrnehmungssystem eingebettet –, dürfen wir sie nie als selbstverständlich voraussetzen. Wie Korzybski einmal bemerkte: »Was immer wir über das Sein eines Dings sagen, es *ist* es nicht.«

Daher können wir schließen, daß Menschen in zwei Welten leben – der Welt der Ereignisse und Dinge und der Welt der *Wörter* über Ereignisse und Dinge. Betrachtet man die Beziehung zwischen diesen beiden Welten, muß man sich daran erinnern, daß die Sprache nicht viel mehr tut, als

Konzepte über Ereignisse und Dinge in der Welt zu konstruieren. Sie sagt uns, welche Art von Konzepten wir konstruieren sollten. Sprachen unterscheiden sich nicht nur in ihren Benennungen der Dinge, sondern auch in der Auswahl der Dinge, die sie benennen. Jede Sprache, sagte Edward Sapir, konstruiert die Realität anders als die anderen.

Das also ist es, was Korzybski »Allgemeine Semantik« nannte: das Studium des Verhältnisses zwischen der Welt der Wörter und der Welt der Nicht-Wörter, das Studium jenes Territoriums, das wir Realität nennen und durch Abstrahieren und Symbolisieren vermessen. Indem er sich auf dieses Problem konzentrierte, glaubte Korzybski aufdecken zu können, warum die Wissenschaftler im Geschäft der Problemlösung soviel effektiver sind als der Rest der Menschheit. Wissenschaftler sind sich im allgemeinen des abstrahierenden Prozesses sehr viel bewußter als andere Menschen; sie respektieren in weit höherem Maße die Verzerrungen ihrer verbalen Landkarten; sie sind flexibler, wenn es darum geht, ihre symbolischen Karten der Welt anzupassen.

Korzybskis Hauptziel auf dem Gebiet der Erziehung war es, unseren ordinären Sprachgebrauch dem der Wissenschaftler anzunähern, um Mißverständnisse, Aberglauben, Vorurteile oder auch nur schlichten Unsinn zu vermeiden. Einige seiner Anhänger, S. I. Hayakawa, Irving Lee und Wendell Johnson, haben lesbare Texte geschrieben, die man im Unterricht einsetzen könnte, aber solches Material ist heutzutage nicht gerade in Mode.

Ich habe selbst ein paar Texte dieser Art geschrieben, vor allem um festzustellen, ob diese Ideen für jüngere Klassen geeignet sind. Meiner Erfahrung nach sind sie es. (Ich erinnere mich mit großem Vergnügen an die Erfolge, die wir mit ihnen in Arlington, Virginia, an der Fort Myer Elementary School hatten.) Aber natürlich sind nicht alle dieser Ideen nutzbringend, und sie sind auch nicht alle gut. Die Allgemeine Semantik muß wie jedes andere System mit einem beträchtlichen Grad an Selektivität angewandt werden. Wenn aber die Lehrer etwas über das Thema wissen, werden sie schnell feststellen, was funktioniert und was nicht. Es ist in jedem Fall ein Fehler anzunehmen, daß tiefergehende Ideen zur Sprache und ihrer Rolle im Verständnis der Welt nicht vor der Universität in den Lehrplan aufgenommen werden können.

Natürlich gibt es neben der Allgemeinen Semantik von Korzybski viele andere Quellen, die man im Sprachunterricht einsetzen könnte. Das Werk I. A. Richards im allgemeinen und im besonderen das, was er über Definition und Metapher sagt, können als gute Einführungen in den Bereich »Sprache als Welt-Macher« dienen. Über die Definition schreibt er in seinem Buch *Interpretation in Teaching* (Interpretation im Unterricht):

»Ich habe an verschiedenen Orten ... von der eigenartigen Lähmung gesprochen, welche die Erwähnung von Definitionen und mehr noch ihre Diskussion nach sich zieht. Dem kann man, glaube ich, entgegenwirken, indem man den Absichtsaspekt von Definitionen betont. Wir wollen etwas tun, und eine Definition ist ein Mittel, es zu tun. Wenn wir bestimmte Resultate wollen, dann müssen wir bestimmte Bedeutungen (oder Definitionen) einsetzen. Aber keine Definition hat von ihrer Absicht getrennt irgendeine Autorität. Und doch wird das immer wieder angenommen. Wer kann bezweifeln, daß wir oft sehr nützlicher Gedanken beraubt werden, nur weil die Wörter, welche sie vielleicht ausdrücken könnten, zeitweise von anderen Bedeutungen besetzt sind? Oder daß eine Entwicklung oft nur dadurch verhindert wird, daß wir uns an eine frühere Definition halten, die der neuen Absicht nicht dienlich ist.«[2]

Worüber Richards hier spricht, ist die Befreiung des Denkens von der Tyrannei der Definitionen, und ich kann mir keine bessere Art vorstellen, dies zu lehren, als den Schülern oder Studenten mit großer Selbstverständlichkeit alternative Definitionen von wichtigen Konzepten zu liefern. Ob es um »Molekül«, »Tatsache«, »Gesetz«, »Kunst«, »Wohlstand«, »Gen« oder ein anderen Begriff ist, wesentlich ist, daß die Schüler oder Studenten den Werkzeugcharakter der Definitionen verstehen. Sie sind Mittel, um bestimmte Ziele zu erreichen; die fundamentale Frage, mit der sie zu betrachten sind, lautet nicht: »Ist dies die richtige Definition?« oder »Ist diese Definition korrekt?«, sondern: »Welcher Absicht dient diese Definition?« Das heißt, wer hat sie erfunden und zu welchem Zweck?

Mir und den Schülern hat die Beschäftigung mit einer Definition in einem seltsamen Bundesgesetz der Vereinigten Staaten viel Spaß gemacht. Bei dem Gesetz geht es um das Verhalten von Passagieren, die durchsucht werden, bevor sie an Bord eines Flugzeugs gehen. Dabei darf man, und das ist verständlich, keine falschen oder irreführenden Angaben machen. Aber das Gesetz schreibt darüber hinaus vor, daß man über die Prozeduren der Durchsuchung und Befragung keine »Witze« machen darf. Dies ist der einzige Fall, den ich kenne, in dem das Gesetz Witze ausdrücklich verbietet.

Warum das Witzemachen illegal ist, wenn man durchsucht wird, ist mir nicht vollständig klar, aber das ist nur eines der Rätsel, welche dieses Gesetz umgeben. Unterscheidet das Gesetz zum Beispiel zwischen guten und schlechten Witzen? (Sechs Monate für einen guten, zwei Jahre für einen schlechten?) Ich weiß es nicht. Was aber viel wichtiger ist: Wie stellt man fest, was überhaupt ein »Witz« ist? Gibt es eine gesetzliche Definition des Witzes?

Es kommt darauf an, wie jemand, der die Autorität hat, solche Fragen zu entscheiden, das sieht. Das ist die Pointe der Witzgeschichte. In jeder Situation hat jemand die Macht der Definition. In der Tat besteht Macht darin, definieren zu können und die Definition durchzusetzen. In der Situation auf dem Flughafen hat der Durchsuchungsbeamte die Macht zu entscheiden, ob eine Bemerkung ein Witz war oder nicht. Wenn seine Definition mich gefährdet, kann ich natürlich meinen Fall vor ein Gericht bringen, bei dem der Richter oder eine Jury dann die Autorität haben zu entscheiden, ob meine Worte als »Witz« zu qualifizieren sind oder nicht. Aber es ist durchaus auch bemerkenswert, daß ich der Macht des Definierens nicht entkomme, wenn ich meinen Humor auf Dinnerparties beschränke. Denn auch auf Parties wird die Meinung der Anwesenden darüber entscheiden, ob meine Witze gut sind oder ob sie überhaupt Witze darstellen. Wenn die Meinung gegen mich ausfällt, besteht die Strafe darin, nicht wieder eingeladen zu werden. Kurz gesagt, der Jurisdiktion der Definitionen entkommt man nicht.

Die gesellschaftliche Ordnung erzwingt verbindliche Definitionen, und man wird auch bei genauester Suche kein soziales System ohne offizielle Definitionen und autoritative Stellen zu ihrer Durchsetzung finden. Also müssen wir den Fragen, die wir an jede Definition richten, eine hinzufügen, nämlich die nach der Macht, welche die Definition durchsetzt. Außerdem muß man fragen, was geschieht, wenn jene, die die Macht haben, Definitionen durchzusetzen, verrückt werden? Hier ist ein Beispiel solchen Definitionswahnsinns, das aus den Verlautbarungen der kommunistischen tschechoslowakischen Regierung vor einigen Jahren stammt. Ich habe mir das nicht ausgedacht und gebe es kommentarlos wieder:

»Weil Heiligabend auf einen Donnerstag fällt, wird dieser Tag aus Arbeitsgründen als Sonnabend gelten. Die Fabriken werden schließen, und die Läden und Kaufhäuser werden den halben Tag geöffnet sein. Freitag, der 25. Dezember, ist zu einem Sonntag umgewidmet worden, an dem sowohl die Fabriken als auch die Läden und Kaufhäuser geschlossen sein werden. Montag, der 28. Dezember, ist aus Arbeitsgründen ein Mittwoch. Mittwoch, der 30. Dezember, ist ein Freitag. Sonnabend, der 2. Januar, ist ein Sonntag, und Sonntag, der 3. Januar, ein Montag.«

Was die Metapher angeht, so gebe ich eine kleine Aufgabe weiter, die I. A. Richards in einem Seminar, an dem ich teilnahm, den Studenten vorstellte. (Sie ist nur eine von hundert Möglichkeiten, das Thema einzuführen.) Richards teilte die Klasse in drei Gruppen. Jede Gruppe wurde aufgefordert, in einem Absatz »Sprache« zu beschreiben. Sie waren darin aber nicht ganz frei, denn Richards gab jeder Gruppe den ersten Satz ihres Textes vor. Gruppe A mußte mit dem Satz »Die Sprache ist wie ein Baum« beginnen, Gruppe B mit »Die Sprache ist wie ein Fluß«, und Gruppe C mit »Die Sprache ist wie ein Gebäude«. Sie können sich sicher vorstellen, was daraufhin geschah. Die Texte unterschieden sich sehr deutlich voneinander, eine Gruppe schrieb von Wurzeln und Ästen und organischem Wachstum; die zweite von Nebenflüssen, Strömen und sogar Überflutungen; die dritte von Fundamenten, Räumen, Mauern und Pfeilern. In der darauffolgenden Diskussion ging es nicht um die Frage:

Welches ist die »korrekte« Beschreibung? Es ging um die kontrollierende Wirkung von Metaphern auf das, was wir sagen, und um das Ausmaß, in dem das, was wir sagen, das, was wir sehen, kontrolliert.

Wie ich schon gesagt habe, es gibt Hunderte von Wegen, wie man die Beziehung zwischen Sprache und Realität studieren kann, und ich könnte immer weiter über Ideen zur Gestaltung eines solchen Unterrichts schreiben. Daher werde ich mich auf drei weitere Vorschläge beschränken. Der erste ist ein Lektürevorschlag. Helen Kellers *The Story of My Life* ist in meinen Augen das beste Buch, um das Interesse am Thema Sprache wachzurufen. Und es ist der beste Bericht darüber, wie Symbole und der Prozeß des Abstrahierens zusammenwirken, um eine Welt zu erschaffen.

Zweitens würde ich vorschlagen, daß in jedem Fach – von der Geschichte über Biologie bis zur Mathematik – explizit über die Sprache des Faches geredet wird. Jeder Lehrer sollte sich mit der Struktur der Fragen in seinem Fach, mit dem Prozeß der Definition und der Rolle der Metaphern auseinandersetzen, da diese für seinen Wissensbereich sehr relevant sind. Damit meine ich natürlich nicht nur die Diskussion, *welche* die Fragen, Definitionen und Metaphern des jeweiligen Faches sind, sondern auch *wie* sie entstanden sind.

Besonders wichtig sind die Veränderungen der Fragestellung an ein Fach im Laufe der Zeit. Dahinter steckt die Idee, die Schüler lernen zu lassen, daß die Terminologie einer Frage die Terminologie ihrer Antwort bestimmt; daß eine Frage nicht beantwortet werden kann, wenn es keine Prozeduren gibt, die verläßliche Antworten erlauben; und daß der Wert einer Frage nicht nur durch die Genauigkeit und Ergiebigkeit der Antworten bestimmt wird, sondern auch durch die Quantität und Qualität der neuen Fragen, die sie aufwirft.

Sobald dieses Thema angesprochen ist, muß man solchen Begriffen wie »richtig«, »falsch«, »Wahrheit« und »Unwahrheit« und ihrer Anwendung in diesem Bereich einige Aufmerksamkeit schenken. Dies ist besonders deshalb wichtig, weil Wörter dieser Art den Versuch der Schüler, sich ein Wissensgebiet zu erschließen, weit ernster behindern können als technische Begriffe. Es ist seltsam, daß ich bei allen Klausuren, die ich gesehen habe, nie auf eine gestoßen bin, in der die Schüler aufgefordert wurden, zu erklären, welche Grundlage Begriffe wie »korrekt« oder »falsch« auf einem bestimmten Gebiet haben. Vielleicht ist dies so, weil die Lehrer eine solche Frage als zu banal für eine Diskussion oder Prüfung einschätzen. Wenn das so ist, täuschen sie sich.

Ich habe festgestellt, daß Schüler auf allen Ebenen nur sehr selten über die Bedeutung solcher Begriffe in bezug auf das Fach nachgedacht haben. Sie wissen einfach nicht, in welchem Sinne sich eine historische Tatsache von einer biologischen unterscheidet, oder wie weit eine mathematische »Wahrheit« von der »Wahrheit« eines literarischen Textes abweicht.

Ebenso erstaunlich ist es, daß Schüler, besonders die in Grundschulen und Sekundarstufen, nur selten etwas Vernünftiges über den Begriff »Theorie« zu sagen haben. Da die meisten Lehrstoffe, die in der Schule durchgenommen werden, zum großen Teil aus Theorien bestehen, ist es nicht einfach, sich genau vorzustellen, was die Schüler in Wirklichkeit lernen, wenn sie sich mit Geschichte, Biologie, Ökonomie, Physik oder einem anderen Fach beschäftigen. Es liegt auf der Hand, daß die Spracherziehung nicht nur die Untersuchung dessen einschließen muß, was im Kontext eines Faches »Wahrheit« und »Unwahrheit« bedeutet, sondern auch, was mit einer Theorie, einer Tatsache, einem Schluß, einer Annahme, einem Urteil, einer Verallgemeinerung gemeint ist.

Darüber hinaus sollte man dem Stil und dem Ton der Sprache in einem bestimmten Fach einige Zeit widmen. Jedes Fach hat seinen Sprachstil. Es gibt eine Rhetorik des Wissens, eine typische Art und Weise, wie Argumente, Beweise, Spekulationen, Experimente, Polemiken, sogar Humor ausgedrückt werden. Man könnte durchaus sagen, daß die Sprache eines Faches so etwas wie seine Darstellungskunst ist, und jedes Fach fordert eine Darstellung, die sich ein wenig von den anderen Bereichen abhebt. Historiker zum Beispiel sprechen und schreiben anders als Biologen. Die Unterschiede haben viel mit dem Material des jeweiligen Wissensgebiets zu tun, mit dem Faktentypus, der dort auftritt, den Traditionen des Fachs, der Ausbildung, die die Wissenschaftler genossen haben, und den Absichten, die hinter ihren Nachforschungen stecken. Die Rhetorik des Wissens ist kein einfaches Gebiet, aber es lohnt, daran zu erinnern, daß einige Gelehrte – Veblen in der Soziologie, Freud in der Psychologie, Galbraith in der Wirtschaftslehre – ihren Einfluß ebensosehr durch ihren Stil wie durch den Inhalt geltend machten. Der Punkt ist dabei, daß Wissen eine Form von Literatur ist, und die verschiedenen Stilarten des Wissens sollten in der Schule zumindest betrachtet und diskutiert werden.

Das Ziel ist, die Geschichte der Sprache als einen kreativen Akt darzustellen. Das meinte Sokrates, als er sagte: »Wenn der Geist denkt, spricht er mit sich selbst.« Der deutsche Philologe Max Müller sagte zweitausendfünfhundert Jahre später ähnliches: »... Denken kann es ohne Zeichen nicht geben, und unsere wichtigsten Zeichen sind Worte.« Dazwischen sagten Hobbes, Locke und Kant dasselbe. Das taten auch Bertrand Russell, Werner Heisenberg, Benjamin

Lee Whorf, I. A. Richards, Korzybski und letztlich auch Marshall McLuhan.

McLuhan drängt sich in diesem Zusammenhang auf, weil er den Ausdruck von den »Erweiterungen des Menschen« prägte. Und mein dritter und letzter Vorschlag hat mit der Untersuchung der Methoden zu tun, mit denen die Menschen ihre Fähigkeiten erweitert haben, um Zeit zu »binden« und Raum zu kontrollieren. Ich meine das, was man »Technologie-Erziehung« nennen könnte. Es ist ein wenig peinlich, daß dies als Innovation vorgeschlagen werden muß, da die Amerikaner nie müde werden, sich selbst zu sagen, daß sie eine technologische Gesellschaft geschaffen haben. Sie scheinen darüber geradezu entzückt zu sein, und viele von ihnen glauben, daß der kontinuierliche technologische Wandel der Weg zu einem erfüllten Leben sei.

Man sollte also erwarten, daß die »Technologie-Erziehung« an amerikanischen Schulen ein gängiges Fach wäre. Das ist es aber nicht. Die Technologie ist in den Lehrplan eingegangen, die Erziehung zum Umgang mit der Technologie indessen nicht. Wer meine Behauptung bezweifelt, sollte sich die folgenden Fragen stellen: Weiß der durchschnittliche High School-Abgänger oder College-Absolvent, woher das Alphabet stammt, weiß er oder sie etwas von seiner Entwicklung, von seinen psychischen und sozialen Wirkungen? Weiß er oder sie irgend etwas von illuminierten Manuskripten? Von den Ursprüngen der Druckerpresse und ihrer Rolle in der Umgestaltung der westlichen Kultur? Von den Ursprüngen von Zeitungen und Zeitschriften? Wissen unsere Schüler, woher Uhren, Teleskope, Mikroskope, Röntgenapparate und Computer kommen? Haben sie eine Ahnung davon, wie solche Technologien das ökonomische, soziale und politische Leben im Westen verändert haben? Können sie sagen, wer Morse, Daguerre, Bell, Edison, Marconi,

DeForest, Zworykin, Pulitzer, Hearst, Eisenstein und von Neumann waren? Schließlich kann man sagen, daß diese Männer die technologische Gesellschaft erfanden. Ist es zuviel verlangt, daß die, die in solch einer Gesellschaft leben, von ihnen wissen?

Ich weiß, daß ich anfange, ein wenig wie E. D. Hirsch zu klingen, aber ich finde es wahrhaft erstaunlich, daß die große Geschichte von der gefahrvollen und aufregenden Romanze der Menschheit mit der Technologie in unseren Schulen nicht vermittelt wird. Das liegt sicher nicht an einem Mangel an Autoren, die über dieses Thema geschrieben haben. McLuhan ist zwar einer der bedeutenden in dieser Reihe, aber weder der erste, noch notwendigerweise der beste, der sich mit dem Thema beschäftigt hat, daß wir uns den von uns erfundenen Techniken anpassen. Man kann da zum Beispiel an Lewis Mumford denken, an Martin Heidegger, Jacques Ellul, Paul Goodman, Walter Ong, Walter Benjamin, Elizabeth Eisenstein, Alvin Toffler, Theodore Roszak, Norbert Wiener, Sherrie Turkle, Joseph Weizenbaum, Seymour Papert und Herbert Schiller.

Man kann auch vieles zu dem Thema bei den Science Fiction-Autoren finden, die ich vorher erwähnt habe – Huxley, Orwell und Bradbury zum Beispiel. Fast scheint es, als gäbe es überall, wohin man guckt, Bücher, Artikel, Filme und Fernsehsendungen zu dem Thema, wie unsere Technologie die Welt umgestaltet hat und sie weiter umgestaltet. Besonders unter Akademikern ist dies eines der großen Themen der Alltagsunterhaltung. Es gibt kaum einen Schulrat oder einen College-Rektor, der uns nicht aus dem Stand eine Predigt über unser Leben im Zeitalter der Information halten kann. Warum also gibt es kein Fach dieser Richtung, das sich den Fragen der medialen Vermittlung zuwendet, ein Fach, das Fragen stellt wie diese: Welche unterschiedlichen symbolischen Formen kann Information annehmen? Wie unterscheiden sich Ideografen von Buchstaben? Wie unterscheiden sich Bilder von Wörtern? Gemälde von Fotos? Wie unterscheidet sich Sprache von Schrift? Fernsehen von Büchern? Radio von Fernsehen? Information kommt in vielen Formen zu uns, in verschiedenen Geschwindigkeiten und unterschiedlichen Quantitäten. Was bedeuten diese Differenzen? Haben sie unterschiedliche psychische und soziale Wirkungen? Die Fragen sind fast endlos. Dies ist ein ernstzunehmendes Fach.

Ich bin mir nicht sicher, warum an den meisten Schulen ein solches Fach fehlt. Ich kann mir die Gründe schwer vorstellen, aber ich habe sozusagen einen Verdächtigen, den ich beobachte. Es könnte sein, daß die Lehrer die Anwendung von Technologie im Unterricht mit der Technologie-Erziehung verwechseln. Es ist nichts dagegen einzuwenden, daß die Schüler lernen, wie man mit Kameras, Kopierern und Computern umgeht. (Ich bin allerdings der festen Meinung, daß sie zuerst lernen sollten, mit dem Alphabet umzugehen!) Ich habe nicht die Absicht, mich mit Seymour Papert, Bill Gross oder Alan Kay darum zu streiten, ob der intelligente Einsatz des Computers die Mathematikkompetenz der Schüler erhöhen oder ihr Interesse an anderen Fächern verstärken könnte.

Ich unterschreibe auch die Versuche – in New Mexico, zum Beispiel –, Schüler ein eigenes Fernsehprogramm machen zu lassen, damit sie die technischen Probleme, die damit zusammenhängen, besser verstehen. Dies sind keine Trivialitäten, aber sie sind nur ein kleiner Teil dessen, was ich als Technologie-Erziehung definieren würde. Wie ich es sehe, geht es dabei vor allem darum, wie das Fernsehen Filmkameras und Computer unsere psychischen Gewohnheiten, unsere sozialen Beziehungen, unsere politischen

Vorstellungen und unser moralisches Empfinden neu ordnen.

Es geht darum, wie die Bedeutung von »Information« und »Erziehung« sich unter dem Ansturm neuer Technologien auf unsere Kultur ändert, wie die Bedeutung von »Wahrheit«, »Gesetz« und »Intelligenz« zwischen mündlichen Kulturen, schriftlichen Kulturen, den Kulturen der Druckerpresse und der Elektronik variiert. Die Technologie-Erziehung ist kein technisches Fach. Sie ist ein Zweig der Humanwissenschaften. Technisches Wissen kann sehr nützlich sein, aber man muß die Physik des Fernsehens nicht verstehen, um die sozialen und politischen Auswirkungen des Fernsehens zu studieren. Man muß kein Auto besitzen oder auch nur fahren können, um zu beobachten, was das Automobil der amerikanischen Kultur zugefügt hat.

Es sollte auch gesagt werden, daß die Technologie-Erziehung keine negative Einstellung zur Technologie impliziert. Sie schließt eine kritische Haltung ein, aber »gegen Technologie« zu sein, macht nicht mehr Sinn, als »gegen Ernährung« zu sein. Wir können nicht ohne sie leben. Festzustellen, daß es gefährlich ist, zuviel zu essen oder Dinge zu sich zu nehmen, die keinen Nährwert haben, ist ja auch keine »ernährungsfeindliche« Haltung. Es läuft vielmehr darauf hinaus, die Menschen darüber zu informieren, wie man den besten Gebrauch von Lebensmitteln macht.

Die Technologie-Erziehung hat das Lernziel, den Studenten klarzumachen, wo Technologie hilfreich ist und wo sie uns behindert. Es geht darum, wie die Technologie uns gebraucht – zum Guten oder zum Bösen. Und wie sie Menschen der Vergangenheit gebraucht hat – zum Guten oder zum Bösen. Es geht darum, daß die Technologie neue Welten schafft – zum Guten oder zum Bösen.

Aber lassen Sie uns einmal annehmen, daß wir alle Hindernisse überwinden und die Geschichte der Technologie zu einem Hauptfach in den Schulen machen. Was sollten die Schüler und Schülerinnen unserer Meinung nach lernen? Zum einen natürlich die Antworten auf die Fragen, die ich zitiert habe. Aber zusätzlich möchte ich die folgenden zehn Prinzipien nennen:

1. Jeder technologische Wandel ist ein faustischer Pakt. Gegen jeden Vorteil, den eine neue Technologie bietet, steht immer ein entsprechender Nachteil.
2. Die Vorteile und Nachteile neuer Technologien sind nie gleichmäßig unter der Bevölkerung verteilt. Dies bedeutet, daß jede neue Technologie einigen nutzt und anderen schadet.
3. In jeder Technologie liegt eine mächtige Idee, liegen manchmal zwei oder drei mächtige Ideen. Wie die Sprache bringt auch die Technologie uns dahin, gewisse Perspektiven und Leistungen zu begünstigen und andere zu vernachlässigen. Jede Technologie hat eine »Philosophie«. Sie drückt sich darin aus, wie Menschen unter ihrem Einfluß denken, handeln, sich verhalten, wie sie die Welt kodifiziert, welche unserer Sinne sie erweitert, welche unserer emotionalen und intellektuellen Neigungen sie ignoriert.
4. Eine neue Technologie führt gewöhnlich Krieg gegen eine alte Technologie. Sie konkurriert mit ihr um Zeit, Aufmerksamkeit, Geld, Prestige und eine »Weltsicht«.
5. Der technologische Wandel ist nicht einfach quantitativ; er ist ökologisch. Eine neue Technologie fügt nicht einfach etwas hinzu: Sie verändert alles.
6. Aufgrund der symbolischen Formen, in die Information gefaßt ist, haben verschiedene Technologien verschiedene *intellektuelle* und *emotionale* Tendenzen.

7. Aufgrund der leichten Zugänglichkeit und Geschwindigkeit ihrer Information haben verschiedene Technologien verschiedene *politische* Tendenzen.
8. Aufgrund ihrer physischen Form haben verschiedene Technologien verschiedene *sensorische* Tendenzen.
9. Aufgrund der Bedingungen, unter denen wir uns ihnen zuwenden, haben verschiedene Technologien verschiedene *soziale* Tendenzen.
10. Aufgrund ihrer technischen und wirtschaftlichen Struktur haben verschiedene Technologien verschiedene *inhaltliche* Tendenzen.

Wenn diese Prinzipien von den Schülern oder Studenten gründlich diskutiert und auf ihre historischen Wurzeln hin untersucht worden sind, würde ich die folgende Abschlußprüfung vorschlagen, die aus zwei Teilen besteht.

Teil I: Wählen Sie eine ältere Technologie aus – zum Beispiel das Alphabet, die Druckerpresse, den Telegraphen, die Fabrik – und umreißen Sie, welche die wichtigsten intellektuellen, sozialen, politischen und wirtschaftlichen Nachteile dieser Technologie waren und begründen Sie, warum dies Nachteile waren.

Teil II: Beschreiben Sie erstens, welches die Hauptvorteile der Computer-Technologie sind oder sein werden und warum dies Vorteile sind. Beschreiben Sie zweitens, welche die Hauptnachteile der Computer-Technologie sind und warum dies Nachteile sind.

Jeder Schüler oder Student, der diese Prüfung besteht, wird, so glaube ich, etwas Lohnendes gelernt haben. Er wird auch ein Gefühl dafür gewonnen haben, wie die Welt gemacht wurde und wie sie umgestaltet wird – vielleicht sogar dafür, wie sie umgestaltet werden *sollte*.

EPILOG

Der Titel meines Buch ist sorgfältig gewählt – wobei ich seine Rätselhaftigkeit bewußt in Kauf genommen habe. »Keine Götter mehr« hätte durchaus auch ein Fragezeichen tragen können, da es von Beginn an meine Absicht war, auch Götter zu beschreiben, die uns dienen könnten. So wie Titel und Untertitel klingen, wecken sie den Anschein eines definitiven Status, den das Buch selbst sich weigert hinzunehmen. Ich habe mein bestes getan, um Erzählungen zu finden, zu erklären und auszuarbeiten, welche der Schulbildung nichttriviale Ziele geben und dem Lernen eine spirituelle und ernsthafte intellektuelle Dimension hinzufügen könnten. Das »Ende« im Untertitel kann also auch im fast vergessenen Schillerschen Sinn als »Zweck«* gelesen werden. Wenn es uns gelingt, einen Wandel herbeizuführen.

Ich möchte mich in diesem Punkt ganz klar ausdrücken. Ich hätte niemanden behelligt – und schon gar nicht dieses Buch geschrieben –, wenn ich nicht glaubte, daß diese Ideen Kraft und Nützlichkeit besäßen. Aber die Ideen beruhen auf verschiedenen Annahmen, welche die amerikanische Kultur gerade in Frage zu stellen beginnt. Alles in diesem Buch geht zum Beispiel davon aus, daß die Idee der »Schule« selbst Bestand haben wird. Es geht auch davon aus, daß die Idee der »öffentlichen Schule« etwas Gutes ist.

* Das englische Wort »end« macht diesen Doppelsinn natürlich deutlicher, wenn auch dort die Wortbedeutung »Zweck« ein wenig veraltet ist. A.d.Ü.

Und mehr noch, es geht davon aus, daß die Idee der »Kindheit« noch existiert.

Was den ersten Punkt angeht, so wird mehr denn je darüber geredet, daß Schulen Erfindungen des 19. Jahrhunderts seien, die ihre Nützlichkeit überlebt haben. Sie seien teuer; sie würden nicht leisten, was wir von ihnen erwarten; ihre Funktionen könnten von der Technologie des 20. Jahrhunderts übernommen werden. Jeder, der darüber eine Rede halten will, braucht sich um eine Zuhörerschaft, sogar um eine aufmerksame, keine Sorgen zu machen.

Ein noch größeres Publikum kann man erwarten, wenn man über den zweiten Punkt spricht: daß die Idee einer »*öffentlichen* Schule« angesichts des Fehlens einer Idee von Öffentlichkeit überhaupt irrelevant sei. Das Argument lautet, die Amerikaner seien heute so unterschiedlich, hätten so viele voneinander abweichende Vorstellungen und so starke Gruppenloyalitäten, daß es keine gemeinsame Vision oder vereinigende Prinzipien mehr gebe – keine Götter, die alle anerkennen.

Was den letzten Punkt angeht, so habe ich mich bei der Niederschrift dieses Buches standhaft geweigert, jenes meiner früheren Bücher noch einmal zu lesen oder mich darauf zu beziehen, in dem ich behauptet habe, die Kindheit verschwinde. Ich bin vorgegangen, als wäre das nicht so. Aber ich konnte mich nicht von anderen schlechten Nachrichten abschotten, von der Schrift an der Wand: Kann es sein (ich las es in der *New York Times*), daß etwa 130.000 Kinder jeden Tag tödliche Waffen mit zur Schule bringen, und das nicht nur in New York, Chicago und Detroit, sondern an vielen Orten, von denen wir glaubten, sie gäben unseren Jugendlichen eine ruhigere und humanere Umwelt, in der sie aufwachsen könnten?

Kann es sein, daß – wie einige Soziologen behaupten – zu

Beginn des 21. Jahrhunderts fast fünfzig Prozent unserer Kinder in Familien mit nur einem Elternteil aufwachsen?

Kann es sein, daß der Sex unter den jungen Leuten (und die Geschlechtskrankheiten) in den letzten zwanzig Jahren um 300 Prozent zugenommen hat? Ich brauche mit diesen Fragen wahrscheinlich nicht weiterzumachen – jeder stimmt zu und alle Zeichen deuten darauf hin, daß die amerikanische Kultur im Augenblick nicht gerade eine gute Heimat für die Idee der Kindheit ist; und ohne diese Idee verliert die Schulbildung viel von ihrem Sinn.

Dies sind sehr realistische Sorgen, und sie müssen in jedem tiefe Zweifel wecken, der etwas zur Frage der Schulbildung beitragen möchte. Nichtsdestoweniger meine ich ernst, was ich hier geschrieben habe, auch wenn ich weniger Vertrauen in die Zukunft der Schule habe, als ich wünschte. Ich hoffe, daß die Schule erhalten bleibt, da noch niemand eine bessere Methode erfunden hat, die Kinder in die Welt des Lernens und Wissens einzuführen. Ich hoffe, daß die öffentliche Schule erhalten bleibt, da noch niemand eine bessere Methode erfunden hat, eine Öffentlichkeit herzustellen. Und ich hoffe, daß die Kindheit überleben wird, da wir ohne sie unser Gefühl dafür verlieren müssen, was es heißt, erwachsen zu sein.

ANMERKUNGEN

KAPITEL EINS
Die Notwendigkeit von Göttern

1 Friedrich Nietzsche: *Kritische Gesamtausgabe*, Bd. VIII/2, Nachlaß Nov. 1887 – März 1888, Heft 11, [104], Berlin 1970, S. 292.
2 Hoffer, Eric: *The Ordeal of Change,* (Harper & Row), S. 62.
3 Zitiert in »The West's Deepening Culture Crisis«, in: *The Futurist*, Nov./Dez. 1993, S. 12.
4 Zitiert in Shlain, Leonard: *Art and Physics: Parallel Visions in Space, Time and Light*, N. Y., (William Morrow), S. 430.
5 Krist, Gary: »Tragedyland«, in: *New York Times*, 27. Nov. 1993, S. 19.
6 Siehe die Ausgaben von *The Nation* vom 18. und 25. Feb. 1915. Die Artikel wurden von Horace Kallen verfaßt.

KAPITEL ZWEI
Einige Götter, die keine sind

1 Zitiert in *Prognosis* 16, 6. Aug. 1993, S. 4.
2 Bruer, John T.: »The Mind's Journey from Novice to Expert«, in: *American Educator*, Sommer 1993, S. 6-7.
3 Roszak, Theodore: *The Cult of Information: The Folklore of Computers and the True Art of Thinking*, N. Y., (Pantheon), S. 62-63.
4 Eine volle Analyse dieses Punktes bietet das Werk von Henry Levin von der Stanford University.
5 Siehe Samuelson, Robert J.: »The Useless ›Jobs Summit‹«, in: *Newsweek*, 14. März 1994, S. 50.
6 *New York Times*, 23. Februar 1994, S. B 7.
7 »Tying Education to the Economy«, in: *New York Times*, 20. Feb. 1994, S. 21.

KAPITEL DREI
Einige neue Götter, die keine sind

1 Obwohl es mir Mühe macht, solche Studien ernst zu nehmen, gibt es drei oder vier, die behaupten, daß Patienten, für die gebetet wird, sich schneller erholen als jene, für die nicht gebetet wird.
2 Ravitch, Diane: »When School Comes to You«, in: *The Economist*, 11. Sept. 1993, S. 45/46.
3 McIntosh, Hugh: *National Research Council News Report*. Sommer 1993, S. 2.
4 Roszak, Theodore: *Cult of Information*, S. 10
5 Ravitch, Diane: *The Economist*, S. 46.
6 Siehe Robert Fulghums Buch: *All I Ever Really Needed to Know I Learned in Kindergarten,* (Villard), 1989.
7 *New York Times*, 12. April 1994, S. A 13.
8 Mencken, H. L.: *A Mencken Chrestomathy* (The Franklin Library), Philadelphia, S. 334.
9 Zitiert in Cuban, Larry: *Teachers and Machines: The Classroom Use of Technology since 1920*, N. Y., (Teachers College Press), S. 5.
10 Crichlow, Warren; Goodwin, Susan; Shakes, Gaya; Swartz, Ellen: »Multicultural Ways of Knowing: Implication for Practice«, in: *Journal of Education*, Bd. 172, Nr. 2, 1990, S. 102.
11 Lévi-Strauss, Claude: »The Structure of Myth«, in: *The Structural Anthropology,* (University of Chicago Press), S. 119.
12 Schlesinger Jr., Arthur: *The Disuniting of America*, N. Y., (Norton), S. 29 bis 30.
13 Schlesinger: a. a. O., S. 94.

KAPITEL VIER
Götter, die dienen könnten

1 Ein großer Teil dieser Unterhaltung mit Minsky wurde in deutscher Sprache in *Übermorgen: Das Magazin für Reisen in die Zukunft* abgedruckt. Sommer 1994, S. 12-14.
2 Bronowski, Jacob: *The Ascent of Man*, Boston, (Little Brown), S. 374.
3 West, Cornel: *Race Matters,* N. Y. ,(Vintage), S. 159.
4 Siehe Susanne Langers Beitrag in: *Feeling and Form*, (Scribner's), 1992.

KAPITEL FÜNF
Das Raumschiff Erde

1 Siehe Kantor, Harvey: »Managing the Transition from School to Work: The False Promise of Youth Apprenticeship«, in: *Teachers College Record*, Bd. 95, Nr. 1, Sommer 1994, S. 442-461.

2 Beide Zitate finden sich in James Restons *Galileo: A Life*, N. Y., (Harper Collins), S. 136 und S. 142.

3 Zitiert in Barzun, Jacques: *The Culture of Desire*, Middletown, Connecticut, (Wesleyan Press), S. 110.

KAPITEL SECHS
Der gefallene Engel

1 Erasmus von Rotterdam: *Lob der Torheit*, Darmstadt 1960.

2 Papert, Seymour: *Mindstorms,* o. O., 1980.

KAPITEL SIEBEN
Das amerikanische Experiment

1 *Washington Post*, 29. Juli 1994, S. B 3, Kol. 1.

KAPITEL NEUN
Die Wort-Weber • Die Welt-Macher

1 Siehe Berger, Eva: *Metaphor, Mind & Machine: An Assessment of the Sources of Metaphors in the Works of Selected Education Theorists* (Dissertation, New York University, 1991).

2 J. A. Richards: *The Interpretation of Teaching,* N. Y. 1938, S. 11.